Um Homem
Um Rabino

Henry Sobel

Um Homem
Um Rabino

Ediouro

© Copyright 2008, Henry Sobel
Direitos cedidos para esta edição à Ediouro Publicações S.A.

Editor
Jayme Brener

Pesquisa
Renato Vaisbih

Preparação
Flávia Schiavo

Revisão
Adriana de Oliveira

Produção editorial
S4 Editorial

Editora de arte
Ana Dobón

Fotos
Encontrando um conhecido nas ruas de São Paulo e capa da revista Época: *Editora Globo*

No avião presidencial: *Ricardo Stuckert/PR*

Dirigindo o serviço religioso pelo primeiro ano da morte de Vlado Herzog: *Folha Imagem*

Demais fotos: *Arquivo pessoal do autor*

DADOS INTERNACIONAIS DE CATALOGAÇÃO NA PUBLICAÇÃO (CIP)
(CÂMARA BRASILEIRA DO LIVRO, SP, BRASIL)

Sobel, Henry I.
   Um homem : um rabino / Henry Sobel ; editor Jayme Brener ; pesquisa Renato Vaisbih. — São Paulo : Ediouro, 2008.

   ISBN 978-85-00-02236-4

   1. Memórias autobiográficas 2. Rabinos – Autobiografia 3. Sobel, Henry, 1944 – I. Brener, Jayme. II. Vaisbih, Renato. III. Título.

08-00764   CDD 296.092

Índice para catálogo sistemático:
1. Rabinos : Autobiografia   296.092

Ediouro
Todos os direitos reservados à Ediouro Publicações S.A.
Rua Nova Jerusalém, 345 – Bonsucesso
Rio de Janeiro, RJ – CEP 21042-235
Tel.: (21) 3882-8200 Fax: (21) 3882-8212/8313
www.ediouro.com.br

A Benno Milnitzky, de abençoada memória, meu melhor
amigo e mentor na aventura brasileira.

Agradeço a Audálio Dantas, Celso Lafer, Décio Milnitzky, Dora Lucia Brenner e Jack Terpins por seus depoimentos, tão fundamentais para a realização deste livro. Agradeço também à Congregação Israelita Paulista, por 37 anos de convivência e trabalho profícuo, e ao Brasil, que me acolheu com imensa generosidade.

Sumário

Prefácio		9
1	O espelho	13
2	A família: o começo	16
3	Política, sexo e religião	22
4	São Paulo, Genebra ou Cleveland?	34
5	Um rabino ianque em São Paulo	42
6	Vladimir Herzog	51
7	A reação da comunidade	63
8	Paixão e casamento	70
9	Dedicação aos direitos humanos	75
10	Diálogo inter-religioso	82
11	A estrela e a cruz	92
12	Mídia e poder	98
13	Um rebelde na sinagoga	107
14	Participação internacional	111
15	Os judeus e Israel	119
16	Polêmicas com os ortodoxos	126
17	Judaísmo liberal	138
18	Chiques e não-famosos	147
19	Em família	155
20	Contra o nazismo	162
21	A arena política	179
22	Às portas do Planalto	186
23	Intrigas na comunidade	194

24	Um rabino na *Playboy*	201
25	A CIP rachada	216
26	Uma nova fase	222
27	Reação de pai	228
28	Uma foto que não era para a capa	231
29	A saída da CIP	242
30	O futuro	248
	Apêndice 1 — Os judeus no Brasil	252
	Apêndice 2 — Textos	258
	Referências onomásticas	302
	Referências bibliográficas	304

Entrevistas

Alisha Sobel

Amanda Sobel

Audálio Dantas

Celso Lafer

Décio Milnitzky

Dora Lúcia Brenner

Jack Terpins

Prefácio

Li *Um homem. Um rabino* de um fôlego só. As páginas se seguem provocando as lembranças e as emoções, a tal ponto que foi impossível deixar o livro de lado. A leitura me tomou a tarde inteira de um sábado, e, se mais páginas contivesse, mais eu teria continuado a ler.

O texto não é linear. Ele surpreende o leitor, passando da descrição à análise, da disseminação da cultura judaica ao amor pelo Brasil, das lutas pela redemocratização e pelos direitos humanos às intrigas na comunidade judaica e, de repente, ele nos engolfa nos escaninhos da alma de um homem atormentado. Atormentado pelo ato conhecido, inesperado e surpreendente. Mas eu diria que sempre foi atormentado, com paixão pela vida e sentido de missão. O livro fala do homem, complexo, ambicioso, vaidoso, culto, mas também fala do rabino, liberal/conservador, aberto ao ecumenismo, sempre prestante em seu ofício nos *bar-mitzvot*, nos casamentos, nos dias do *Yom Kipur*, nos enterros ou onde mais seja, sempre que os deveres da religião o chamem para cumprir a obrigação.

A própria lógica da exposição revela o tumulto da alma de uma pessoa interessada por tantas dimensões da vida e do ser que não encontra sossego. Começa pela família: pai culto e talmúdico, a mãe terna e alegre. O pai, judeu da Galítzia, reza e comercia. A mãe, belga, gosta de dançar e se desvela pelo filho. Este, desde muito moço, é um inconformista. Quis ser biólogo, talvez dentista, mas foi para uma escola de rabinos não-ortodoxos. Isso não o impediu de haver estado presente em Woodstock e de se deslumbrar com o poder, como anotou nos comentários da visita à Casa Branca. Formado rabino, poderia ter ido para Genebra ou mesmo permanecido nos Estados Unidos; mas, não, preferiu as aventuras dos trópicos. O Brasil fisgou sua alma, mas nem tanto; casou-se com uma jovem americana, guardou o sotaque, o amor filial e a cidadania americana. Respeita e gosta da mulher e da filha, contudo reconhece que a obsessão pelo trabalho e a dispersão de atividades concorrem com o convívio doméstico.

Não obstante, e apesar da contínua peleja na comunidade (quais os limites do tolerável para o comportamento de um rabino?), suas tormentas não o impediram de fazer história. O Brasil deve a Sobel o não-conformismo com os métodos da ditadura. Arriscou-se ao mandar enterrar Vladimir Herzog como um assassinado, e não como um suicida. Quem, como eu, viveu aqueles dias e ainda ouve na memória a voz de D. Paulo Evaristo Arns clamando na Sé contra a tortura e se lembra da fisionomia do rabino e de suas palavras na catedral não pode ser avaro nas palavras para louvar a coragem e o impulso genuíno de solidariedade de Sobel. Nunca me esquecerei da visita que fiz à mãe de Vlado para lhe pedir autorização para que se fizesse um ato ecumênico em memória do filho e em protesto aos desmandos que se praticavam. Nem me esquecerei das lágrimas de sua mulher, Clarice, chorando o desespero da morte do marido. Ela fora minha aluna; ele, meu amigo. Henry Sobel, que nada tinha diretamente a ver com o casal e que ainda estava longe das lides políticas, se jogou de corpo e alma no protesto por pura generosidade e solidariedade.

A partir daí se compreende seu cotidiano de lutas e incompreensões. A generosidade leva à participação e às escolhas. O caráter apolítico de uma comunidade religiosa exige cautela de seu chefe espiritual; as injustiças da vida cotidiana, sobretudo quando praticadas pelas autoridades, requerem tomada de posição, principalmente se a alma é generosa. O rabino, ao falar à imprensa, deixa de ser o pregador do *shabat*; ao calar, consente. Que fazer? Sobel nunca hesitou, falou sempre e se tornou figura pública. Toda pessoa nesta condição se deixa levar por uma compreensível pitada de vaidade, a qual pode desencadear em outros uma espiral de ciúme, maledicência e inveja. Mais tormentos pela frente na alma de alguém que, se bem roça a vida política, continua sendo fundamentalmente um pregador, um sacerdote.

As marcas do talento, da audácia e da vontade de melhorar o mundo continuaram motivando Henry Sobel para empreendimentos cada vez maiores. Torna-se um combatente pelos direitos humanos. Na busca do diálogo ecumênico vai ao papa, se desloca para Israel, estende a mão ao "inimigo" no caso Arafat, torna-se próximo de presidentes da República, de governadores, ministros, e por aí adiante.

De alguma forma, faz sombra a outras instituições da comunidade judaica que se sentem, e às vezes são, atropeladas por ele. Sobel não está preocupado com os limites institucionais: a causa é nobre, compensa os atropelos. Para alguns outros, contudo, suas atitudes podem representar um risco e, de qualquer maneira, são um incômodo: Sobel ocupa o espaço público quase como um representante oficioso da comunidade judaica brasileira. Os limites entre a instituição religiosa e as representações formais da comunidade se tornam fluidos para ele e mesmo para a mídia. Não para todos os judeus. Novos tormentos, pugnas e incompreensões.

O que chama a atenção é que o tempo todo, por heterodoxos e mesmo arriscados que hajam sido os instrumentos utilizados (por exemplo, uma entrevista à *Playboy*), a pregação é coerente: a religião judaica é a expressão codificada da cultura de seu povo; Israel é a garantia de que este povo, mesmo na diáspora, terá sempre um escudo; a pátria é o Brasil, mas para o judeu o *locus* espiritual está em Israel. O próprio livro é um instrumento para os não-judeus aprenderem os valores do judaísmo. E também para aprendermos algo da história dos judeus no Brasil e, muito especialmente, a de uma instituição que forma parte da vida de nossa cidade, a Congregação Israelita Paulista, a CIP.

Tudo isso envolto em um sentimento de tolerância, mas não de lassidão: o reformismo ou mesmo o liberalismo religioso de Sobel guardam não só os princípios da religião, mas seus rituais, do jejum à comida *kasher* no dia-a-dia doméstico. Nos temas mais controvertidos, como o aborto, as relações sexuais ou o divórcio, ele mantém um difícil equilíbrio entre o clamor dos tempos e a tradição religiosa. Um rebelde, dir-se-á, mas com causa.

Por fim, o mais sofrido. Este livro não é apenas um *mea-culpa* onde cabível, mas é uma expiação pública. Sobel sabe que errou algumas vezes.

Quem não? Mas para que ele se perdoe e os outros possam absolvê-lo é preciso mais do que confessar, fazer um esforço de explicação do que ocorreu e de por que ocorreu. Para os que o conhecemos melhor, não seria necessário. Para sua congregação, que o manteve como pastor emérito, e para os mais distantes, era necessário. E principalmente para Henry Sobel. Neste livro ele mostra que sabe de si e de suas limitações. Deixou-nos mais livres para cantar suas grandezas.

Fernando Henrique Cardoso
Fevereiro de 2008

1

O espelho

PASSO PELO BANHEIRO E LANÇO UMA OLHADA AO ESPELHO. É, ESTOU MAIS magro — uns cinco quilos, talvez. O rosto está emaciado. Tenho mais de 60 anos, será que deveria cortar os cabelos? Acho que não; não me reconheceria. Mas a verdade é que os cabelos estão mais desalinhados do que o normal... Bom, pelo jeito, não perdi o humor...

A imagem no espelho... com o que será que se parece mais? Com a minha fotografia favorita, de mãos juntas, olhando de canto, como em plena cumplicidade com o interlocutor? Ou com aquela outra, olhar de pânico, sem óculos, assustado diante da câmera da polícia, depois de ser apanhado roubando três gravatas, em um dia ensolarado da Flórida?

Sem resolver a dúvida, desvio do espelho. A imagem e as memórias levam-me a outras fotos, sobre a mesinha da sala de casa. Uma foto sorridente, daquelas antigas, acho que dos anos 1970, com a data impressa — os dois braços abertos, meninos e meninas por todos os lados, no Lar das Crianças da Congregação Israelita Paulista, a CIP.

Uma outra (bem mais magro...), ao lado do cardeal-arcebispo de São Paulo, D. Paulo Evaristo Arns, falando diante de uma multidão indignada na Catedral da Sé. O ano? 1975.

Ao lado das fotos antigas, uma capa de revista recente. Meu olhar, entre triste e perdido, os cabelos — grisalhos — ainda mais desalinhados sob a kipá[1] de cor vinho. Na foto, ajeito a gravata, como se estivesse diante de um espelho. Um pequeno *tempero* visual para combinar com a manchete da revista: *Errei, mas não sou ladrão.*

Olhando todas essas fotos, é inevitável perguntar: Quem sou eu? Mais uma vez, vem à cabeça a questão que não me deixa em paz desde aquele dia terrível — 23 de março de 2007 —, o dia em que o rosto de um sujeito apavorado e sem óculos passou a fazer parte do arquivo da polícia de Palm Beach, na Flórida.

Quem sou eu? O rabino que ficou conhecido em todo o Brasil pelo sotaque norte-americano forte, a kipá vinho e a dedicação à defesa dos direitos humanos? Um religioso que se dedicou a aproximar a comunidade judaica dos brasileiros de todos os credos? Ou um malandro que rouba gravatas? Alguém que esteve comprometido com a luta pela redemocratização do país que adotou como seu — e que o adotou, com aquela imensa generosidade tropical? Ou um ser humano que, com sérios problemas de saúde, sob tensão, cometeu um erro grave, pelo qual pagou caro e, não tenho dúvidas, continuará a pagar por muito tempo?

O repórter que me acompanhou durante vários dias, para fazer a tal matéria de capa na revista, presenciou um encontro curioso. Andando pelas ruas do bairro de Higienópolis, em São Paulo, encontramos um homem que eu conhecia de vista. Trocamos algumas palavras e, como

---

[1] *Kipá* em hebraico ou *cápale* em *idish*: solidéu, o pequeno chapéu usado pelos judeus para simbolizar a existência de algo superior ao ser humano.

sinal de apoio, após o caso das gravatas, o homem disse: "Rabino, não é verdade que os judeus inventaram o Dia do Perdão?".

É verdade. Nós, judeus, criamos o *Yom Kipur*, o Dia do Perdão, um momento de introspecção na alma, de reflexão sobre os erros cometidos durante o ano que se encerra. Um dia em que pedimos perdão e somos perdoados. Misturamos, todos, o ato de maior humildade — que é o pedir perdão — ao ato de maior grandeza — que é perdoar. Humildade e grandeza que conformam os limites da existência humana.

O objetivo deste livro é mergulhar em minhas memórias e, com elas, resgatar não só minha vida, mas um pouco de quarenta anos de história do Brasil, dos judeus e do judaísmo brasileiro, dos quais fui personagem, em alguma medida. No entanto este *Um homem. Um rabino.* é também um *Yom Kipur* particular. O momento em que peço perdão a meu povo — o povo judeu — e ao meu país — o Brasil. E peço perdão, também, a mim mesmo, à espera de um salvo-conduto que me permita lutar contra as dificuldades e reconstruir uma vida digna e comprometida com causas universais.

Convido o leitor e a leitora a acompanharem esse resgate de minha trajetória de vida e de quatro décadas no Brasil, para, então, respondermos juntos ao enigma do espelho, colocado no início deste texto: Afinal, de quem é o reflexo que surge? Quem é o rabino Henry Sobel?

Observação

Este livro dialoga não apenas com a comunidade judaica, mas também com toda a opinião pública do país. Por isso, para facilitar a compreensão, o leitor encontrará, ao final, um apêndice com um pequeno relato sobre o judaísmo no Brasil, assim como um índice onomástico. Termos de origem hebraica e *idish* serão explicados no texto ou em notas de rodapé.

Tomei a liberdade, ainda, de incluir alguns de meus textos e prédicas sobre os principais temas de que trato neste livro.

2

A família: o começo

O SOBRENOME ORIGINAL, NA VERDADE, NÃO É SOBEL. É ZWEIBIL. MEU pai nasceu em uma cidade polonesa cuja pronúncia do nome é quase impossível para os brasileiros: Rzesów. A pronúncia correta é algo como "yeshuf", e a cidade, que hoje tem uns 170 mil habitantes, fica na Galítzia, uma província do sudeste do país, que, até o final da Primeira Guerra Mundial, pertencia ao Império Austro-Húngaro.

Rzesów é muito antiga. Foi fundada pelo rei Casimiro II em 1354 e, durante séculos, fez parte dos domínios da família Lubomirski, uma das mais poderosas no mundo feudal polonês.

A Galítzia abrigava um grande número de judeus — uns 10% da população total até a Segunda Guerra Mundial (1939-1945). Os *galitzianers*, os judeus da Galítzia, consideravam-se uma espécie de elite entre os "patrícios" poloneses. Muitas escolas rabínicas famosas tinham sede na Galítzia, que foi um dos pilares do hassidismo[2].

Meu pai, Lazar Zweibil, era um típico hassid, que via o judaísmo como uma prática de alegria com a qual nosso povo festeja Deus. Lazar em hebraico, Luzer em *idish*, o idioma dos judeus da Europa centro-oriental, ou Lou, como ficaria conhecido nos Estados Unidos, nasceu em 1911. Ainda jovem, emigrou para a Bélgica em busca de trabalho. A Bélgica e a França eram destinos comuns para trabalhadores judeus poloneses com alguma especialização, que sofriam com a miséria que sucedeu à Primeira Guerra Mundial (1914-1918) e à crise econômica de 1929.

Ele emigrou para Antuérpia, um centro tradicional de lapidação e venda de diamantes. Essas eram atividades em que os judeus se destacavam, não apenas na Bélgica, mas também na Holanda e na África do Sul. Ainda hoje, mesmo depois do Holocausto da Segunda Guerra, a grande maioria das lojas de diamantes de Antuérpia, que se situam à beira da estação ferroviária central, tem no umbral direito da porta a mezuzá[3]. Ou seus proprietários são judeus ou esse é um marketing excelente para os negócios...

Antuérpia também contava — aliás, ainda conta — com uma forte comunidade judaica ortodoxa. Foi lá que Luzer conheceu Bella, nascida na Bélgica, mas também de família originária de Rzesów. Eles se casaram em Metz, no nordeste da França, em 1937.

A invasão nazista na Bélgica, em 1940, pôs a vida da família de pernas para o ar. Contudo, graças à amizade de meu pai com o cônsul português em Marselha, conseguimos vistos de imigração para toda a família —

---

[2] Movimento religioso judaico criado no século XVIII por Israel Ben-Eliezer, mais conhecido como Baal Shem Tov, ou "o senhor do bom nome". O hassidismo opunha-se ao elitismo rabínico, defendendo uma religiosidade popular natural e alegre. Seu adepto é um hassid.

[3] Caixinha com trechos de bênçãos, colocada no umbral das portas e que identifica um lar judaico. Sua origem é a passagem bíblica das dez pragas do Egito. Quando o anjo da morte exterminou os primogênitos egípcios, um sinal no umbral direito, feito com o sangue de um cordeiro, identificava uma casa judaica, a ser poupada.

umas vinte pessoas. E lá foram os Zweibil poloneses, com passagem pela Bélgica, em busca da segurança em Portugal.

Nasci em Lisboa em 9 de janeiro de 1944, primeiro (na verdade, seria o único...) filho de Luzer e Bella, que me deram o nome de Henry Isaac Zweibil.

A família ficou pouco tempo em Portugal. Alguns emigraram para os Estados Unidos ainda durante a guerra. Meus pais e eu chegamos a Nova York em maio de 1945, poucos dias depois do final do conflito. Vivemos, em Portugal, com as economias de meu pai. Nos Estados Unidos, ele voltou a trabalhar com diamantes, na Rua 47, em Manhattan, onde havia muitos judeus dedicando-se a essa atividade. Em 1949, meus pais decidiram mudar o sobrenome para Sobel: Zweibil, realmente, era muito difícil de pronunciar.

Em Nova York, meu pai pôde exercer plenamente sua vida hassídica. Ele era um *talmid chacham*, ou seja, um estudioso da religião, em hebraico. Um autodidata. Os vizinhos da Rua 47 e da Riverside Drive, onde morávamos, o respeitavam muito pelo bom senso. Levantava-se todos os dias às cinco e meia da manhã e ia para a sinagoga. E estudava a cada dia duas páginas do Talmud[4].

Para quem ainda não viu os livros do Talmud, trata-se de volumes enormes, com escritos e comentários nas bordas, nos cantos, por todos os lados. Estudar a *daf iomi*, uma página diária, como se diz em hebraico, é bastante complicado. Na verdade, cada página, com seus comentários, discussões e análises, deve ser interpretada em profundidade.

Segundo a tradição, são necessários sete anos para ler todo o Talmud. Luzer estudaria o Talmud inteiro cinco vezes em seus 93 anos de vida.

Bella, minha mãe (seu sobrenome de solteira era Kleiman), não poderia ser mais diferente de papai. Era religiosa também. No entanto era toda coquete, adorava canções francesas, irradiava calor humano.

---

[4] O Talmud é um imenso compêndio de 63 livros com comentários, réplicas e tréplicas formuladas ao longo de séculos por rabinos famosos, em suas interpretações sobre a Torá, o Pentateuco, ou seja, os cinco primeiros livros da Bíblia.

E amava dançar, coisa que meu pai não suportava. Acho que papai me ensinou a falar e mamãe, a cantar. Os dois, com seu espírito hassídico repleto de felicidade, ensinaram-me que o judaísmo é algo lindo, que judaísmo é otimismo.

Duas pessoas tão diferentes... será que eles viviam bem? Muito bem. Respeitavam muito suas diferenças. E viveram juntos por quase meio século até a morte de Bella em 1982.

Forço um pouco a memória: qual é a lembrança mais antiga que tenho dos meus pais? Acho que eram as cerimônias do *shabat*, o dia de descanso dos judeus, que começa ao cair da tarde de sexta-feira. As *zmirot*, as canções de *shabat* que cantávamos, o cheiro da comida da minha mãe...

A comida ocupa um papel de destaque na vida judaica — é só assistir a um dos filmes antigos de Woody Allen para se dar conta disso. *Ess, mein kind*, "coma, minha criança", em *idish*, talvez seja a frase mais comum na boca de uma típica mãe judia *ashkenazi*[5].

A cozinha de Bella era um capítulo à parte. Seu *guefilte fish*, o bolinho de peixe moído, entrada típica da refeição do *shabat*, era fantástico. Posso sentir o gosto até hoje: adocicado, como preferem os judeus poloneses. E como meu pai preferia. Creio que isso não tem a ver só com o gosto, mas com a idéia de receber de forma doce o *shabat*. Em nossa tradição, o *shabat* é comparado a uma noiva a ser recebida no altar.

Depois do jantar caprichado, outra tradição: a corrida de Luzer para a cama imediatamente: hora de dormir. Minha mãe então se deitava comigo em minha cama. Cantávamos músicas francesas. É inesquecível...

Nas férias, íamos às montanhas Catskill, o "point" favorito dos judeus nova-iorquinos, uma espécie de Campos do Jordão de lá. Nos hotéis,

---

[5] Os judeus dividem-se em vários ramos, de acordo com sua origem. *Ashkenazi* (plural, *ashkenazim*), literalmente, "alemão", em hebraico, designa os judeus da Europa central e oriental, cujos ancestrais provavelmente não passaram pela Espanha após deixarem Israel. Os judeus que fizeram esse caminho e se espalharam principalmente pelo mundo árabe e pela Europa mediterrânea são os sefaradim (espanhóis), enquanto os judeus etíopes são os *falashas*.

sempre que havia aulas de dança, minha mãe era a primeira a se inscrever. E me obrigava a fazer a mesma coisa. — Já que seu pai não dança comigo, quem vai dançar é você — dizia.

E eu dançava. E acho que ela tinha razão em insistir. Conservo o prazer de dançar até hoje.

Dona Bella

Minha mãe, de abençoada memória, tinha uma personalidade esfuziante. Era vaidosa, brilhante e muito alegre. Nunca a vi falar mal de ninguém. Algumas de suas frases em *idish* são inesquecíveis: *Zei nit mitkaneh*, "Não tenha inveja de seu vizinho".

Uma longa carta que mamãe me escreveu em 1982, pouco antes de sua morte, vítima de câncer, revela muito sobre sua personalidade. Na meia dúzia de páginas preenchidas com sua letra cuidadosa, curvas bem-feitas, em inglês perfeito, ela me pedia pelo menos vinte vezes para manter um segredo muito importante. Tão importante que não deveria ser revelado nem a meu pai, a quem ela jurava amar, pelo menos mais três ou quatro vezes no texto.

O segredo se referia a uma caixa de valores de banco, depositada na agência do Citibank da Rua 86, em Nova York. Ela dizia que só eu deveria conhecer o conteúdo da caixa e pedia, uma e outra vez, que eu não contasse nada a ninguém.

Um dia, depois da morte de Bella, apanhei a tal carta. Já havia esquecido o assunto muito tempo atrás. Porém fui à tal agência bancária. A caixa estava em meu nome e quase não agüentei a ansiedade da espera, enquanto o compenetrado funcionário do banco a procurava no cofre.

Sozinho, abri a caixa. Estava repleta de notas pequenas de dólares. Cédulas de um dólar? Havia pelo menos oitocentas! De cinco, dez, vinte dólares, outras tantas.

Foi fácil deduzir o que era aquele dinheiro. Por dezenas de anos, mamãe fez pequenas economias, guardando um, cinco, dez dólares do dinheiro que papai lhe dava para as despesas da semana. Era uma poupança para seu filho. Por que ela fez isso, já que, naturalmente, eu era o único herdeiro do casal? Não tenho idéia. Mas acredito que era uma forma de me deixar algo de "seu", independente de meu pai, consolidando a ligação tão forte que tinha comigo. Freud explica? Possivelmente: ele não era judeu? Então, tinha uma mãe judia.

Chorei muito ao ver o conteúdo daquela caixa.

3

Política, sexo e religião

TIVE UMA FORMAÇÃO ADEQUADA AO PERFIL DE FILHO ÚNICO DE UM CASAL JUDEU-ortodoxo de Nova York. Primeiro, a escola Ramaz, judaica e tradicional, onde estudei por doze anos. Em meu *bar-mitzvá*[6] tive a felicidade de contar com a presença do escritor Elie Wiesel, sobrevivente do Holocausto e futuro Prêmio Nobel da Paz, que freqüentava com meu pai um *shtibel*, uma pequena casa de oração na Rua 101 Oeste, entre a Broadway e a West End Avenue.

Wiesel e sua prosa me influenciaram muito e ele estaria a meu lado em diversas oportunidades, ao longo de décadas. Nunca esqueci uma história que ele contava, dos tempos em que ficou internado no campo de extermínio de Auschwitz, durante a Segunda Guerra.

---

[6] Cerimônia de maioridade religiosa dos meninos judeus quando completam 13 anos de idade. As meninas fazem o *bat-mitzvá* aos 12 anos.

— Um hassid encontra seu rabino, em um pátio de Auschwitz, e lhe diz, mergulhado em tristeza: "O senhor sabe que estamos na festa de *Simchát Torá*[7]?".

— Então, vamos celebrar!

— Como? Estamos cercados por nazistas e sequer há um rolo da Torá por perto...

O rabino olhou de um lado, de outro, certificou-se de que não havia guardas nas proximidades, agarrou um garoto que passava, colocou-o sobre os ombros e começou a dançar.

— É assim que vamos comemorar. A Torá está aqui, dentro deste menino e nada nem ninguém pode nos tirar essa alegria.

Essa imagem da essência do judaísmo, de celebrar a vida mesmo diante da proximidade da morte, sempre funcionou como um farol, iluminando os caminhos de minha vida.

A opção

Vivi toda a juventude imerso em judaísmo. Freqüentava ambientes judaicos e meus melhores amigos eram, invariavelmente, judeus. No início dos anos 1960, quando chegou a hora de ir para o *college*, a universidade, a Yeshiva University, também ortodoxa, era a opção mais evidente.

Apesar da orientação religiosa, a Yeshiva University oferece um currículo básico muito forte. Fui um estudante razoável, especialmente na área de Ciências Biológicas. Também praticava esportes. Beisebol e, mais do que tudo, basquete. Pertenci à equipe da universidade e usava sempre a camisa 21. O basquete trazia outra vantagem: permitia que eu me aproximasse mais das meninas. As "baladas" de sábado à noite, depois dos jogos, eram muito legais. Naquela época, como hoje, um esportista mais ou menos tinha chances melhores na hora da paquera.

---

[7] Festa que celebra o fim do ciclo anual de leitura da Torá nas sinagogas.

Vivíamos os tempos do movimento *hippie* com seu "faça amor, não faça guerra" e da luta contra a Guerra do Vietnã. Era muito fácil ser um liberal nos Estados Unidos daquele período. Creio que foi muito bom viver essa experiência. Experimentei maconha, claro, como quase todos os universitários do período. Não vou usar o argumento do ex-presidente Bill Clinton: "Fumei, mas não traguei". Não. Fumei, traguei e gostei. No entanto, foram poucas vezes. Não tolero nem fumaça de cigarro, quando mais a maconha... De *rock*? Gostava. Mas adorava mesmo os Beatles — muitos anos depois, usaria versos de suas canções em minhas prédicas na CIP — "all we need is love", por exemplo, "tudo o que você precisa é de amor". Nada mais próprio àquela época.

Também fui bastante namorador. Uma menina de cada vez, é verdade, porém eram muitas, judias e não judias; eu ficava pouco tempo com cada uma delas. Meus pais não diziam nada. Com toda sua ortodoxia, nunca interferiam em minha vida. Eu também não abusava; sequer levava alguma garota para conhecê-los.

Conheci o sexo pela primeira vez com uma namorada em Nova York. Esse primeiro ato, em si, não me pareceu nada especial. Não houve sininhos ou bandolins tocando. Mas a primeira relação sexual me abriu as portas para um mundo novo. Qual é o problema nisso? Nenhum. Somos todos seres sociais e o sexo é parte da vida das pessoas. É parte, também, do plano que Deus arquitetou para nós.

Com o tempo fui ficando mais seletivo. Descobri que o sexo, isolado de um envolvimento maior, fica sem sentido. E que a parte mais sensual do corpo da mulher é a cabeça. Ainda assim, sobrou daquela época certa atração permanente pelo flerte, pela sedução.

O brilho do poder

Um dos momentos mais marcantes de minha juventude — e da juventude de toda aquela geração — foi o assassinato do presidente John Fitzgerald Kennedy em 1963. Soube da notícia na cadeira do barbeiro, que estava com o rádio ligado. O choque foi imenso — para nós, judeus e liberais, Kennedy era um verdadeiro herói. Era o primeiro presidente católico eleito em um país de maioria protestante, o que representou a vitória da esperança sobre o preconceito. E sempre esteve comprometido com a garantia dos direitos civis a todos os cidadãos, um tema que nos era especialmente importante. Minorias como os negros e os judeus viam nele a concretização do sonho americano de igualdade.

A família Kennedy sempre teve ligações sólidas com o eleitorado judeu. Em 1961, uma delegação da Union of American Hebrew Congregations (UAHC), uma entidade fundada no século XIX e que reúne sinagogas reformistas em todo o país, resolveu entregar um rolo da Torá a Kennedy como presente. Alguém aproveitou para fazer uma brincadeira:

— Presidente, por que o senhor não está usando a kipá?

— Porque sou reformista...

Kennedy foi sucedido por Lyndon Johnson, um homem que não tinha nem a sombra de seu carisma. Contudo foi com Johnson que descobri uma nova vocação.

Eu estava no último ano da faculdade, em 1965, quando fui chamado para representar a Yeshiva University, ao lado de cinco colegas, em uma visita a Johnson. A Casa Branca fez o convite a jovens de diversas universidades, com a finalidade de apresentar um programa de estágio em Ciências Políticas chamado White House Interns. Os escolhidos iriam fazer seu estágio dentro do próprio centro de poder dos Estados Unidos.

Foram dias de grande ansiedade até a data da viagem. Quando entrei na sala com meus colegas, Johnson estava ao lado da esposa, *lady* Bird. Apertei a mão do presidente, que disse: "Muito prazer: você é o digno representante de uma comunidade universitária". Isso foi um divisor de águas em minha vida. Esqueça o fato de ele ter sido um presidente medíocre, de ter atolado o país em uma tragédia, a Guerra do Vietnã. E olhe que eu e toda a minha família, além da maioria dos judeus norte-americanos, naquela época votávamos no Partido Democrata, o mesmo do presidente.

Johnson era o presidente dos Estados Unidos e, por definição, o homem mais poderoso do mundo. Era a primeira vez que eu estava perto "do" poder. Confesso que fiquei deslumbrado com a aura que nos cercava naquele instante. O clima de adrenalina política da Casa Branca me contagiou. Eu havia sido mordido pelo bichinho da política. Para sempre.

Voltei a Nova York para completar meus estudos muito impressionado. Ainda não sabia ao certo que carreira universitária seguiria. Tendia a cursar Odontologia, por influência de um amigo, já dentista na Filadélfia e que me abria o consultório de vez em quando para que eu fosse me familiarizando com a profissão. Não parecia nada mal. Fazia parte da área de Biológicas, na qual eu me dava bem. Ser dentista nos Estados Unidos de 1965 era uma opção que abria as portas para o *status* e, conseqüentemente, o sucesso financeiro, coisas que sempre foram importantes para mim. E era uma profissão adequada a um "good Jewish boy", um bom garoto judeu, como eu.

Obtive minha graduação em Ciências Naturais na Yeshiva University — eu ia bem, especialmente em Química — o primeiro passo para solicitar o ingresso em uma faculdade de Odontologia. Não existe vestibular nos Estados Unidos. Você faz uma solicitação às universidades que mais lhe interessam e elas escolhem os alunos de acordo com seu currículo.

Distribuí os pedidos, como fazem todos os candidatos. O fato é que fui aceito por uma das melhores faculdades de Odontologia do país, na Universidade da Pensilvânia, na Filadélfia. E, melhor, com bolsa de estudo integral, incluindo casa e comida, por todo o período do curso. Meus pais tinham uma situação confortável, mas não eram ricos. Então a concessão da bolsa, é claro, foi muito comemorada em casa. Não era nada fácil.

O problema é que, no meio do caminho entre mim e o diploma de dentista, havia uma sinagoga. Há muito tempo eu me questionava. Queria mesmo ser dentista? Sempre gostei de lidar com gente. Será que eu me satisfaria cuidando de seus dentes? Poderia ter uma vida estável, sem dúvida. Eu poderia ser feliz passando a vida toda entre caninos e prémolares? E quanto à política, que havia me entusiasmado tanto?

Liberalismo e ortodoxia

Pensei muito, conversei com amigos e passei semanas de muita angústia. Até que tomei coragem e decidi desistir do curso — e da bolsa. Decidi ser rabino e, para isso, solicitaria o ingresso em um seminário teológico liberal, o Hebrew Union College de Nova York.

Meus pais, tão diferentes entre si, tiveram reações distintas, como acontecia sempre.

— Henry, ser rabino? Mas você nunca vai ser dono do seu nariz; estará sempre recebendo ordens de uma congregação. Uma diretoria entra, outra diretoria sai... é isso o que você quer? — mamãe perguntava, com os pés no chão.

— Além do mais, há muitas disputas entre rabinos, politicagens nas congregações... (mamãe tinha 100% de razão, é claro!).

Lembrei então de uma velha piada judaica: três mães, sentadas em uma cafeteria, conversam sobre as carreiras dos filhos:

— Meu filho é um médico de sucesso.

— O meu, um engenheiro que ganhou vários prêmios.

— Já o meu filho é rabino.

— Rabino? Que profissão é essa para um garoto judeu?

Papai, quando ouviu minha decisão, não questionou a carreira, mas a orientação do seminário.

— Se você decidiu ser rabino, por que um seminário liberal?

Parece mesmo estranho. Mas a verdade é que eu me orgulhava de Luzer, meu pai, respeitadíssimo como talmudista em nossa comunidade. Só que eu queria construir minha própria orientação religiosa, ter vôo próprio. Queria fazer a diferença para as pessoas desempenhando a profissão em um segmento em que eu não fosse apenas uma sombra de meu pai.

Expus a eles minhas razões. Papai resistiu um pouco e, então, quis conhecer o seminário.

Acertamos a data. Quando o dia chegou, tomamos um táxi e fomos, sem avisar, ao Hebrew Union College, que ficava na Rua 68 Oeste. Nem eu nem ele jamais havíamos pisado em um seminário rabínico liberal.

Papai então procurou a secretária do decano e lhe perguntou se havia ali, naquele momento, algum professor de Talmud, área que ele dominava.

— Sim, está aqui o professor Samuel Atlas.

Eu não o conhecia, mas Atlas era um erudito em Filosofia. Nascido na Lituânia, estudou na Rússia e na Alemanha. Tinha mais de 65 anos e era uma grande referência em sua área.

— Será possível conversar com ele? Não tenho hora marcada...

A moça falou com o professor ao interfone e Atlas aceitou nos receber em sua sala do 5.º andar. Então meu pai, sem combinar nada comigo, disse, em seu inglês carregado de sotaque *idish*:

— Dr. Atlas, meu filho está com uma idéia na cabeça: quer ser um rabino liberal. Acontece que eu sou ortodoxo e não quero perder meu filho. Quero ouvir a opinião de alguém que não conheço. E procurei o senhor porque é professor de Talmud, uma área que é o grande símbolo da ortodoxia. Exige um *background* muito sólido.

Eu não conhecia bem o Talmud. Honestamente, ao lado de meu pai, com toda a sua bagagem de estudo, eu me sentia um pigmeu. Não disse uma palavra.

Atlas escutou atentamente, até o final. Depois...

— Senhor Sobel, veja bem. Sou professor de Talmud há uns quarenta anos. Leciono para jovens que desejam ser rabinos liberais. Mas eu mantenho as tradições do judaísmo. Todos os dias, coloco os *tefilim*[8] para fazer a reza matinal, assim como uso o *talit*[9] em todas as preces. E observo com rigor a *kashrut*[10]. Se posso fazer isso, sendo professor em um seminário religioso liberal, seu filho também pode como rabino liberal!

---

[8] Filactérios. São tiras de couro ao redor de caixinhas com trechos de inscrições sagradas. Os homens judeus prendem, com as tiras, uma caixinha na testa e outra no braço esquerdo no momento da reza matinal.

[9] Xale ritual, também usado para as rezas.

[10] O conjunto das leis alimentares do judaísmo. Um alimento preparado de acordo com elas é kasher.

Olhei fundo nos olhos de papai. Vi um enorme alívio. Ele, então, segurou minha mão em um gesto inesquecível e disse:

— Henry, quero que prometa aqui, diante do dr. Atlas, que você não deixará de colocar os *tefilim* nem de observar a *kashrut* pelo resto de sua vida. Então fiz a promessa, uma mão um pouco trêmula segura pela mão firme de meu pai e a outra na mão de um professor que me era totalmente desconhecido.

Saímos os dois do prédio muito mais tranqüilos. Eu, tendo a certeza de que era perfeitamente possível ser um rabino liberal, respeitar as tradições e conservar as melhores relações com meus pais. Lou Sobel, satisfeito com o compromisso e com a testemunha que encontrara.

Cumpro fielmente a promessa que fiz a meu pai até hoje. Na verdade, nunca a questionei porque a vejo como algo sagrado.

Desde a opção pelo seminário liberal, eu sabia que não desejava ser um rabino convencional. Não queria passar a vida debruçado sobre o Talmud e suas discussões intermináveis. Queria viver em contato permanente com as pessoas, participar de maneira ativa da vida social, comunitária e política. Queria, também, alcançar aquela proximidade com o poder, que me fora proporcionada no encontro com o presidente Johnson...

Nos cinco anos de estudos no Hebrew College, mantive contato com todas as linhas de pensamento do judaísmo. Aos poucos, foram se afirmando como principais influências sobre meu pensamento os grandes nomes do judaísmo liberal. A começar por Martin Buber*, passando pelos rabinos Joachim Prinz* e Avraham Yeoshua Heschel, este, professor de Ética Judaica e Misticismo no Jewish Theological Seminary of America, também de Nova York.

Ia me familiarizando dia a dia com a Torá. E me identificava muito com os profetas bíblicos, Elias, Jeremias, sempre prontos a defender os pobres e denunciar os abusos dos poderosos, mesmo dentro do judaísmo e do antigo Estado de Israel. Pouco a pouco, fui percebendo que me encantava com o poder, mas desconfiava dos poderosos. E também me apaixonava cada vez mais por um personagem bíblico, o rei David.

Eu me encantava com seu caráter tão... humano. Achava fantásticas as narrativas sobre a entrada dos hebreus em Jerusalém, transformada por ele em capital de Israel. O próprio rei, tão poderoso, que, no momento do auge, dançava com a Torá junto de seu povo — e justificava essa alegria diante das reclamações da esposa contra seus "excessos"! Um homem tão importante e tão próximo da realidade dos seres humanos comuns.

Rei David à parte, no seminário terminei me aproximando muito de Samuel Atlas. Acho que, depois daquela promessa tão solene em uma improvável reunião em seu escritório, ele se sentia um pouco responsável por mim. E pela harmonia de meu relacionamento com meus pais. As famílias começaram a se freqüentar e eu me tornei presença constante em sua casa. Às sextas-feiras invariavelmente eu passava o *shabat* na casa dos meus pais, na Riverside Drive com a Rua 84 Oeste, e então ia para a casa de Atlas, na Rua 93. O tempo passou e comecei a trabalhar com ele, como uma espécie de *office boy*, fazendo pequenos serviços. Ajudava-o, também, nas pesquisas para a elaboração de seus livros.

Foi Samuel Atlas quem eu procurei, um dia de 1967, já na condição de presidente do Conselho Estudantil do Hebrew Union College. Queria saber sua opinião: deveríamos ou não ir à marcha contra a Guerra no Vietnã, marcada para poucos dias depois, em Washington? Naquela época, os protestos contra a guerra mesclavam-se às manifestações em defesa de plenos direitos para os negros. O país estava empolgado em sacudir estruturas fossilizadas.

A maioria dos alunos de nosso seminário assim como o Conselho Estudantil eram favoráveis à participação na marcha de Washington. Porém eu ainda tinha dúvidas: isso seria bom ou mau para a imagem da instituição?

Atlas recebeu-me em sua casa. Como sempre, foi muito claro: "Henry, o judaísmo exige que você siga as determinações de sua consciência. O resto, deixe nas mãos de Deus".

Obedeci minha consciência e fomos para o inesquecível protesto na capital. Eu seguiria para sempre o conselho de Atlas, de atender à minha consciência. Com todos os acertos e erros que isso tem implicado.

A manifestação de Washington não foi a primeira de que participei com outros colegas do seminário. Dois anos antes, o reverendo Martin Luther King, líder do movimento pelos direitos civis dos negros, convocou toda a sociedade para um protesto em sua cidade, Montgomery, no Alabama. Era uma das regiões mais reacionárias do Sul dos Estados Unidos, um dos centros de atuação da organização secreta racista Ku Klux Klan. Foi em Montgomery que, em 1955, a jovem Rosa Parks decidiu desafiar um velho preconceito e não cedeu seu assento no ônibus a um passageiro branco. A ação, de grande coragem, levou a população branca a realizar um boicote de 382 dias ao serviço de ônibus na cidade.

Dois discursos ficariam gravados em minha memória para sempre. A fala de Luther King, em razão do conteúdo político, que conclamava os homens a exercerem a dignidade. E o discurso de Heschel, pela força poética que expressava.

As centenas de milhares de pessoas que marcharam em Montgomery, naquele dia, ficaram eletrizadas ao ouvir Luther King dizer seu famoso: "I have a dream". "Eu tenho um sonho", dizia ele, referindo-se a um futuro em que todos os cidadãos norte-americanos teriam os mesmos direitos. E em sua belíssima fala, Avraham Heschel declarou: "Sinto que estou rezando com minhas pernas...".

Martin Luther King convocara a manifestação de Washington para marcar o décimo aniversário do ato de rebeldia de Rosa Parks. Fomos ao evento em uma delegação do Hebrew Union College, acompanhando o rabino Avraham Yeoshua Heschel. O carisma intenso de Luther King continuava me impressionando muito. Nunca havia visto alguém com tamanha convicção em suas idéias e com tanto poder de convencimento das massas.

A participação política na vida universitária também reforçou minha convicção sionista. Nunca tive dúvidas de que a existência de Israel é fundamental para garantir a vida e a segurança dos judeus em todo o mundo. Para um povo perseguido ao longo de tanto tempo, o Estado judeu é um porto seguro. Na mão oposta, a Diáspora é fundamental para garantir a sobrevivência de Israel.

Política, sexo e religião

Como a maioria dos judeus norte-americanos, nunca imaginei emigrar para Israel. Hoje, fazendo um balanço, acho que visitei o país pelo menos 25 vezes. Em muitas oportunidades, levei jovens da CIP para conhecerem o Estado judeu. Mas viver lá nunca foi uma opção séria para mim. Sentia-me completamente à vontade em Nova York e, na época, o estilo de vida em Israel ainda era algo espartano — herança dos tempos dos pioneiros socialistas que criaram o Estado em 1948. Sempre apreciei uma vida confortável. Com toda a fidelidade ao sionismo, não estava disposto a abrir mão desse bem-estar.

A conclusão

Chegou, então, a hora de concluir o curso. Tínhamos de preparar nossa tese de doutorado. Escolhi um tema complexo, ligado, claro, ao Talmud, por conta das influências de meu pai e de Samuel Atlas. O título do calhamaço de oitocentas páginas era *O não-existente na lei talmúdica*. Em hebraico, "Davar she ló ba la´olam", alguma coisa que não existe neste mundo. No trabalho, eu discutia o conceito teológico de aquisição daquilo que não existe no presente, mas que existirá no futuro. Um debate talmúdico puro. E de execução muito complicada...

Papai teve um papel fundamental para que esse trabalho fosse concluído. Ele me esperava todas as noites. Deixava a porta de seu quarto aberta, entrava de mansinho e perguntava: "Henry, você quer estudar um pouco?".

Foi assim, já cansado, ao lado de meu pai — com todo seu entusiasmo judaico —, que conheci melhor o Talmud e o judaísmo. Sem o apoio do estudioso autodidata Lou Sobel talvez eu não tivesse conseguido chegar ao final do trabalho.

Veio o momento da apresentação da tese e fui aprovado com louvor. Muito tempo depois, em 1995, eu apresentaria ao seminário um novo trabalho, *O conceito do mal na filosofia de Martin Buber*, que me daria o título de Doctor of Divinity. Não sei exatamente qual é a tradução, mas trata-se de um título honorífico, semelhante ao de doutor *honoris causa*, em Teologia.

Com origem em uma família ortodoxa, havia me formado como rabino liberal. E em todo esse tempo não houve sequer um conflito entre mim e meu pai. Ele, com todo o seu tradicionalismo, exercitou a tolerância por amor ao filho, em cuja promessa acreditou.

Tese aprovada, chegava também a hora de ir para o mercado de trabalho. Eu tinha 26 anos e um enorme entusiasmo. Vários de meus colegas faziam os primeiros contatos com congregações judaicas. Meu melhor amigo, o rabino Mark Winer, por exemplo, iria assumir a sinagoga liberal de West London, na Grã Bretanha.

E eu?

4

São Paulo, Genebra ou Cleveland?

QUANDO O ALUNO ESTÁ NO ÚLTIMO ANO DO SEMINÁRIO RABÍNICO, preenche um formulário sobre seus locais favoritos para trabalhar, já que aparecem solicitações de comunidades do mundo inteiro. Na minha vez, só assinalei cidades dos Estados Unidos. Eu conhecia a Europa e gostava muito de viajar. Mas adorava Nova York, me dava muito bem com meus pais, não havia motivos para mudar de país. Israel estava fora de questão e a América Latina nem passara perto da lista de opções...

Como primeiras alternativas, coloquei Cleveland, em Ohio, que tem uma das comunidades judaicas mais organizadas do país; São Francisco, na Califórnia, uma cidade sensacional, e Detroit, em Michigan. Neste último caso, a capital norte-americana dos automóveis, imaginei que poderia trabalhar com industriais judeus, encorajando o ativismo social.

Acho que também citei Miami, na Flórida, com suas praias... Uma opção parecia melhor do que a outra.

O ano era 1970 e eu ainda não havia recebido nenhuma resposta, quando o decano do seminário, Paul Steinberg, atendeu a um telefonema do então presidente da CIP, Max Perlman. Ele estaria em breve em Nova York, a negócios, e gostaria de visitar a instituição. Um dos rabinos da CIP, Michael Leipziger, iria deixar a Congregação, que procurava seu substituto, um assistente para o patriarca, o rabino Fritz Pinkuss. De preferência um profissional jovem para trabalhar com os jovens.

Steinberg recebeu Max Perlman e lhe sugeriu: "Há aqui um rapaz que tem paixão por viajar e que é qualificado; um jovem sério e sofisticado. Talvez seja um bom candidato. O nome dele é Henry Isaac Sobel".

Perlman então me telefonou marcando um almoço no dia seguinte. Foi um choque. Brasil? Nem sabia direito onde fica o país... Assustado, chamei o decano do seminário:

— Dr. Steinberg, amanhã vou almoçar com Max Perlman, do Brasil.

— Eu já sei.

— Uma vez que estamos falando em viagens longas, o senhor tem alguma resposta para mim, talvez uma outra congregação fora dos Estados Unidos?

— Recebemos uma solicitação da comunidade de Genebra, na Suíça. São trezentas famílias. Também pode ser uma boa alternativa.

Ao saber que tinha mais de uma opção de trabalho, fui tranqüilo para o almoço com Perlman. Ele marcou no restaurante do Sherry Netherland, um hotel chique da 5.ª Avenida, combinando com o carimbo de "jovem sofisticado" com que Paul Steinberg havia me presenteado...

Max Perlman era um homem inteligente e que transbordava energia; era duro, objetivo, *tachless*, como se diz em *idish*, que significa sem papas na língua. Nascido na Bessarábia, entre a Romênia e a Ucrânia, era o primeiro não-alemão a presidir a CIP. Recebeu-me muito bem no almoço. Falou das maravilhas do Brasil, sobre São Paulo, já na época uma cidade importante.

São Paulo, Genebra ou Cleveland?

E eu, na minha ignorância geográfica tipicamente norte-americana:

— São *what*?

— São Paulo. Você vai aprender.

Conversamos durante duas horas e a química entre nós foi excelente. Perlman então me convidou para um jantar na noite seguinte. Lá, fez uma bateria de perguntas para conhecer minhas opiniões sobre aspectos importantes da prática religiosa.

— Em nossa Congregação, por razões práticas, fazemos a leitura da Torá de manhã, mas os ortodoxos dizem que isso deve acontecer aos sábados e nos feriados judaicos. O que você acha?

Pensei um pouco, fiz uma pausa e respondi:

— Sabe de uma coisa, prefiro que a Torá seja lida de manhã do que não seja lida. Então, que tal resolver um problema em vez de criar um problema?

— Penso da mesma forma.

Aí foi a minha vez de formular-lhe uma questão:

— Que tal um *shabat* criativo, com os jovens tocando violão e outros instrumentos? Qual é sua opinião sobre isso?

— Prefiro os jovens dentro do que fora da sinagoga. Se a fórmula der certo, por que não? —, disse ele, repetindo o velho hábito judaico de sempre responder a uma pergunta com outra pergunta.

Mais uma vez, a química pessoal foi completa e o encontro bastante agradável. Ao final, Perlman disparou:

— Henry, a festa de *Pessach*[11] está chegando. Por que você não passa uma semana conosco, em São Paulo? Sem compromisso, só para conhecer um pouco a cidade e a Congregação. Se você aceitar, mandamos logo a passagem.

O convite era irrecusável, mas pedi um dia de prazo para consultar meus pais. "Sou muito ligado a eles", disse.

---

[11] A Páscoa judaica, que celebra a saída dos judeus do cativeiro no Egito.

Quando deixei o restaurante — chovia bastante —, tentei pegar um táxi, ao lado de um casal. Eles iam na mesma direção e decidimos dividir a condução. Muita coincidência: eram de São Paulo. Disse a eles que tinha uma proposta de trabalho em sua cidade. Fizeram uma enorme propaganda de São Paulo, insistindo em que eu me mudasse.

A reação em casa foi um exemplo claro da diferença de temperamento de Luzer e Bella Sobel. Meu pai não gostou. Brasil, São Paulo, a gente nem sabe onde fica, como é que você vai passar o *Pessach* longe de nós... Mamãe apoiou a idéia desde o início: "Por que não? Ele gosta de viajar e, além do mais, será uma boa experiência".

No dia seguinte, telefonei para o decano do seminário.

— Dr. Steinberg, recebi um convite para ir até São Paulo. Como existe a alternativa suíça, será que há a possibilidade de eu fazer uma viagem triangular: Nova York, São Paulo, Genebra? Isso facilitaria muito a minha opção.

Steinberg concordou e, às vésperas do *Pessach* de 1970, um jovem rabino ianque desembarcava em São Paulo, maravilhado com tudo o que via. Dessa vez eu fizera a lição de casa. Estudei um pouco sobre o Brasil e São Paulo, já sabia alguma coisa a respeito das enormes dimensões do país e da relevância econômica da cidade.

O que eu não sabia era a dose imensa de calor humano que me aguardava.

Uma senhora congregação

São Paulo impressionou-me, claro, pelo tamanho, pela cor eternamente cinza e pelos enormes contrastes sociais. Bairros muito chiques alternando-se com favelas, buracos nas ruas e mendigos para lá e para cá. Mas a miséria era incomparável com o que se vê hoje. Eram os tempos do "milagre brasileiro", quase nenhum desemprego, crescimento econômico acelerado, a Copa do Mundo de Futebol em pleno andamento (e eu não tinha a menor idéia de como se jogava aquele esporte esquisito...), o incrível otimismo do "esse é um país que vai pra frente" que mascarava os crimes da ditadura militar. Crimes e ditadura que, aliás, eram totalmente desconhecidos para mim.

Nunca podia imaginar que nesse desconhecido Brasil houvesse uma congregação judaica tão sólida, organizada e cheia de entusiasmo como a CIP. Visitei as instalações, participei dos cultos religiosos, repletos de gente... A cada noite era convidado a visitar a casa de um casal ilustre da CIP. As famílias Perlman, Wolf, Hamburger, Goldberg, Windmüller receberam-me com imenso carinho. Nem é preciso dizer que, para mim, acostumado a ser mimado em casa, tudo isso foi muito sedutor.

Estava hospedado no Hotel Vila Rica, no Largo do Arouche. Lá, recebi a visita de David Sztulman e sua esposa, Sima. Eles eram os encarregados da Casa da Juventude da CIP. Depois soube que o sionismo fervoroso dos Sztulman era visto com uma ponta de desconfiança por parte de alguns patriarcas da Congregação. Entretanto isso é assunto para outro capítulo.

Os Sztulman levaram-me à Casa da Juventude. Sentados no chão do *moadon*, o auditório, debatemos com os jovens temas fundamentais do judaísmo e do sionismo contemporâneo. O entusiasmo daqueles garotos e garotas era contagiante. Ninguém reclamou de eu não compreender uma palavra do português e nos entendemos muito bem. A Chazit Hanoar[12], o movimento juvenil da CIP, reunia então perto de 1.500 pessoas. Era, certamente, um dos mais importantes do mundo. E não tenho dúvida de que, àquela época, havia poucas congregações judaicas tão organizadas e dinâmicas como a CIP no mundo inteiro. Eu, pelo menos, nunca havia visto nos Estados Unidos uma juventude judaica tão idealista e motivada. Aliás, na maioria das congregações judaicas de meu país de origem, os jovens eram totalmente excluídos de grande parte das atividades.

---

[12] Expressão hebraica para União da Juventude. Movimento juvenil sionista vinculado à CIP e sem ligação ideológica com qualquer partido político em Israel. Também existe em outras congregações liberais do Brasil e da América Latina.

A Casa da Juventude acumulava quase quarenta anos de uma experiência educacional judaica sólida, primeiro a cargo do casal Wilhelm e Anita Speyer, e depois de David e Sima Sztulman, que acentuaram a associação política entre judaísmo e sionismo. O trabalho era muito sério e, pela primeira vez, senti que, ali, poderia fazer a diferença para a vida de muita gente. Uma diferença que, possivelmente, não faria em nenhuma comunidade dos Estados Unidos...

Ao final da semana "sem compromisso" em São Paulo, fui procurado pelo rabino titular da CIP, Fritz Pinkuss, homem de sólida formação filosófica e teológica, que, anos depois, seria o pioneiro do curso de Hebraico da Universidade de São Paulo. Em sua formalidade tipicamente germânica, Pinkuss perguntou-me:

— O que o senhor achou?

— Gostei muito, rabino. Mas ainda tenho dúvidas. Tenho uma ligação forte com meus pais e o Brasil não estava em meus planos, fica muito longe de Nova York, não sei...

— Aceite a oferta.

— Dr. Pinkuss, então, por favor, me dê um motivo, como rabino, para aceitar a proposta.

— Aqui o senhor vai crescer. Há muito espaço para isso.

Deixei o Brasil com o coração aos saltos. Lá no fundo já não existia nenhuma dúvida.

Próxima etapa, Genebra. Bonita, limpíssima como cabe a uma cidade suíça. Também gostei da congregação, muito menor, mas que me recebeu muito bem. Não havia favelas, mendigos, miséria, as pessoas eram chiques, vestiam-se bem... E eu falava bem o francês por influência de minha mãe. Só que não era a mesma coisa. Faltava algo, não sabia bem o que. Hoje sei direitinho o que faltava. O problema é que a Suíça fica longe dos trópicos...

Voltei a Nova York com a decisão tomada: assumiria o posto de rabino-assistente da Congregação Israelita Paulista, em São Paulo (felizmente já aprendera o nome da cidade!), sem saber falar uma frase inteira em português. Se é para construir uma nova vida, para fazer a diferença, um rabino não deve pensar tanto nos buracos das ruas. E, sim, no relacionamento com as pessoas, no potencial humano. Também considerei o fato de que, no Brasil, havia poucos rabinos. Menos ainda rabinos de destaque. Como dissera Pinkuss, profissionalmente eu teria boas chances de me destacar. Além disso, tudo indicava que não seria difícil trabalhar com Max Perlman.

Procurei o decano Paul Steinberg para comunicar-lhe o que faria. Só *pro forma*, perguntei-lhe se havia alguma resposta sobre as congregações que eu havia escolhido originalmente nos Estados Unidos.

Nova surpresa. Surgira uma vaga, também como assistente, na sinagoga com a qual eu sempre havia sonhado: a mais organizada de Cleveland. Eram três mil famílias e só eu estava interessado!

Fui para lá, claro. Congregação ativa, de imensa sofisticação, tudo o que eu havia imaginado. Faltava só uma coisa: não aconteceu lá aquela cena em que um rabino de 26 anos, cabelos compridos, conversava, sentado no chão, com centenas de jovens. Todos, muito interessados, já que a imagem que tinham de um rabino era a de um homem muito sério, às vezes bravo mesmo e vestindo roupas escuras.

Pedi então um encontro com o rabino Avraham Heschel. Ele me recebeu em seu apartamento na Riverside Drive, bem perto da casa de meus pais.

— Rabino, devo aceitar a proposta da CIP?

— Prossiga. Você tem grandes chances; você deve ir. Você criará e ouvirá. Estará sozinho, mas crescerá.

Em seguida, Heschel contou-me uma história do rabino de Kotzk, da qual nunca me esqueci.

— "Ele pregava nas ruas contra o roubo, a corrupção, a violência e a hipocrisia. Seus seguidores, a princípio, o escutavam com atenção. Mas terminaram se cansando com a mensagem longa e as repetições constantes do líder. E muitos terminaram adotando as práticas que o rabino denunciava.

— Para que perder seu tempo? Por que não vai pregar na próxima aldeia, onde as chances são maiores de encontrar uma audiência mais receptiva? O senhor está vendo que eles não escutam? — disse um menino ao rabino.

— No início eu tinha esperança de mudar os homens. Agora percebo que não posso. Mas, se permaneço aqui e continuo a ensinar a Torá, é para evitar que os homens mudem a mim mesmo...".

Ao final, Heschel disparou: "Henry, tente mudar os homens. Este é o seu papel como rabino. Porém se não puder mudá-los, não deixe que a sua congregação o mude".

Decisão tomada. Mudei o roteiro de meus sonhos e comuniquei a Paul Steinberg: iria para São Paulo. Liguei para Max Perlman, que ficou felicíssimo. Meus pais lamentaram a futura distância do filho, mas entenderam a decisão.

Dois meses depois, no dia 15 de agosto de 1970, eu chegava a São Paulo. Meu primeiro jantar aqui? Na Rua Portugal, no Bairro do Jardim Europa, com o casal de brasileiros — não judeus — que havia dividido aquele táxi comigo em Nova York e insistido tanto para que eu abraçasse o seu país.

Eu tinha um contrato de US$ 15 mil anuais — um bom valor. E obedecia a um ensinamento de meu pai. Segundo ele, para dar certo na vida, a gente deve ter *mazal*, sorte, em hebraico. Só que ele fazia um jogo de palavras usando as três consoantes hebraicas que formam a palavra: M, Z e L. Com as iniciais, compunha três novas palavras: *makom* (lugar), *zman* (tempo) e *limud* (talento). Acho que o ditado equivalente, em português, é que a gente, na vida, deve aproveitar o cavalo da sorte passar arreado. Eu estava montando em meu cavalo. E acertei na mosca.

São Paulo, Genebra ou Cleveland?

5

Um rabino ianque em São Paulo

DESEMBARQUEI NO PORTO DE SANTOS. A BAGAGEM CHEGARIA SEMANAS depois, também de navio. Eu havia tirado, antes, duas semanas de férias. Viajei à França. De lá, depois da folga, peguei o barco para o Brasil.

Nas duas semanas de viagem, conheci um pouco melhor o samba, que era muito tocado no navio. Pensava comigo: "Esse ritmo é muito contagiante. Acho que, sempre que tiver um tempinho, vou cair no samba, já que eu adoro dançar...". Mais um prazer que ficaria pelo caminho. Eu nunca teria esse "tempinho".

O Brasil de 1970 vivia a euforia pós-conquista da Copa do Mundo. Não assisti a nenhum dos jogos, mas, claro, fui contagiado pelo espírito da vitória.

Uma das perguntas a que tive de responder, em uma das primeiras entrevistas que dei no Brasil, ao jornal *O Globo*, foi exatamente sobre futebol.

— Rabino, o senhor torce por qual time?

Eu ainda nem sequer sabia quantos jogadores disputavam uma partida ou qual o formato da bola de futebol, contudo não quis decepcionar o repórter e apelei para o único nome de clube que já havia ouvido.

— Corinthians.

O repórter deu-se por satisfeito. O mesmo não pode ser dito do advogado Décio Milnitzky, filho do então presidente da Confederação Israelita do Brasil (Conib), Benno Milnitzky. Os dois, aliás, se tornariam meus melhores amigos aqui no Brasil. Furioso, Décio me puxou para um canto e disse:

— Escute, rabino: neste país, futebol é uma coisa muito, muito séria. Você não pode simplesmente escolher o Corinthians. Ou você torce pelo São Paulo ou rompemos relações.

Achei que ele não exagerava na seriedade do assunto, nem na ameaça. E, por via das dúvidas, fiz-me são-paulino até hoje. Um são-paulino bissexto, é verdade. Todavia me apaixonei pelo futebol e adoro assistir às partidas pela TV. Ainda que só tenha ido ao campo duas vezes em 37 anos de Brasil.

Falando em primeiras impressões, Décio não gostou de mim no início. Ele diria depois que me achou muito artificial e egocêntrico. Depois, como temos mais ou menos a mesma idade, o convívio foi nos aproximando; nos tornaríamos quase irmãos.

Nas primeiras semanas de Brasil, enquanto não encontrava uma casa, fui viver com o casal Wolf, no bairro paulistano de Higienópolis. As famílias mais tradicionais da Congregação continuavam fazendo de tudo para que eu me sentisse em casa. Recebia convites para jantares e festas o tempo todo.

Da casa da família Wolf, tinha-se uma vista magnífica para o Pacaembu. Adorei o lugar. Por muita sorte, apenas algumas semanas depois de desembarcar por aqui, recebi um recado: alguém havia colocado para alugar um apartamento bem próximo, na Rua Rio de Janeiro, entre Higienópolis e o Pacaembu, com uma vista parecida à da casa dos Wolf.

Fui correndo e, com a ajuda dos novos amigos brasileiros, aluguei o apartamento.

Ao olhar por minha janela, no quinto andar, me dei conta de que o prédio ficava entre duas ruas com níveis diferentes, como é comum na região, muito acidentada. Havia um apartamento muito especial: entrando-se pela porta da frente, ele ocupava dois andares no subsolo. Mas, do lado oposto, o segundo subsolo terminava em um belo jardim, que ficava alguns metros sobre o nível da rua. Quer dizer, era um apartamento com todas as vantagens de uma casa com jardim. Fiquei apaixonado pelo apartamento-casa.

Procurei o porteiro: "Se o dono quiser alugar, por favor, não deixe de me avisar".

Dei muita sorte: apenas nove meses depois de minha mudança para o prédio, o dono do tal apartamento colocou os dois andares do subsolo à venda. Eu tinha minhas economias — o custo de vida no Brasil era então bem mais baixo do que nos Estados Unidos —, um salário confortável e poucas despesas, uma vez que vivia sozinho. Fiz uma oferta, o homem aceitou e em pouco tempo eu me mudava para o apartamento onde vivo há quase quarenta anos.

Hoje, pensando bem, a compra desse apartamento tão pouco tempo depois de minha chegada ao Brasil teve um grande significado simbólico. Era a prova de que eu não estava encarando o país como uma aventura ou um trabalho passageiro. Assumira um compromisso com o Brasil.

Aprender o português era, claro, um grande desafio. Além do inglês e do francês, eu falava hebraico e um *idish* meio quebrado. No entanto, aquela nova língua era muito diferente. Passei a ter aulas três vezes por semana com a professora Stella Tagnin, que, muito pacientemente, foi garantindo o sucesso da obra. A CIP patrocinava as aulas e eu, por minha conta, assistia ao curso da União Cultural Brasil–Estados Unidos outras duas ou três vezes a cada semana. Em quatro ou cinco meses já me expressava em português com algum conforto.

A CIP colocou à minha disposição um Fusca vermelho, novinho, automático — ou, hidramático, como se dizia por aqui naquele tempo. Eu não conhecia o sistema, e outro sócio da Congregação, Milan Markus, teve a paciência de me ensinar a dirigir pelas ruas do Pacaembu, então bastante calmas, para que eu conseguisse tirar a minha habilitação brasileira.

O Fusca vermelho foi, aliás, participante de um episódio muito curioso, logo em meus primeiros tempos de Brasil. Recebi um convite para jantar na casa de um sócio, no Bairro do Morumbi, que, então, ficava meio isolado da região central de São Paulo. Fui com uma moça que, mais tarde, seria minha namorada. Era noite, eu ainda não conhecia bem a cidade, nem ela, não havia telefone celular... enfim, terminamos nos perdendo pelas ruas tortuosas do Morumbi.

A sorte foi que, em pouco tempo, demos de cara com uma delegacia de polícia. Nada mais normal, então, do que perguntar ao delegado como chegar até a casa dos amigos. Ele me olhou de cima a baixo, cabelos loiros compridos, gravata de nó largo, terno bem-cortado, ao lado de uma moça bonita... Estranhou meu sotaque pesado e decidiu pedir minha habilitação.

Nenhum problema, eu já tinha tirado a carteira. Fiz a cena típica de apalpar os bolsos e não encontrei nada. Na pressa, havia esquecido a carteira em casa.

— Se o senhor quiser, tomo um táxi e vou pegar a habilitação agora mesmo.

O homem me olhou outra vez de cima a baixo e perguntou:

— O que o senhor faz?

— Sou rabino da Congregação Israelita Paulista.

— Bem, se o senhor é rabino, então eu sou bispo!

Foi um custo convencer o delegado de que era verdade. Terminamos telefonando ao casal que nos convidara. Eles confirmaram a identidade, o delegado nos liberou e fomos ao jantar.

A versão que correu na CIP, nos dias (e muitos anos) seguintes, foi bem diferente. O rabino havia sido apanhado pela polícia no Morumbi com uma moça. No início dos anos 1970, ir de carro ao Morumbi com uma jovem, à noite, não era exatamente sinônimo de atender a um convite para jantar...

Nada pior para a imagem de uma profissão caracterizada pela discrição e a seriedade. Então, imagine só a dimensão que a fofoca assumiu. E era a primeira entre muitas fofocas envolvendo meu nome com mulheres...

Calor nos trópicos

Não me enganara com a observação inicial sobre o calor humano que esperava encontrar no Brasil. Como eu era muito jovem, os casais fundadores da Congregação, de fato, me adotaram. Max Perlman, por exemplo, com toda sua objetividade, às vezes dura, tratava-me como um verdadeiro filho adotivo. Muitas vezes eu montava em meu bravo Fusca vermelho e me convidava para jantar na casa de Max, aos finais de semana.

Por mais de 15 anos, ele e seus sucessores na Presidência da CIP me trataram com enorme respeito e fizeram de tudo para dar ainda mais asas às minhas iniciativas.

Porém não eram só os Perlmans — eu tinha convite fixo nas casas de outros pioneiros da Congregação: Eber Alfred e Esther Goldberg, Oscar e Käthe Windmüller, o casal Wolf. Fazia muito bem, para mim, esse contato com gente mais velha porque era a primeira vez que eu me distanciava de meus pais, com toda a influência que eles tiveram sobre a minha formação.

Foi Max Perlman que cumpriu, inicialmente, esse papel de "pai postiço". Logo seria substituído por Benno Milnitzky. Ele, aliás, quando me conheceu, comentou com a esposa: "Esse moleque ainda vai me dar muito trabalho". Benno não tinha a menor idéia de como estava certo.

O trabalho

Cheguei para trabalhar como assistente de um personagem carismático, o rabino Fritz Pinkuss. Formado em Filosofia e Teologia, ele havia sido rabino na cidade alemã de Heidelberg e discípulo de Leo Baeck*, um dos mais importantes líderes religiosos judaicos contemporâneos.

Impressionava-me com o que Pinkuss havia construído no Brasil. Ele fora o grande pilar de uma congregação sólida, com ideais herdados do judaísmo liberal alemão. A façanha era grande: o rabino havia sido o piloto da reconstrução tropical de um pedaço daquilo que os nazistas tentaram extirpar da Alemanha. Uma prova da tenacidade e do otimismo que vêm fazendo do povo judeu um mestre na arte de insistir na sobrevivência. Se a CIP era o que era, devia muito ao rabino Pinkuss.

Éramos, claro, bem diferentes. A começar pela idade — pertencíamos a gerações distintas. Nosso *background* cultural era muito distante: eu, um típico judeu liberal de Nova York, vinha da experiência libertária do "faça amor, não faça guerra". Pinkuss era um judeu alemão *comme il faut*, formal e muito sério, trazendo a bagagem de quem havia sido expulso da pátria querida por um regime genocida.

E havia também o sionismo que eu abraçava com devoção. Pinkuss reconhecia a importância do Estado de Israel, mas, sem desviar um milímetro da linha do judaísmo liberal alemão, dedicava-se principalmente a consolidar as raízes da Congregação na nova pátria. Pinkuss não expressava com freqüência suas convicções políticas para não dar a impressão de que estava excluindo alguma corrente dentro da Congregação. Um dos pontos comuns entre nós, confesso, é que os dois éramos vaidosos... cada um com sua forma de vaidade.

Pinkuss e eu conhecíamos muito bem nossos papéis na Congregação. Com a idade chegando, o patriarca trataria de ir se afastando, pouco a pouco. Abriria espaço para mim, que o iria ocupando, devagar. Nos primeiros anos de trabalho, nunca houve sequer um conflito entre os dois rabinos. Acho que eu era bem mais cauteloso do que hoje...

Comecei fazendo uma espécie de clínica geral rabínica, em apoio ao trabalho de Pinkuss. Atendia pessoas que vinham esclarecer dúvidas, pedir conselhos — isso sempre foi muito freqüente. Também o auxiliava nos serviços religiosos, fui fazendo minhas primeiras prédicas — em inglês, que alguém traduzia. Alguém não. Entrava em cena uma mulher que seria fundamental em minha vida. Francisca, a Paquita Ostrowicz, nascida na

Um rabino ianque em São Paulo

47

Argentina, mas já perfeitamente brasileira, seria minha secretária particular por 29 anos. Pessoa dedicadíssima, Paquita ajudou muito na organização de meu arquivo, nas questões administrativas do cotidiano (com as quais nunca lidei muito bem) e sempre garantiu a fidelidade nas traduções de meus trabalhos. O esforço de Paquita foi, também, importante para padronizar o uso de termos em hebraico e em *idish* nas publicações da CIP ao longo dos anos. Infelizmente, Paquita me deixaria só, em março de 2007.

Em meu português capenga, sempre contei com a boa vontade dos sócios da CIP. Nos primeiros dois anos de trabalho, era muito comum eu parar a prédica no meio para perguntar: "Como se diz tal coisa em português?". E sempre alguém quebrava o gelo e gritava a resposta lá da platéia. Isso virou um hábito bem-humorado. Não era pouca compreensão dos associados de uma congregação fundada sob o signo do formalismo "yeke", como os judeus chamam os patrícios alemães. Acabamos criando um relacionamento tão gostoso e tão informal, que descobri que não saber falar bem a língua pode ser uma vantagem.

Contudo eu havia sido contratado, mesmo, para trabalhar com a juventude. Com a saída do rabino Michael Leipziger, meses depois de minha chegada ao Brasil, esse trabalho se intensificou. Passei a ser uma figura constante na Casa da Juventude, a freqüentar as atividades do grupo escoteiro Avanhandava... Mais tarde, comecei a trabalhar nos Campos de Estudos, uma espécie de imersão em um sólido convívio judaico, idéia que o rabino Pinkuss havia trazido dos Estados Unidos no início da década de 1950. Os Campos de Estudos eram realizados durante as férias escolares na cidade de Campos do Jordão, em clima de montanha, o que tornava tudo mais aconchegante.

Naturalmente, fui me entrosando com o pessoal mais velho da Chazit Hanoar, não tão distante de minha idade. Ted Feder, Ary Plonski, Jorge Schlesinger, Fabio Feldmann, que se tornaria deputado federal e um ambientalista importante, a futura historiadora Lilia Moritz e Luiz Schwarcz, com quem ela se casaria. Luís seria depois um dos mais destacados editores do país, criando a Companhia das Letras.

A cada dois anos, eu viajava a Israel acompanhando um grupo de jovens. Não era apenas uma viagem turística. Havia palestras, debates, conversas... um intenso conteúdo judaico e sionista.

Não tive nenhuma namorada nos primeiros meses de Brasil. Aos poucos, fui conhecendo uma moça aqui, outra ali. Seguia o "padrão" de minha vida afetiva nos Estados Unidos. Muitas namoradas, uma de cada vez, mas nada realmente a sério.

Logo que cheguei, entretanto, conheci a mulher mais importante em meus primeiros anos de Brasil — e que teria um papel decisivo em toda a minha vida e na de minha futura família: Maria Rebouças do Couto. Católica devota, ela foi indicada por amigos para trabalhar em minha casa. Nunca conheci uma pessoa tão dedicada e fiel. Maria iria se transformar no esteio da casa, uma faz-tudo indispensável... e carinhosa.

Desde que me estabeleci em São Paulo, meus pais passaram a fazer visitas freqüentes ao Brasil. Mamãe, sempre muito *coquette*, dizia invejar as mulheres brasileiras de classe média porque não precisavam lavar a louça o tempo todo. Em Nova York, o custo de se manter uma empregada doméstica é altíssimo. Mamãe se afeiçoou muito a Maria e sempre pedia que ela cuidasse bem de mim.

Se Max Perlman e, depois, Benno Milnitzky supriram a figura paterna que me fazia falta, Maria Rebouças, sem dúvida, cumpriu a função materna substituta. Eu continuava a ser um rabino de sorte. E mimado.

Ame-o ou deixe-o

O Brasil dos primeiros anos da década de 1970 não vivia apenas a euforia do tricampeonato mundial de futebol. A economia crescia mais de 10% ao ano, não faltava trabalho; os cadernos de emprego dos jornais de domingo formavam vários volumes. Havia uma ditadura feroz. Mas eu tinha poucos contatos fora da CIP e a imprensa vivia sob censura. Ouvia os relatos de alguns sócios, parentes de ativistas de esquerda, sobre os horrores das torturas e os desaparecimentos. Isso ainda estava, porém, muito distante do meu dia-a-dia. Continuava deslumbrado com o país, suas possibilidades, sua gente, esse verdadeiro *melting pot* tropical, plasmado no Carnaval. Usei até uma analogia entre a alegria do Carnaval e a festa bíblica do rei David, dançando com a Torá ao entrar em Jerusalém (veja texto ao final).

Com a maior parte dos associados da CIP fazendo parte de uma classe média confortável e mesmo dos estratos sociais superiores, a ditadura militar parecia apenas um acidente de percurso que só prejudicava a alguns.

Em pouco tempo, essa ditadura antes tão distante mudaria minha vida por completo.

6

Vladimir Herzog

EM MEUS PRIMEIROS ANOS COMO RABINO NO BRASIL, DE VEZ EM QUANDO ouvia um ou outro sócio da CIP comentar sobre um parente de esquerda que havia sido preso, torturado... Havia muitos judeus nos grupos políticos clandestinos que lutavam contra a ditadura.

Mas eram comentários esparsos. A imprensa brasileira sofria sob uma censura pesada, a Diretoria da CIP pouco discutia sobre política e a maior parte dos sócios era politicamente conservadora. Eles podiam não simpatizar com o regime militar, contudo, naqueles tempos difíceis, quase todos guardavam suas opiniões para si próprios e suas famílias.

Eu mesmo ainda não entendia muito bem a situação política no país. Era um típico liberal norte-americano; não era de esquerda, acreditava na democracia e na livre-iniciativa. Sabia que existia uma ditadura militar aqui, coisa que nunca me agradara em país algum. Porém isso parecia muito longe, parecia não interessar a muita gente, uma vez que o Brasil respirava a euforia do "milagre econômico" crescendo em níveis recorde.

Foi então que, na manhã de 27 de outubro de 1975, recebi um telefonema narrando um drama que mudaria a história do Brasil. E também mudaria completamente o rumo de minha vida, assim como a história da CIP, abrindo espaço para novas formas de relacionamento entre a comunidade judaica e o conjunto da sociedade civil.

Era uma segunda-feira e eu estava no Rio de Janeiro para um debate promovido pela Ordem dos Advogados. Quem me chamava ao telefone, no hotel, era Erich Lechziner, funcionário da Chevra Kadisha, o serviço funerário da CIP.

— Rabino, recebemos aqui o corpo de Vladimir Herzog, filho de dona Zora. Os militares que entregaram o caixão disseram que ele se suicidou na prisão. Então ele deve ser enterrado na ala dos suicidas do cemitério.

Levei um choque. Conhecia Vladimir, o Vlado, de vista. Estive com ele uma vez e também tive o privilégio de ser entrevistado por Herzog para a TV Cultura, onde trabalhava. E dona Zora era uma sócia ativa da CIP, participava de todas as cerimônias de *shabat*, às sextas-feiras. A família havia saído da Iugoslávia, onde Vlado nasceu, para escapar do nazismo. Um suicídio? Homem casado e com filhos?

— Será? — pensei.

Vlado era o diretor de jornalismo da TV Cultura. Alguém me dissera, não sei quando, que ele era de esquerda, mas acho que não dei muita importância a esta informação. No entanto sabia que, nas semanas anteriores, Cláudio Marques, um jornalista que simpatizava com o regime militar e era comentarista da TV Bandeirantes, vinha fazendo uma campanha cerrada contra os "comunistas infiltrados" na TV Cultura, que é uma emissora pública. Marques chegara a fazer gracinhas sobre o "Tutóia Hilton", na verdade, as dependências do Exército para onde os presos políticos vinham sendo levados, na Rua Tutóia, em São Paulo. E onde eram torturados.

Pedi a Lechziner que abrisse o caixão e desse seqüência à *tahará*, a lavagem do corpo, de acordo com os rituais judaicos, sem aceitar nenhum tipo de pressão. E que me telefonasse mais tarde dando uma idéia do estado do corpo de Vlado.

Em São Paulo, é bom esclarecer, há duas entidades funerárias judaicas, ambas com o mesmo nome, Chevra Kadisha (ou "fraternidade santa", em hebraico). A maior delas administra os cemitérios judaicos. Mas a Chevra Kadisha da CIP atende aos sócios e seus parentes, encaminhando os mortos, depois, para os diversos cemitérios.

Segundo a tradição judaica, os suicidas são enterrados em uma ala à parte, de costas para os demais mortos. A vida, para o judaísmo, é o valor supremo, a bênção maior de Deus. Um suicida, então, é alguém que atentou contra a maior realização de Deus, daí a segregação.

Como dona Zora era sócia, o corpo de Vladimir Herzog foi encaminhado à CIP. Na época, Fritz Pinkuss era o rabino-chefe. Diante da dúvida sobre onde fazer o enterro, Lechziner deveria consultá-lo. Contudo Pinkuss estava de férias na Alemanha e, por isso, o funcionário me procurou.

Duas horas e meia depois do primeiro telefonema, Lechziner ligou outra vez.

— Já fizemos a *tahará*. O corpo tem muitas marcas de golpes e sinais de tortura.

— Então não vamos enterrá-lo na ala dos suicidas.

— O sr. tem certeza?

— Absoluta. Enterrar alguém como suicida é uma vergonha para o morto e para a família. Se não houver provas definitivas sobre o suicídio, a dúvida deve ser utilizada em benefício do morto.

Lechziner, zeloso, ainda faria uma última chamada naquele dia.

— Rabino, o sr. tem certeza?

— Total. Se alguém perguntar, diga que é um pedido do rabino Sobel.

Ninguém perguntou.

O enterro aconteceu na própria segunda-feira, uma vez que não há velório, de acordo com as tradições judaicas. Achei que o caso estava resolvido e, então, decidi não cancelar meu compromisso na OAB. Quem oficiou o enterro de Vlado foi o *chazan*[13] Paulo Novak. O Cemitério Israelita do Butantã, em São Paulo, estava cheio de parentes, amigos, jornalistas, políticos e repórteres. Vlado foi enterrado na quadra 146, bem longe dos suicidas.

Com as fotos do enterro publicadas na primeira página de todos os jornais, tomei o avião de volta a São Paulo na manhã de terça-feira. O pessoal da CIP já tinha conseguido o endereço de Vlado — a esposa, Clarice, e dois filhos. Peguei um táxi no aeroporto de Congonhas e fui direto para lá.

Manifestei à família não apenas as condolências, mas meu repúdio pelo que, todos já imaginavam, havia sido um assassinato bárbaro. Clarice não é judia e, então, expliquei-lhe detalhes sobre o ritual judaico.

Na casa de Vlado e Clarice soube dos detalhes da prisão. Depois das denúncias de "infiltração comunista" feitas por Cláudio Marques, Herzog e outros jornalistas vistos como militantes ou simpatizantes do Partido Comunista Brasileiro (PCB) haviam sido convocados a prestar declarações no sinistro DOI-Codi — o organismo do II Exército dedicado a reprimir a oposição. Um grupo de militares foi à redação da TV Cultura na noite de 24 de outubro exigindo que Vlado se apresentasse para depor sobre suas ligações com o PCB.

Vlado apresentou-se espontaneamente na manhã de 25 de outubro na sede do DOI-Codi, na Rua Tutóia, no Paraíso, dentro das dependências do Exército. Também foram parar na mão do DOI-Codi os jornalistas Paulo Markun, Sérgio Gomes, Rodolfo Konder e George Duque Estrada, entre outros. No próprio dia 25 de outubro, os militares vieram a público dizer que Herzog havia se suicidado. Como "prova" exibiam uma falsificação

---

[13] Cantor litúrgico (heb.).

primária. Uma foto em que Vlado aparecia morto, com o cinto enrolado no pescoço, quase que sentado... Não era preciso ser um perito para dar-se conta de que não havia altura suficiente para ele se suicidar.

Muito tempo depois vieram à tona os verdadeiros motivos do assassinato do jornalista. O então presidente Ernesto Geisel vinha empreendendo um lentíssimo (e limitado) processo de abertura democrática. Em 1974, o Movimento Democrático Brasileiro (MDB), único partido de oposição consentido, conquistara uma vitória expressiva em eleições legislativas parciais. O governador de São Paulo, o banqueiro Paulo Egídio Martins[14], era aliado fiel de Geisel.

Todavia a ala mais radical do regime rejeitava a abertura e, em torno do ministro do Exército, Sylvio Frota, articulava-se um golpe interno de extrema direita. O comandante do II Exército, general Ednardo D'Ávila Mello, era um dos golpistas. Eles forjaram uma "conspiração comunista" para justificar a repressão e, eventualmente, um golpe dentro do regime.

A mentira sobre o suicídio era velha conhecida da ditadura brasileira. O jornalista Elio Gaspari, em seu livro *A ditadura encurralada*, conta que Vlado foi o 38.º "suicida" nas mãos da ditadura e o 18.º a "suicidar-se" por enforcamento...

A tática "conspiratória" também era das mais surradas. Hitler, para fechar o Parlamento alemão, em 1933, criou uma "conspiração comunista". Aqui no Brasil, um pretenso projeto comunista para tomar o poder, o "Plano Cohen", foi a desculpa que Getúlio Vargas usou para instaurar a ditadura do Estado Novo em 1937.

Aliás, Cohen é um nome judeu. Vladimir Herzog era judeu. A tese da "conspiração judaica para tomar o poder" foi usada inúmeras vezes por tiranos ao longo dos séculos, com a finalidade de justificar a violência, o derramamento de sangue. Acho que, como se diz aqui no Brasil, nada acontece por acaso...

---

[14] Paulo Egídio se tornaria um bom amigo meu. Várias vezes me levou para passear em sua moto, em São Paulo e Campos do Jordão.

O ato ecumênico

A morte de Herzog gerou uma onda de indignação em todo o país, com repercussões internacionais. O próprio regime sentia-se incomodado com uma farsa tão malfeita. Até porque, com apenas alguns dias de diferença em relação ao assassinato de Vlado, outro simpatizante do PCB, o metalúrgico Manoel Fiel Filho, morria no mesmo DOI-Codi. Eu também ficaria sabendo muito tempo depois que o PCB, alvo da fúria dos radicais, era contra a luta armada e estava dentro do MDB, defendendo uma oposição pacífica ao governo. Ocorre que, como os outros grupos de esquerda, guerrilheiros, haviam sido praticamente dizimados nos anos anteriores, só havia o PCB para "conspirar"...

Audálio Dantas, que presidia o Sindicato dos Jornalistas do Estado de São Paulo e foi entrevistado para a elaboração deste livro, é quem conta: "A tensão vinha crescendo desde julho de 1975, com as primeiras convocações de jornalistas para depor no II Exército. Antes de Vlado foram presos, na verdade seqüestrados, onze jornalistas. Com a notícia da morte do Vlado, a tensão chegou ao clímax. No domingo, 26 de outubro, o Sindicato emitiu uma nota que deflagraria todo um processo que iria mudar a história do país. Na nota, responsabilizávamos as autoridades pela morte de Vladimir Herzog, ainda que de maneira indireta. A gente dizia que as prisões eram uma arbitrariedade e que as autoridades são responsáveis pelos presos que têm sob sua guarda".

No momento em que optei pelo enterro de Vlado em ala comum do cemitério, somei-me ao movimento dos indignados. E, eu estava consciente, era preciso fazer algo mais. Até para que barbaridades como essa não acontecessem outra vez.

Procurei, então, o cardeal-arcebispo de São Paulo, D. Paulo Evaristo Arns, a quem conhecia superficialmente. Acreditava que, entre religiosos, talvez conseguíssemos encontrar algum caminho. E, na época, a Cúria Metropolitana de São Paulo era o grande centro de denúncias contra a violação dos direitos dos presos políticos.

Fui à casa de D. Paulo na noite de quarta-feira, 29 de outubro. Conversamos um pouco e, então, nasceu a idéia.

— Que tal realizar um culto ecumênico em homenagem a Herzog?

Isso nunca havia sido feito no Brasil, principalmente quando se tratava de adotar uma posição política clara. E para que o ato não fosse visto como um evento "judaico", pensamos em fazê-lo na Catedral da Sé.

Saí da casa de D. Paulo com o coração querendo saltar do peito. Começamos a fazer os primeiros contatos. Audálio Dantas lembra, outra vez: "Aderimos desde o início e decidimos convocar o ato com anúncios publicados em todos os jornais. Isso foi conseguido gratuitamente por colegas jornalistas com os seus patrões, em cada redação. A publicação tornou o fato mais conhecido; o ato ecumênico seria, além de uma homenagem, uma denúncia".

Procurei então Benno Milnitzky, que exercia a Presidência da Confederação Israelita do Brasil, a Conib. Benno, que era um dos últimos dirigentes de entidades judaicas do Brasil com origem de esquerda (havia sido socialista na juventude), apoiou decididamente a idéia. Porém deixou claro que a Conib não se manifestaria publicamente para não atrair o ódio da ditadura em direção aos judeus. Essa era uma preocupação típica dos judeus na Diáspora.

Também fui conversar com a Direção da CIP. O então presidente, Eber Alfred Goldberg, um de meus melhores amigos naqueles primeiros anos de Brasil, adotou posição semelhante à de Benno. O mesmo fizeram outros dirigentes de destaque, como Carlos Katzenstein. O único senão veio de um dos diretores, Stefan Hamburger, para quem um rabino da Congregação não deveria se meter com aquilo. Mas ele terminou concordando. Apesar do sinal verde, entretanto, a Diretoria da CIP não iria ao evento.

O ato foi convocado para a sexta-feira, 31 de outubro, às 15h. Só tínhamos dois dias para prepará-lo, mas a notícia se espalhou pela cidade em dois tempos. O governo pediu a D. Paulo que realizasse o ato a portas fechadas. O cardeal, com sua energia e coragem habituais, respondeu:

"Não vou fechar as portas da igreja para o povo...". Foi D. Paulo, também, quem tomou a iniciativa de convidar outro personagem da mais alta qualidade, o reverendo James Wright, pastor da Igreja Presbiteriana, cujo irmão, Paulo Stuart Wright, dirigente de esquerda, havia sido assassinado nas mãos da ditadura.

Dei um telefonema à Embaixada dos Estados Unidos em Brasília. Não me lembro com quem falei, mas avisei que iria ao ato da Catedral. *Just in case...* Ninguém sabia como os militares reagiriam. Não falei nada a meus pais; temia que eles se assustassem.

Na sexta-feira, quando cheguei à Praça da Sé, levei um susto. A região estava em obras — era a construção do metrô — e, por todas as partes, viam-se centenas de agentes, militares ou policiais à paisana. Como eu sabia? Eram daqueles sujeitos que a gente sabe o que são a cem metros de distância. E não faziam nenhuma questão de esconder sua função.

O que mais me impressionou foi o número de pessoas. Havia mais de oito mil, vindas de todas as partes para um ato político de oposição à tortura e ao assassinato, em plena ditadura! Policiais passeavam com suas metralhadoras pelas portas da Catedral.

Vi poucos rostos conhecidos na multidão. Quase nenhum judeu. Estava lá o cardeal-arcebispo do Recife, D. Helder Câmara, odiado pela ditadura... Comigo, apenas o rabino Marcelo Rittner, também da CIP, e o *chazan* Paulo Novak. Quase ninguém da Congregação foi; quando o apresentador leu a lista de presença, soube que havia alguns artistas judeus, um grupo de alunos do Colégio Renascença, a maior das escolas judaicas de São Paulo...

O ato aconteceu em clima de enorme emoção — e de muita tensão, é claro. Sentia-se no ar que algo começava a mudar no Brasil. Mas todos deviam estar se perguntando, no íntimo: "E se os militares resolverem atirar ou fazer qualquer outra bobagem?".

Nenhuma bobagem aconteceu.

Quando chegou minha vez de falar, li, com meu sotaque ainda mais arrastado com apenas cinco anos de Brasil, um pequeno texto:

"Sou um rabino. Estou aqui, participando deste culto ecumênico, porque um judeu morreu. Um judeu que fugiu da perseguição nazista. Um judeu que imigrou para o Brasil e aqui se educou, se formou e se integrou plenamente no mundo da filosofia, das artes, do jornalismo e da televisão. Para Vladimir Herzog, ser judeu significava ser brasileiro.

Sou um rabino. Estou aqui porque um judeu morreu. Porém, mais importante ainda, estou aqui nesta catedral porque um homem morreu. E, como rabino, não defendo apenas os direitos dos judeus, mas sim os direitos fundamentais de todos os seres humanos, de todos os credos, de todas as raças, vivam eles no Brasil ou em qualquer outro país do mundo. E Vladimir Herzog era um homem: um homem de visão, profundidade e dedicação.

Conta-se uma história sobre o rabino Elimelech. Quando sentiu que a morte se aproximava, chamou seus quatro discípulos e lhes pôs a mão na testa, dizendo que a cada um deixaria uma parte do seu ser: a um, deu a luz dos seus olhos; a outro, a bondade do seu coração; ao terceiro, a inteligência de sua mente; e ao último, o poder de sua voz.

Meu amigos: é porque Vlado colocou suas mãos em tantos de nós que podemos ainda — apesar da tristeza, da dor e da revolta — ter esperanças, pois ele nos deixou uma luz digna de ser guardada, um coração digno de ser lembrado, uma mente digna de ser recordada e uma voz cuja sabedoria nem mesmo a morte pode silenciar".

Ao final, Paulo Novak entoou o *El malê rachamim*, uma oração fúnebre judaica que começa dizendo: "Deus, cheio de misericórdia...".

Quando o ato terminou, a sensação geral era de que todos havíamos sido cúmplices em alguma coisa muito importante para o país. Conseguimos fazer um ato ecumênico pacífico que mobilizou a opinião pública brasileira e marcou uma posição firme: ninguém agüentava mais. A memória de Vlado Herzog e de tantas outras vítimas da barbárie dos militares estava honrada. O regime acusou o golpe.

Na CIP

Deixei a Catedral da Sé ao final da tarde, ainda meio sem saber o que havia acontecido, com a cabeça nas nuvens, *loifn*, voando, como se diz em *idish*. Em pouco tempo deveria começar o serviço religioso do *shabat* na CIP. Quando cheguei ao prédio da Rua Antonio Carlos, todos me olhavam com interrogação. Creio que pouca gente me perguntou alguma coisa, mas lia-se nos olhos de cada um: "Como foi?", "O que aconteceu?", "O que vai acontecer agora?".

A sinagoga da Congregação estava mais cheia do que o normal. Muitos jovens que não eram de acompanhar o serviço religioso vieram para saber se eu falaria alguma coisa sobre o ato ecumênico.

Comecei minha prédica dizendo: "Hoje saí direto de uma catedral para uma sinagoga". Contei, em detalhes, tudo o que havia acontecido. Disse que o judaísmo havia se feito presente; que cumprira seu papel na defesa da dignidade e dos direitos básicos do ser humano. De qualquer ser humano. Também comentei o fato de muitos judeus pertencentes aos estratos sociais superiores simpatizarem (ou, pelo menos, aceitarem como "natural") com o regime militar.

Perguntei-lhes como reagiríamos se houvesse alguma perseguição anti-semita? Para, em seguida, criticar aqueles que acreditavam ser suficiente, nesse caso, ter alguns judeus em posições-chave ou com bom trânsito em Brasília. Se queremos ser respeitados como cidadãos, afirmei, devemos estar comprometidos com a defesa dos direitos de todos os cidadãos.

Nosso *chazan* Paulo Novak entoou então o *El malê rachamim* mais uma vez. Quando a cerimônia do *shabat* terminou, não se ouvia sequer um pio na sinagoga. Todos estavam de pé. Do púlpito, percebi que muitos olhos refletiam o medo de que alguma coisa acontecesse. Foram instantes de tensão, que só cedeu devagar. Pouco a pouco, as pessoas começaram a deixar a sinagoga.

Meu pai, quando assistia às cerimônias religiosas na CIP, sempre comentava comigo, depois, o tamanho do *schwantz*. Em *idish*, *schwantz* quer dizer cauda. Ele, orgulhoso, se referia à fila de pessoas que sempre vêm conversar com o rabino ao final. "Hoje o *schwantz* estava comprido", dizia. Esse sempre foi, para mim, um momento muito gostoso, de contato mais próximo com as pessoas. Confesso que faz bem ao ego de qualquer rabino.

Naquela noite de 31 de outubro de 1975, o *schwantz* era muito grande. Fiquei conversando com as pessoas por mais de uma hora depois do fim da cerimônia do *shabat*. A grande maioria dos sócios da Congregação elogiou a realização do ato ecumênico. Outros falaram sobre Vlado e dona Zora. Houve, também, umas poucas críticas. Lembro-me de gente que disse: "É fácil tomar uma atitude dessas quando se tem um passaporte dos Estados Unidos". Eu não havia pensado nisso em meio à correria dos últimos dias. Contudo não deixava de ser verdade: sou cidadão norte-americano. Restava saber como usar melhor essa situação em proveito de causas que considerasse justas.

Fui para casa com a sensação de dever cumprido. Eu havia sido fiel ao que defendia o professor Samuel Atlas, meu professor em Nova York. "Um rabino deve fazer o que diz a sua consciência."

Mas eu não tinha a menor idéia da imensa repercussão daquela semana inesquecível. A denúncia de tortura fez o presidente Geisel afastar o general Ednardo, comandante do II Exército, como primeiro passo da desmontagem do "golpe dentro do golpe" e da anulação política do ministro-general Sylvio Frota, o chefe dos ultra-radicais. A partir dos casos Herzog e Manoel Fiel Filho, as torturas e os assassinatos se tornariam muito mais raros e o regime militar se engajaria de vez, ainda que timidamente, no rumo da abertura. A conclusão viria em 1984, com a escolha do oposicionista Tancredo Neves para presidente em um colégio eleitoral ainda amarrado com o regime de exceção.

A CIP também não seria a mesma. A história da Congregação — como você verá no próximo capítulo — havia sido marcada pela recusa firme em posicionar-se e mesmo em discutir política. A partir de 31 de outubro de 1975, a CIP se tornaria uma referência para a opinião pública — que lhe cobraria posições políticas acerca dos assuntos mais diversos. Para a comunidade judaica, o ato ecumênico e seus desdobramentos marcaram o início de uma fase de maior abertura em direção à sociedade brasileira. Os judeus passavam a ser algo mais palpável para o cidadão comum, uma parte mais identificável da sociedade e não quase que um corpo estranho, uma comunidade fechada. Ouso dizer que isso foi fundamental para reduzir as chances de qualquer movimento anti-semita no Brasil.

Nova vida para mim também. A astúcia da história começava a projetar um rabino ianque e de cabelos compridos ao papel de interlocutor da sociedade brasileira, no que se refere aos direitos humanos e ao relacionamento com outras religiões. Eu, também, ganhava uma nova "turma". Até então, meu *habitat* natural havia sido composto da sala do quarto andar da CIP, festas, recepções, reuniões de diretorias, enterros... as casas de alguns amigos.

Agora, naturalmente e sem pensar muito no tema, passava a integrar as fileiras de uma oposição que mal conhecia. Conviveria com personagens como o procurador Hélio Bicudo, incansável batalhador contra a violência e a tortura, Audálio Dantas, Fernando Henrique Cardoso, D. Paulo Evaristo, o reverendo Jaime Wright e até um metalúrgico que despontava como liderança sindical no ABC paulista, Luiz Inácio da Silva, o Lula.

Também sem escolher esse caminho, eu passaria a ser consultado pela mídia sobre assuntos polêmicos: minha imagem sairia dos limites da Rua Antonio Carlos. Meses depois, eu seria convidado pela direção do Congresso Judaico Mundial (CJM), que reunia então líderes de comunidades judaicas de cinqüenta países (hoje, são 62), para tomar parte de um painel, em Nova York, sobre a democracia na América Latina. Lá, apresentei a todos o caso Herzog — foi algo muito importante porque as principais lideranças apoiaram com entusiasmo a posição da CIP.

Uma última palavrinha sobre a família Herzog. A tragédia que envolveu Vlado nos tornou parceiros, companheiros de viagem para toda a vida. Dona Zora continuou ativa na Congregação por muito tempo. Faleceu em 2007, com quase 100 anos de idade.

7

A reação da comunidade

A COMUNIDADE JUDAICA DO BRASIL FICOU PERPLEXA COM AS REPERCUSSÕES do caso Herzog. A maioria dos judeus apoiou meu posicionamento, ainda que de forma silenciosa. Essa foi, também, a atitude dos dirigentes das duas principais entidades judaicas do país: meu amigo Benno Milnitzky, na Conib, e José Knoplich, presidente da Federação Israelita do Estado de São Paulo (Fisesp). Os dois faziam parte da talvez última geração de dirigentes comunitários de origem política progressista. A Diretoria da CIP adotou posição semelhante.

Não se confunda esse apoio, essa simpatia, com um engajamento aberto das entidades judaicas na luta contra a tortura e a defesa da democracia. Isso não ocorreu no caso Herzog, como não havia acontecido antes, diante do assassinato de militantes judeus de organizações guerrilheiras, como Chael Charles Schreier, Maurício Grabois* e Ana Rosa Kucinski Silva[15]. Não conheci nenhum deles, ou melhor, apenas fui apresentado a Ana Rosa e tomei com ela um café na Universidade de São Paulo.

Compreendo, pelo menos em parte, o silêncio do *establishment* judaico em relação à ditadura militar no Brasil. Acho que é parte da herança pesada de tantos séculos de perseguição ao povo judeu. Muitos dirigentes temiam que um posicionamento mais firme pudesse despertar, entre os militares, uma ira que terminaria se abatendo sobre o conjunto da comunidade judaica.

. No entanto, essa regra de silêncio não valia para a juventude dos movimentos sionistas, que, como grande parte dos jovens no Brasil, vivia a efervescência da luta que levaria ao fim do regime militar em 1984. E a Chazit Hanoar, o movimento sionista da CIP, era a maior organização juvenil judaica do país. Pois os jovens adotaram o caso Herzog como bandeira e multiplicaram os convites para que eu fosse à Casa da Juventude, que funciona bem em frente à sinagoga da CIP, com o objetivo de falar sobre o tema.

A única rejeição explícita ao meu posicionamento veio exatamente do rabino-mor da CIP, Fritz Pinkuss. Ele não falou comigo ao retornar das férias na Alemanha semanas depois do caso Herzog. Estava furioso — não sei se com minha tomada de posição ou com o destaque que aquele jovem recém-chegado (que era apenas seu assistente!) havia alcançado —, chegou mesmo a dar declarações à imprensa dizendo estar convencido de que Vladimir Herzog poderia mesmo ter se suicidado... Seja como for, depois do ato ecumênico da Catedral da Sé, tive de ouvir, triste, de um familiar de Vlado Herzog: "Enfim um judeu se manifestou contra isso tudo". Desespero, pode ser. Desabafo, certamente. Exagero, também, porque inúmeros judeus se posicionaram com clareza — e pagaram caro

---

[15] Ana Rosa Kucinski Silva (1942-1974) era professora do Instituto de Química da USP e militante da Ação Libertadora Nacional (ALN). Foi seqüestrada com o marido, Wilson Silva, e nunca mais apareceu. Chael Charles Schreier (1946-1969) era estudante de Medicina da USP e militante da VAR-Palmares. Foi assassinado em uma sessão de tortura.

por isso — contra o regime militar. Mas não posso deixar de admitir que o protesto do familiar era adequado, diante da apatia surda de parte da comunidade e da liderança judaica.

Liberais e conservadores

Para explicar a temperatura política dentro da comunidade naquele momento, talvez valha a pena contar um pouco da história da CIP. A Congregação foi fundada em 1936 por refugiados europeus do nazismo, em especial da Alemanha. Aquele país foi o grande centro da Emancipação[16] judaica na Europa central. Lá floresceu o judaísmo liberal, que renegava as antigas tradições da Europa oriental, como as roupas negras e uma vida cotidiana completamente dominada por rígidas normas religiosas.

O judeu alemão, de modo geral, identificava-se profundamente com a pátria germânica. Definia-se como um "alemão de fé mosaica". No plano político, tendia a ser conservador — não gostava nada das posições socialistas que empolgaram as massas judaicas da Europa oriental, desprovidas de direitos políticos, religiosos e econômicos plenos.

Esse judeu alemão tão integrado ao país viu o chão ruir sob seus pés quando o nazismo arrancou-lhe a cidadania. Como diz o pesquisador inglês Robert Weltsch:

> [...] ninguém estava mais mal preparado para emigrar do que o judeu alemão — elemento da burguesia imbuído de elevado sentido de dever cívico, rígido código de conduta, habituado ao conforto material de uma vida segura, bem-ordenada —, eis que se vê expropriado, em terra estranha, exposto ao impacto de padrões econômicos, sociais e culturais totalmente diversos, e agravados pelo desconhecimento da língua.[17]

---

[16] Movimento nascido a partir da Revolução Francesa (1789) que assegurou direitos plenos aos cidadãos judeus.

[17] Robert Weltsch. *Dispersion and resettlement*. Londres: Association of Jewish Refugees in Great Britain, 1955.

A CIP foi criada em um momento em que os judeus alemães já formavam a comunidade mais importante do país. Uma comunidade que não se dava bem com "o Bom Retiro", os imigrantes mais antigos, vindos especialmente da Europa oriental e que viviam naquele bairro paulistano. Os "yekes", os judeus alemães, viam com desconfiança (e eram vistos da mesma forma) o pessoal do Bom Retiro. Se os judeus "orientais" eram de origem humilde, trabalhavam principalmente como "clientelchiks"[18], mascates, e eram religiosos, comunistas ou sionistas, os "yekes" vinham de um meio mais confortável — muitos tinham formação universitária —, eram politicamente conservadores e torciam o nariz ao sionismo.

Nas palavras do primeiro rabino e mentor ideológico da CIP, Fritz Pinkuss,

> [...] aqueles que estavam aqui pensavam que devíamos começar de um jeito muito, muito modesto, como muita gente do Bom Retiro começava. Nós éramos de opinião diferente. Gente que veio de uma classe média não era possível rebaixar para um nível de proletariado.[19]

O fato é que a CIP cresceu isolada dos outros núcleos judaicos de São Paulo. Por muito tempo suas diretorias recusavam-se a fazer parte das organizações judaicas estaduais e nacionais, por classificá-las como "políticas". E, portanto, alheias às preocupações de uma congregação religiosa. No final da década de 1940, o então presidente da Fisesp, Moisés Kahan, desabafava:

> A Congregação, fora de seus muros, é impopular. É deplorável que a mentalidade anacorética de seus venerandos líderes, salvo raras exceções, iniba essa bem-organizada comunidade de participar, com maior entusiasmo, de trabalhos de outras instituições locais, das quais se serve na medida de suas necessidades. Bem pouco se pode esperar de uma entidade que existe para si mesma.[20]

---

[18] Neologismo que mistura termos em *idish* e português, designando o típico vendedor ambulante judeu da primeira metade do século XX.

[19] Citado em *Um judaísmo para os nossos dias*. Ver Referências bibliográficas ao final.

[20] Idem nota 19.

Minha posição era muito diferente daquela defendida pelos patriarcas da CIP. Era, aliás, inspirada em um dos grandes pilares do judaísmo liberal alemão e um de meus grandes mestres, o rabino Joachim Prinz. Ele nunca aceitou o silêncio da liderança judaica na Alemanha diante dos abusos do nazismo. Como líder da comunidade judaica de Berlim, denunciou Hitler quando poucos ousavam fazê-lo e, depois de emigrar para os Estados Unidos, engajou-se em inúmeras causas políticas e humanitárias. Não apenas causas judaicas, fique claro.

Conheci Prinz nos Estados Unidos, já velhinho, e lembro-me de uma frase que ele sempre repetia: "o judeu deve se envolver na vida da sociedade, não só pelo bem-estar da sociedade, mas pela própria imagem do judeu". Concordo plenamente; afinal, religião não é vida? E a política não é parte da vida? Não é papel do rabino, líder espiritual de uma congregação, participar da política acrescentando a preocupação ética a essa dimensão da vida humana?

Jovens e veteranos

Desde que cheguei ao Brasil, percebi o *gap* entre os dirigentes e as gerações mais antigas da CIP, de um lado, e a juventude, do outro (veja o texto *Gerações: apelo à união*, ao final do livro). Um sionismo de esquerda empolgava a juventude, principalmente depois da vitória de Israel sobre os exércitos árabes, na Guerra dos Seis Dias, em 1967. Em plena ditadura, discutia-se dentro da Chazit Hanoar temas como direitos humanos, as diversas vertentes — de esquerda e direita — do sionismo, e mesmo o marxismo, fazendo-se comparações entre o socialismo na União Soviética e na China... Não por acaso, diversos ativistas da Chazit terminariam se engajando em grupos clandestinos de esquerda, contra a ditadura militar.

O *establishment* judaico parecia surdo a essa ebulição e, vendo-se alijados dos destinos da entidade, os jovens tornavam-se mais aguerridos. Havia um enorme barulho de um lado da Rua Antonio Carlos — na Casa da Juventude — e um terrível silêncio do outro lado — a sede da CIP.

Em um perfil sobre mim, publicado na revista *Época* em novembro de 2007, o jornalista Paulo Moreira Leite dizia: "Em 1975, um estudante que admira o rabino Sobel até hoje teve a idéia de dar o nome de Vladimir Herzog a um movimento de jovens judeus. A proposta foi descartada pela Diretoria da Congregação".

Eu não soube do caso, mas ele não é improvável. No final da década de 1970, por exemplo, a Federação Israelita paulista tiraria do comando do suplemento *Campus*, que era encartado no semanário *Resenha Judaica*, dois grupos sucessivos de jovens, considerados esquerdistas demais. A maior parte desses jovens terminou aderindo a partidos clandestinos de esquerda.

Fui contratado para trabalhar em especial com os jovens da CIP. E via como meu papel fazer uma "ponte" entre as gerações dentro da Congregação.

Bem antes do assassinato de Vlado Herzog, eu já falava em política em minhas prédicas de *shabat* na CIP. Não me referia à política no Brasil, é verdade, até porque conhecia pouco a situação. Porém falava sobre Israel e criticava o *apartheid*, o regime racista que então dominava a África do Sul... Nenhum outro rabino da Congregação havia agido dessa forma. Como prometera a meu pai e meus professores anos antes, estava sendo fiel a mim mesmo. Essa atitude me aproximava ainda mais da juventude, boa parte da qual se transformava na "turma do rabino Sobel".

A repercussão do caso Herzog assustou meus pais. De Nova York, embora sempre me apoiassem, eles se preocupavam com o destino do filho. Pediam que eu tomasse mais cuidado.

Na verdade não sofri muitas pressões, acho que até por conta da dimensão que ganharam os protestos contra o assassinato de Vlado. Se algo me acontecesse, o dedo da acusação tinha endereço certo.

Dias antes do ato ecumênico na Praça da Sé, fui visitado, em minha sala na CIP, por três generais devidamente fardados. Foram muito educados, elegantes, todavia um deles, um baixinho, apontou um dedo para mim e disse: "Rabino, o senhor não deveria ir ao ato ecumênico. O lugar de um rabino é na sinagoga, não na catedral". Tive de segurar a risada. Minha vontade era dizer: "Vamos fazer um acordo? O senhor não decide qual é o lugar de um rabino e eu não decido onde o senhor vai estacionar seus tanques".

Pensei, mas não disse. Seria uma provocação. Por via das dúvidas, telefonei à Embaixada dos Estados Unidos em Brasília para comunicar o que estava acontecendo. *Just in case...*

Felizmente não aconteceu mais nada. Eu me sentia, é verdade, mais frágil, vulnerável. E também mais responsável, mais consciente: havia me tornado uma figura de expressão pública; qualquer erro poderia ter conseqüências terríveis para muita gente. Estava me sentindo menos dono de meu nariz, mas exercendo um novo papel como líder religioso.

8

Paixão e casamento

Eu já estava no Brasil há mais de quatro anos e, em todo esse tempo, não tivera sequer uma namorada mais firme. Pode parecer muito tradicional, mas falo em alguém que pudesse apresentar a meus pais, com quem pudesse partilhar sonhos, essas coisas...

Meus namoros duravam uma semana, um mês, dois meses, no máximo.

Em julho de 1974, recebi um convite para tomar parte da Conferência Central dos Rabinos Norte-Americanos, em Cincinatti, Ohio. Estava cansado e viajei um pouco antes para passar alguns dias de folga na Flórida, um lugar que sempre adorei. Um belo dia, quando estava na piscina do Hotel Breakers, em Palm Beach, preparando meu discurso, vi uma moça linda, de biquíni laranja. Fiquei interessadíssimo. Puxei conversa.

No início ela não deu muita bola, mas terminei conseguindo me aproximar. Aí conversamos muito. Nem senti o tempo passar. Achei que alguma coisa nova estava acontecendo. Ela me perguntou em que eu trabalhava.

— Sou professor — menti. Não sabia se ela era judia e tinha medo de que se assustasse com minha profissão.

Convidei Amanda, era esse o seu nome, para jantar naquela noite. Ela não aceitou. Insisti várias vezes e ela, nada... Até que, bem, acho melhor a própria Amanda contar a história.

> Ele gostou mesmo de mim à primeira vista. E gostou muito daquele biquíni laranja. Henry então me convidou para jantar. Eu não sabia muito bem; não tinha namorado, mas era muito jovem e estava acabando de conhecer aquele rapaz... Acontece que ele era muito insistente. Não aceitava um "não" como resposta. Até um momento em que interrompeu meu caminho, quando eu saía do vestiário da piscina, e me convidou, mais uma vez, para jantar. Dessa vez aceitei. (Depoimento de Amanda.)

Jantamos naquela noite e conversamos muito, outra vez, sobre tudo. Amanda tinha 19 anos e estudava Artes Plásticas. Eu estava com a consciência pesada a respeito da mentira e lhe disse, durante o jantar:

— Não sou professor. Na verdade sou rabino de uma congregação no Brasil.

— Eu também sou judia!

Não escondo que fiquei muito feliz ao saber que tínhamos a mesma origem religiosa. E ela não se assustou com minha profissão; na verdade, gostou bastante. Dias depois fui para a Conferência em Cincinatti. De lá telefonei para Amanda e conversamos mais. Acho que eu já estava apaixonado. Marcamos um novo encontro na Flórida, quando eu estivesse no caminho de volta ao Brasil.

O que mais me atraía em Amanda eram a simplicidade e a transparência. Ela parecia ser totalmente confiável, incapaz de dizer uma mentira, de fazer uma "armação". Para alguém que, como eu, começava a conhecer os bastidores — nem sempre muito agradáveis — da política comunitária, isso era uma grande coisa. Amanda, desde nosso primeiro contato, parecia ser alguém em quem eu poderia confiar em todas as situações. O caminho do namoro estava aberto. Desde o início, vi o relacionamento com Amanda como algo sério. O primeiro namoro sério de minha vida. E eu já tinha 30 anos. Afinal, como diz o Talmud, "todo aquele que vive sem uma esposa vive sem alegria, sem bênçãos, sem Torá, sem paz. Quem vive sem uma esposa não é um homem completo".

Nosso contato continuou por carta e telefone ao longo de vários meses. Já estávamos os dois apaixonados; parecia que nos conhecíamos havia muito tempo. Até que a convidei a visitar o Brasil. Amanda aceitou na hora. Ela era muito independente dos pais, que, na verdade, também não se opuseram à viagem.

Ela visitou o Brasil duas vezes durante o nosso namoro. Também nos encontramos em várias oportunidades nos Estados Unidos. Aqui eu a levei para conhecer o Rio de Janeiro, a Bahia... claro que ela ficou encantada com tudo. E conheceu também o "meu" mundo, muito voltado ao trabalho. Freqüentou comigo as casas de alguns sócios de destaque da CIP, que sempre a receberam muitíssimo bem.

Bastante corajosa, Amanda decidiu então aceitar meu pedido de casamento e se mudar para o Brasil. A essa altura, ela já sabia dos desdobramentos do caso Vladimir Herzog e do início de meu engajamento na defesa dos direitos humanos no país, temas sobre os quais falaremos nos próximos capítulos.

Marcamos o casamento para o dia 18 de maio de 1976, no mesmo Hotel Breakers, em Palm Beach. Escolhemos nos casar nos Estados Unidos para facilitar o deslocamento das duas famílias.

O curioso é que, por muitas décadas, o Hotel Breakers havia sido um lugar não-aberto aos judeus — e a outras minorias, como os negros. Na hipocrisia típica do racismo do sul do país, o veto aos judeus não era explícito, mas nenhum judeu se aventurava a tentar alugar os salões do Breakers porque sabia que encontraria uma montanha de dificuldades artificiais. Felizmente os tempos eram outros, da vitória na luta por direitos iguais para todos. Fomos protagonistas do primeiro casamento judaico celebrado no Breakers.

A cerimônia, aliás, deveria acontecer a céu aberto. Mas caiu uma chuva tipicamente tropical e tivemos de transferir tudo para um dos salões do hotel. Menos mal. Na tradição judaica, a chuva em um dia de casamento ou *bar-mitzvá* é sinal de boa sorte.

Quem oficiou o casamento foi o rabino Aaron Soloveitchik, um dos mais conhecidos da corrente ortodoxa nos Estados Unidos. Isso mesmo: o casamento de um rabino liberal foi celebrado por um religioso ortodoxo. O motivo? Meus pais, é claro. Achei que eles gostariam. Principalmente meu pai. E não estava errado.

Eu já havia celebrado mais de 250 casamentos no Brasil. Mas, como se diz por aqui, "em casa de ferreiro espeto de pau". Meus joelhos tremeram o dia todo, de emoção e nervosismo, até a hora da cerimônia.

O casamento contou com todos os ingredientes de uma cerimônia ortodoxa. Amanda deu sete voltas ao redor do noivo, depois jogou cinzas sobre meus cabelos para lembrar a tristeza da destruição do Templo de Jerusalém. Como acontece em todos os casamentos judaicos, não apenas os ortodoxos, quebrei um copo com um pisão, também simbolizando a destruição do Templo.

Acho que a cena mais inesquecível foi quando formamos uma roda só de homens: eu, meu pai, meu avô e os rabinos Soloveitchik e George Lieberman, meu ex-professor no Hebrew Union College, dançando, de mãos dadas, ao redor de Amanda, sentada em uma cadeira. E, ao final, o *ichud*, a união, também típico dos matrimônios ortodoxos: os noivos retiram-se por um instante, vinte minutos de total privacidade. É de um simbolismo muito forte.

Tivemos a felicidade de contar com a presença de vários casais de sócios da CIP na cerimônia. Logo depois partimos. A lua-de-mel? Em um avião da Varig, Miami–São Paulo. Com direito a um dia de escala em Salvador. E só.

Em seguida, de volta a São Paulo para começar uma vida nova. Sócios mais antigos da CIP receberam meu casamento com muito entusiasmo.

Acreditavam que um rabino casado — e não mais namorador — estaria mais adequado ao perfil circunspecto da Congregação. Na verdade, namorei muito menos do que se imagina. O que havia era muita fofoca. Certa vez, irritado com mais um diz-que-diz sem fundamento, cheguei a fazer uma prédica sobre as fofocas (leia ao final do livro).

Logo que chegamos, Max e Steffi Perlman abriram sua casa na Rua Polônia, nos Jardins, para apresentar Amanda aos sócios da CIP.

Meu relacionamento com Amanda, embora intenso, sempre foi condicionado pelos estreitos limites de minha dedicação ao trabalho, reconheço. Muitas vezes, quando eu não tinha mais o que fazer, em pleno domingo, inventava um novo texto a escrever, preparava uma prédica destinada a um evento distante, ia garimpar alguma visita a ser realizada. Não conseguia ficar sem fazer nada, sem trabalhar. Tenho consciência de que foi nosso casamento quem pagou a conta.

Em 1983, sete anos depois do casamento, nasceu nossa filha única, Alisha, em São Paulo. Uma enorme alegria. Como é que uma coisinha pequena como aquela pode ensejar tanto amor por parte dos pais?

A alegria só não foi maior porque, meses antes, minha mãe falecera, aos 65 anos, depois de um câncer prolongado. Sofri muito com a perda, já que Bella havia sido o componente "alegria" em minha formação. Seu maior sonho era ter um neto ou uma neta. Infelizmente ela não chegou a conhecer Alisha. Acho que as duas iriam se dar muito bem.

Consegui chegar a Nova York a tempo de assistir ao enterro de minha mãe. Compareceram centenas de pessoas. Entristecido com a perda da companheira de tantos anos e depois de sofrer bastante com a doença de mamãe, meu pai resolveu encerrar os negócios em Nova York e ir para a cidade de Metz, na França, onde tinha uma irmã, também viúva. Lá, ele viveria até o fim da vida.

9

Dedicação aos direitos humanos

O CASO VLADIMIR HERZOG E SEUS DESDOBRAMENTOS LANÇARAM-ME, DE maneira definitiva, na arena da defesa dos direitos humanos fundamentais, como valor universal que não pode estar sujeito a injunções políticas, nacionais ou religiosas. Um compromisso que tem de ser cobrado de todos os regimes. Não se podia enxergar o assassinato de Vlado como algo isolado do mecanismo de tortura e execuções montado pelo regime militar brasileiro. Também não se podia analisar a ditadura brasileira sem esbarrar em outros regimes semelhantes na América Latina. E não é possível defender os perseguidos políticos de um regime sem nos solidarizarmos com as vítimas de outra ditadura, que pode estar no canto oposto do mundo e assumir uma orientação política completamente diferente.

Como não simpatizar com as Mães da Praça de Maio, na Argentina, que durante décadas vêm exigindo notícias de seus filhos torturados e eliminados? Como não estar ao lado do dalai-lama, que prega pacificamente a restituição dos direitos do povo tibetano diante da truculência do comunismo chinês?

Isso pode parecer óbvio, mas não é. Ou, como dizia meu pai, o óbvio deve ser repetido muitas vezes porque pode ser facilmente esquecido... O fato é que, apesar de a ONU ter aprovado em 1948 a Declaração Universal dos Direitos Humanos, o cenário geopolítico e, acima de tudo, a Guerra Fria entre Estados Unidos e União Soviética impediram a afirmação dos conceitos do documento como um patrimônio e um compromisso realmente universais.

Os direitos humanos foram, por muito tempo, reféns de interesses políticos momentâneos. Diversos presidentes que ocuparam a Casa Branca denunciavam a violação dos direitos humanos em Cuba, no entanto colaboravam abertamente com regimes assassinos no Chile ou na Argentina. Certas facções comunistas organizavam protestos contra a tortura no Brasil e na Argentina, mas se calavam diante da "russificação", a repressão a grupos nacionais, religiosos e étnicos na antiga União Soviética.

Acontece que, ao final da década de 1980, o embate ideológico da Guerra Fria já estava desgastado. Muitas personalidades, movimentos, grupos e partidos em todo o mundo haviam se cansado da dicotomia maniqueísta liberalismo *versus* comunismo e se inclinavam em direção a causas universais: a defesa dos direitos humanos e, conseqüentemente, da igualdade racial, de maior espaço para as minorias sexuais, sem falar da ecologia...

Isso explica o crescimento impressionante, naquele período, de movimentos como a Anistia Internacional e a Humans Rights Watch, empenhados em assegurar o respeito aos direitos humanos e a uma vida em liberdade para todos, fosse qual fosse o país. Explica, também, a força que ganharam entidades ecologistas como o Greenpeace ou o World

Wildlife Fund (WWF). No Brasil, é bom lembrar, a Anistia Internacional chegou a ser um movimento de massas nos anos 1980, realizando *shows* de arrecadação de fundos e promoção de causas humanitárias que reuniam milhares de pessoas.

Creio que fui identificado pela opinião pública brasileira como parte dessa onda e, a partir do caso Herzog, meu cotidiano estaria marcado pela participação em causas ligadas à defesa dos direitos humanos. Eu, que até 1975 convivia praticamente apenas com os sócios da CIP, agora mantinha contatos freqüentes com campeões da luta contra os abusos do regime, como o advogado Hélio Bicudo, integrante da Comissão de Justiça e Paz da Arquidiocese de São Paulo e que ganhou notoriedade ao denunciar os policiais dos esquadrões da morte em plena ditadura militar, ou o advogado Luiz Eduardo Greenhalgh, homem corajoso, sempre engajado na proteção aos presos políticos. Lembro-me de que nunca falava com eles ao telefone — tinha medo dos "grampos". Eram sempre encontros ao vivo.

Agenda cheia

Minha agenda encheu-se, então, de compromissos com essas causas. Participei de diversas iniciativas da Anistia Internacional, cobrando o respeito às liberdades fundamentais em diferentes países. O ex-presidente da seção brasileira da Anistia, Carlos Alberto Idoeta, aliás, era um ótimo imitador de meu sotaque... "*Shalom* é paz", dizia sempre que me encontrava, brincando com um dos lemas que eu mais usava.

Dando uma olhada rápida em meus arquivos, constato que, em 1981 participei do evento comemorativo dos 60 anos do jornal *Folha de S.Paulo*, falando sobre a importância da liberdade de expressão. Pouco depois escrevia na mídia judaica e geral a respeito do jornalista argentino Jacobo Timerman, perseguido pela ditadura militar em seu país. E em 1985 estava no Palácio dos Bandeirantes ao lado do bispo sul-africano Desmond Tutu, tomando parte de um ato contra o regime racista do *apartheid* naquele país e pela libertação do líder nacionalista Nelson Mandela. Também me manifestei contra a proliferação das armas atômicas, a propósito de mais uma rodada de testes nucleares realizados pela França em 1995.

Nada disso ocorria sem fricções internas na CIP. Havia dirigentes que criticavam minha exposição excessiva — afinal eu era identificado como representante de uma comunidade que, por tradição, mantinha um *low profile*. Outros apenas tinham ciúme dessa visibilidade. Alguns perguntavam: "Mas por que nos preocuparmos com os negros ou os índios, que nunca fizeram nada por nós?". E havia aqueles críticos dessa participação externa por ela, supostamente, reduzir minha dedicação aos assuntos internos da Congregação.

Não nego, sou vaidoso e apreciava esse destaque externo. Sempre gostei de participar de eventos e momentos históricos, que poderiam marcar mudanças muito importantes para o Brasil e para o mundo. Porém essas mudanças, eu acreditava, eram fundamentais também para a comunidade judaica. Sentia, então, que, ao estar lá, com muitos potenciais aliados do judaísmo, estava plantando uma semente, colocando um tijolo na construção de um edifício sólido, capaz de resistir aos vendavais da discriminação.

A todos os meus críticos, lembrava de uma frase do rabino Joachim Prinz, em 1963, em um comício de apoio ao respeito dos direitos civis dos negros nos Estados Unidos. "O problema mais trágico é o silêncio. Os judeus não podem se tornar meros espectadores. Eles têm de falar e agir — não apenas para o bem de outras minorias, mas para o bem da imagem, dos ideais e das aspirações da própria comunidade judaica", dizia.

Novos tempos

Acontece que, com a volta da democracia ao Brasil e a toda a América do Sul, mudou um pouco o próprio conceito de luta em defesa dos direitos humanos. Até então, o foco dos movimentos era principalmente o combate à violência política, o que se explica por conta da conjuntura. Contudo a democracia fez com que todos se dessem conta de que os problemas "reais" eram muito mais amplos: violência policial contra presos comuns e populações marginalizadas, violência de bandidos contra cidadãos pacatos, ataques contra índios e camponeses, discriminação racial e de gênero...

A partir de meados dos anos 1980, vi-me, então, envolvido em um cenário muito mais complexo. Participei de inúmeras campanhas de solidariedade a populações famintas no Nordeste. Na verdade, ajudei a trazer essas campanhas para dentro da CIP. A Congregação, que tinha um trabalho sólido de apoio a pessoas carentes dentro da comunidade judaica, voltou-se um pouco mais para o conjunto da sociedade brasileira. Em 2005, por exemplo, com a Bn'ai B'rith (veja o capítulo sobre a comunidade judaica no Brasil), arrecadamos quatro toneladas de alimentos e agasalhos em apoio à população da cidade serrana de Campos do Jordão. A CIP mantém lá seus Campos de Estudos de férias e a cidade havia sido castigada por chuvas terríveis, que desalojaram centenas de pessoas.

Também estive presente em atos ecumênicos que denunciavam abusos contra todas as minorias. Desde índios ianomâmis massacrados por grileiros em 1993 até os sem-terra vítimas da violência policial em Eldorado dos Carajás, no Pará, em 1996. Minha fala, em todos os casos, sempre realçava o fato de que os judeus haviam sido perseguidos por centenas de anos em inúmeros países. E que não podiam coonestar nenhum tipo de abuso, fossem quem fossem as vítimas.

No caso do Movimento dos Trabalhadores Sem Terra (MST), em 1997, acabei sendo intermediário de uma negociação entre o comando da entidade e o então governador do Paraná, Jaime Lerner. O problema é que um grupo de sem-terra havia sido preso e o governador não estava aceitando conversar com a liderança do movimento. Uma vez que Lerner é judeu, dirigentes do MST foram até minha sala no quarto andar da CIP pedindo que eu intermediasse o contato.

Não custava nada. Nunca tive problemas em falar com o governador, um homem muito simpático e aberto ao diálogo. Telefonei, ele atendeu imediatamente e, com alguns minutos de conversa e persuasão, aceitou receber o MST. Não sei como a coisa terminou, mas espero ter ajudado no restabelecimento do diálogo. Nos anos seguintes, porém, os sem-terra estariam à frente de invasões de propriedades produtivas, de atos de violência injustificada, com os quais eu não poderia concordar.

Neonazistas

Tenho certeza de que essas "pontes" erguidas em direção a outros setores da sociedade civil brasileira, ao longo de várias décadas de trabalho paciente, geraram resultados muito palpáveis. Nos anos 1990 começaram a brotar, aqui e ali, atos de violência perpetrados pelos *skinheads*, os carecas de subúrbio identificados com o neonazismo. Houve assassinatos de homossexuais no centro de São Paulo, a invasão de uma rádio voltada aos migrantes nordestinos de São Paulo, cujas paredes foram pichadas com *slogans* racistas; pichações em paredes de sinagogas... Um garoto judeu-ortodoxo foi espancado em Santo André. Apareceram até panfletos de um enorme oportunismo, defendendo o "separatismo paulista". Algo do tipo: "São Paulo é a locomotiva que puxa o país e tem que carregar milhões de nordestinos".

Uma bobajada, é claro, entretanto o tipo da bobajada que tem de ser combatida no berço e destruída pela raiz. Para evitar o sucesso de personagens aparentemente ridículos, como um sujeito de bigodinho à Charles Chaplin, que instaurou o reino da irracionalidade em um dos países mais avançados do mundo.

Um levantamento realizado pelo sociólogo Túlio Kahn, especialista no estudo da violência, demonstrou que, entre 1992 e 1996, haviam sido registrados sessenta atos racistas não individuais no país. Pode não ser muito, se comparado a outros países, como a França. Porém não é inteligente dar as costas ao problema.

Uma vez que já tínhamos e a confiança de entidades representativas das comunidades afetadas, a articulação contra os *skinheads* não foi complicada. Fizemos manifestações e um grande *show* contra o racismo em pleno Vale do Anhangabaú, no centro de São Paulo. Foi lindo. E, creio, colaborou bastante para que o extremismo dos carecas neonazistas ficasse restrito a poucos ambientes e fosse se esvaziando devagar.

Reconhecimento

Acredito que meu envolvimento com a defesa dos direitos humanos — muito além dos interesses aparentemente imediatos da comunidade judaica — foi reconhecido pela sociedade brasileira.

O Ministério da Cultura, por exemplo, concedeu-me, em 2002, a Ordem do Mérito Cultural. Acho, todavia, que o reconhecimento mais emocionante que recebi foram três prêmios Vladimir Herzog, concedidos pelo Sindicato dos Jornalistas do Estado de São Paulo a quem se dedica à causa, em homenagem, com grande justiça, ao seu associado mais ilustre. Recebi o primeiro prêmio na edição inicial do Vladimir Herzog e o mais recente ao final de 2007, logo depois do incidente das gravatas na Flórida.

Também tentei levar a experiência do Vladimir Herzog para dentro da CIP. Criamos, em 2001, o Prêmio Le'Dor Va'Dor ("de geração em geração", em hebraico), como forma de homenagear as personalidades de maior destaque dentro da comunidade judaica. Um viés importante do prêmio era lembrar aqueles que se dedicam a causas relacionadas aos direitos humanos. Um dos primeiros homenageados foi o advogado Denis Mizne, presidente do Instituto Sou da Paz, voltado a combater a violência, essa praga que se espalha por nosso país.

A homenagem a Mizne foi duplamente gratificante para mim. Primeiro porque consegui convencer a Congregação da importância de se reconhecer o trabalho de ativistas de causas humanitárias externas à comunidade. E, também, porque Mizne é um associado antigo da CIP e meu companheiro de todas as horas de defesa dos direitos humanos. Senti-me como aquele agricultor que vê nascer uma bela plantinha, resultado da semeadura que realizou tempos atrás.

10

Diálogo inter-religioso

A UNIÃO DE LIDERANÇAS RELIGIOSAS EM TORNO DE CAUSAS COMUNS, QUE ganhou enorme força no Brasil com a mobilização pelo assassinato de Vladimir Herzog, se tornaria, nos anos seguintes, cada vez mais comum. E desembocaria na criação de novos mecanismos que estenderam o diálogo entre judeus e católicos a limites inimagináveis até há poucas décadas. O avanço beneficiou-se da linha adotada pelo papa João Paulo II, que aprofundou as determinações do Concílio Vaticano II e adotou iniciativas de grande coragem, como o pedido de perdão aos judeus e a outros povos perseguidos com apoio da Igreja Católica. E o próprio estabelecimento de relações diplomáticas entre o Vaticano e Israel, do qual falaremos mais adiante.

No Brasil, esse movimento ecumênico permitiu que a comunidade judaica também estabelecesse, ainda que em menor escala, "pontes" de ligação com igrejas protestantes e mesmo com setores do Islã, algo muito raro em todo o mundo. Não por acaso, o próprio Congresso Judaico Mundial acolheu a experiência brasileira de aproximação religiosa como um modelo a ser adotado em outros países.

A partir do triste episódio de Vlado Herzog, tivemos a ventura de contar com o apoio irrestrito do então cardeal-arcebispo de São Paulo, D. Paulo Evaristo Arns, homem dotado daquela capacidade invejável de indignar-se diante do que está errado. Homem, também, de imensa energia, que funcionou como um verdadeiro motorzinho do diálogo judaico-cristão.

Na esteira do Concílio Vaticano II, a Conferência Nacional dos Bispos do Brasil (CNBB) criou, ainda nos anos 1960, Comissões de Fraternidade Católico-Judaicas em São Paulo, Rio de Janeiro e Belo Horizonte. O ato ecumênico em memória de Herzog na Catedral da Sé, em 1975, foi o primeiro de muitos outros, sempre envolvendo causas humanitárias.

Esses atos foram muito importantes para que o então presidente da CNBB, D. Ivo Lorscheider, me procurasse, no início dos anos 1980, com a proposta de criar uma Comissão Nacional do Diálogo Religioso Católico-Judaico. Para a liderança dos católicos, isso era interessante porque os aproximava de suas próprias raízes religiosas judaicas. D. Ivo preocupava-se principalmente com a formação teológica dos seminaristas.

Do nosso lado, a iniciativa era positiva porque nos ajudava a romper o isolamento, a sair do gueto, pelo instrumento do diálogo no maior país católico do mundo. Acho que D. Ivo estava olhando para o passado, para a história da Igreja, e nós olhávamos para o futuro, para a "costura" de alianças que ajudassem o nosso enraizamento pacífico no país.

A Comissão foi criada em 1981 e, pouco depois, publicaria um texto muito interessante intitulado *Orientação para os católicos do Brasil em seu relacionamento com os judeus*, reproduzido dois anos depois pelo *L'Osservatore Romano*, órgão oficial da Santa Sé. Um dos itens do documento dizia: "Seja banida da linguagem cristã toda expressão depreciativa referente ao povo de Israel e sejam combatidas todas as campanhas de violência física ou moral contra os israelitas". Que diferença em relação ao silêncio institucional do Vaticano, sob Pio XII, diante do Holocausto nazista! Sem falar, mergulhando no túnel da história, da Igreja dos tempos da Inquisição e das cruzadas "contra os infiéis"...

O documento da Comissão serviu de base para que a CNBB publicasse, em 1986, o belíssimo *Guia para o Diálogo Católico-Judaico no Brasil* (veja texto ao final do livro), cujo objetivo declarado era "ajudar os católicos no Brasil a conhecerem melhor os anseios históricos, religiosos e nacionais do povo judeu".

Tive o privilégio de apresentar o *Guia* ao então primeiro-ministro Itzhak Rabin*, em 1994 (um ano antes de seu assassinato), ao lado de D. Ivo Lorscheider, já na época presidente da CNBB.

Rabin recebeu o documento e comentou:

— Não sei falar português, mas conheço bem as palavras "diálogo", "judaico" e "católico", e imagino a importância deste documento.

Em Israel, eu e D. Ivo visitamos os lugares sagrados para o cristianismo, o judaísmo e o islamismo. Em Jerusalém, participamos de um evento que reuniu cerca de 750 líderes cristãos e judeus de 97 países. Entre eles, o cardeal Joseph Ratzinger, que depois seria escolhido papa, com o nome de Bento XVI. Foi um acontecimento muito emocionante no processo de aproximação entre as religiões.

Eu já estivera uma vez com Ratzinger, quatro anos antes, quando, com frei João Mazzei, também membro da Comissão Nacional do Diálogo, fui entregar-lhe um pedido para que o estudo do Holocausto passasse a integrar o currículo de todos os seminários católicos do mundo. E, em especial, os seminários da Alemanha, terra natal de Ratzinger. Não sei em que deu essa iniciativa, mas o então futuro papa prometeu estudar o assunto.

A Comissão Nacional do Diálogo Religioso Católico-Judaico, que tenho o orgulho de integrar até o momento em que concluo este livro, também adotou iniciativas singelas de aproximação, como as cerimônias ecumênicas conjuntas de *Pessach*/Páscoa e do Natal/*Chanuká*[21]. Em 1996 tomei parte de um culto ecumênico promovido pela Pastoral Universitária da Arquidiocese de São Paulo, e lembrei aos presentes a proximidade entre a Páscoa cristã e o nosso *Pessach*. Afinal, a Santa Ceia ao redor de Jesus Cristo nada mais era do que um *seder*, um jantar cerimonial de *Pessach*. A Comissão publicou diversos livros, contando com a enorme dedicação do padre Humberto Porto, um grande amigo de Israel. *O apego do judeu ao Estado de Israel*; *Os princípios básicos do judaísmo* e *Antijudaísmo e anti-semitismo* foram alguns dos títulos publicados.

Por essas e outras aventuras em comum foi com muita alegria que me engajei na campanha para fazer de D. Paulo Evaristo o Prêmio Nobel da Paz de 1990. Eu havia recebido um telefonema do presidente da CNBB, D. Luciano Mendes de Almeida, que, discretamente, pedia que eu enviasse cartas a personalidades do mundo judaico em favor da candidatura de D. Paulo. Escrevi, entre outros, a Elie Wiesel e ao prefeito de Jerusalém, Teddy Kollek. Não conseguimos trazer mais esse título ao Brasil, mas valeu a mobilização.

A proximidade com D. Paulo teve momentos muito curiosos. Certa vez ele me ligou, furioso, porque havia sido chamado de "cardeal vermelho" em um texto da revista *Manchete*, do "patrício" Adolfo Bloch. Era uma injustiça. D. Paulo nunca foi comunista — isso, óbvio, era totalmente contraditório com sua formação religiosa e humanista. Telefonei a Bloch pedindo uma reconsideração. No número seguinte da revista ele se retratou.

O front interno

A causa da cooperação ecumênica nunca foi unânime dentro da comunidade judaica. Para marcar o 2º aniversário da encíclica *Nostra Aetate*, com a qual o papa João XXIII mudou os rumos do relacionamento

---

[21] *Chanuká*, a festa das luzes, comemora a vitória dos hebreus sobre os ocupantes gregos da Palestina na Antiguidade.

da Igreja Católica com outras religiões no Concílio Vaticano II, a CNBB e o American Jewish Commitee (AJC) promoveram em São Paulo, em 1986, a I Conferência Panamericana de Relações Católico-Judaicas, com a presença, entre outros, do cardeal-arcebispo de Paris, Jean-Marie Lustiger. Interessante essa aproximação? Não para todos. Os setores mais radicais do judaísmo ortodoxo não gostaram disso e reagiram violentamente à Conferência Panamericana, como veremos no capítulo 15.

Não por acaso, em minha participação na II Semana de Estudos Teológicos da CNBB/Cimi (Conselho Indigenista Missionário), em fevereiro de 1987, ao analisar a nova atitude da Igreja Católica em relação aos judeus — cobrando do Vaticano, ao mesmo tempo, o pleno reconhecimento do Estado de Israel —, fui forçado a reconhecer:

"Eu diria que, diante da resistência da ortodoxia judaica a qualquer espécie de alteração, o progresso da Igreja Católica tem sido fenomenal. Para citar apenas um exemplo, os judeus ortodoxos até hoje recitam diariamente em suas preces matinais uma bênção, agradecendo a Deus 'por não ter-me feito um não-judeu' (*she lo ossani goi*, em hebraico)... Imaginem a reação dos judeus se na liturgia católica houvesse um louvor a Deus 'por não ter me feito judeu.'"

O descompasso no engajamento de católicos e judeus sempre me incomodou muito. Eu enfrentava resistências dentro da CIP (afinal, eu era funcionário da Congregação. Por que deveria me dedicar a causas como essas? — questionavam alguns). Minha participação no diálogo com os católicos aumentava a visibilidade extramuros da Congregação, o que sempre irritou muito o comando da CIP porque terminava ampliando minha autonomia. E havia os permanentes muxoxos de descontentamento dos ortodoxos. Na mão oposta, sempre houve ativistas dedicados à causa da aproximação judaico-católica, como a ex-dirigente da Bn'ai B'rith Edda Bergmann, o historiador Nachman Falbel e o rabino reformista Alexandre Leone, este último, participantes da Comissão de Diálogo até hoje.

Seja como for, a verdade é que o "lado" católico se engajou com maior entusiasmo no processo de diálogo. As publicações da Comissão foram levadas a dezenas de seminários, nos quais nasceram cursos sobre judaísmo; o interesse nos "irmãos mais velhos" judeus e em Israel crescia a cada dia.

Tentamos fazer a nossa parte criando um curso sobre tradições cristãs, ministrado por um padre — aliás, extremamente simpático aos judeus e a Israel — em vários colégios judaicos de São Paulo. A experiência durou apenas seis meses. Alguns pais, assustados com o "germe da convivência", pressionaram as direções dos colégios, que terminaram cedendo e eliminaram o curso. Foi um golpe duro para o processo de diálogo. Senti que nós, judeus, talvez os maiores interessados, estávamos deixando muito a desejar...

Um dos momentos mais importantes em nosso trabalho conjunto com a Igreja Católica foi a realização, em 2005, de um ato lembrando os quarenta anos da histórica encíclica *Nostra Aetate*. Havia mais de quatro mil pessoas no Teatro Municipal de São Paulo naquela noite. Eu e D. Cláudio Hummes tivemos de pedir ao prefeito José Serra, que estava lá, uma autorização especial para que centenas de pessoas pudessem sentar-se no chão e ouvir o ator Paulo Autran em uma apresentação memorável em homenagem à convivência inter-religiosa.

Outras religiões

Creio que a opinião pública brasileira reconheceu meu engajamento sincero no diálogo entre as religiões. Por isso mesmo, tornei-me um interlocutor habitual, sempre que aparecia uma polêmica inter-religiosa. Foi assim em 1981, quando a mídia denunciou que a seita Moon estava proibindo integrantes de deixarem o grupo para retornar às suas famílias (defendi a liberdade religiosa, mas uma punição rigorosa, caso fosse comprovada a coerção). Três anos depois estive entre aqueles que denunciaram a perseguição religiosa contra os bahais no Irã (veja texto ao final do livro) e sempre mantive excelentes relações com o dalai-lama Tenzin Gyatsu, líder dos budistas do Tibete. Em 1995, condenei veementemente a atitude do pastor Sérgio Von Helder, da Igreja Universal do Reino de Deus, que chutou uma imagem de Nossa Senhora Aparecida em um programa de TV.

Afirmei que, como religioso judeu, estava chocado com a atitude, que acreditava ser isolada e contar com a oposição da grande massa de fiéis da Igreja Universal. Mas não aderi ao coro dos que gritavam contra a prática da igreja do bispo Edir Macedo de pedir abertamente doações a seus adeptos. Isso porque o dízimo é uma instituição milenar, está na Bíblia e é importante para manter todas as congregações.

Que não se confunda, entretanto, convivência com abuso e falta de limites. Um dia, no início da década de 1990, quando os sócios da CIP chegavam à sinagoga para a cerimônia do *shabat*, fomos surpreendidos por um grupo de jovens, kipá na cabeça, distribuindo folhetos. Eram adeptos do Jews for Jesus, uma seita nascida nos Estados Unidos. Eles se dizem judeus messiânicos e querem "nos" converter à crença em Jesus.

Desci furioso de minha sala no quarto andar do prédio da Congregação e ralhei com eles. Onde já se viu! Tentar recrutar novos fiéis na porta de uma sinagoga. E da sinagoga em que eu trabalhava! Foram embora logo; e nunca mais voltaram.

O "triálogo"

Mantivemos, ao longo desses mais de trinta anos de trabalho, contatos e boas relações com as principais correntes religiosas que estão presentes no Brasil. Mas tenho de reconhecer que a aproximação e o diálogo não ocorreram com a mesma velocidade registrada no relacionamento entre judeus e católicos. Ainda assim, creio que a comunidade judaica brasileira pode se orgulhar de ocupar um papel de vanguarda na aproximação com o islamismo. Não existem muitas iniciativas semelhantes no mundo inteiro.

Esse processo, o leitor deve imaginar, não é nada fácil. O primeiro problema é a escassez de interlocutores. O islamismo, como o judaísmo, não tem uma hierarquia religiosa rígida. E eles são tão ou mais divididos do que nós. Existem, também, rancores e desconfianças explicáveis — sempre que se falava em diálogo religioso, o assunto descambava para a política do Oriente Médio, o que não era positivo. Sem esquecer o peso das forças fundamentalistas islâmicas, como ocorre conosco e, creio, com as mesmas conseqüências perniciosas para a causa da convivência.

Desde meados dos anos 1980, porém, conseguimos abrir algumas portas em direção aos "primos" muçulmanos. Realizamos um encontro dos "filhos de Abraão", que reuniu centenas de pessoas em um centro comunitário judaico de Curitiba, no Paraná. E, com o apoio da CNBB, criamos, no fim daquela década, o Prêmio Patriarca Abraão a ser entregue a personalidades católicas, judaicas e muçulmanas em homenagem à sua dedicação ao diálogo.

Em 1989, a CIP e a Comissão de Diálogo da CNBB promoveram a entrega do prêmio, em um grande evento em São Paulo, ao cardeal Johannes Willebrands, presidente da Comissão da Santa Sé para as Relações Religiosas com os Judeus, e ao Dr. Gerhart Riegner, presidente do Conselho Diretor do Congresso Judaico Mundial. A convocatória dizia:

> O mundo precisa desesperadamente de paz. Nós, homens de fé, acreditamos que a paz será conseqüência do diálogo, sensibilidade, compreensão e respeito mútuos. Não podemos esperar até que os governos do mundo alcancem a paz. Acreditamos que a igreja, a sinagoga e a mesquita devem abrir o caminho.
>
> Numa época de crescente radicalismo, queremos ressaltar que nenhum credo religioso detém o monopólio da verdade e todos são igualmente válidos. Queremos manter nossas diferenças e superar nossas divisões. Queremos que o espírito de tolerância, harmonia e coexistência pacífica que reina no Brasil sirva de exemplo para os seres humanos em toda parte.

A grande estrela da noite foi uma personalidade muçulmana, Jehan Sadat, viúva do presidente egípcio Anwar El Sadat*, que teve a coragem de assinar um acordo de paz definitivo com Israel em 1977 e que, como seu *counterpart* israelense Itzhak Rabin, foi assassinado por um fanático saído de seu próprio povo...

Jehan Sadat é uma mulher notável, doutora em Literatura Árabe, com posições políticas moderadas e completamente associada à idéia de convivência pacífica. Encantou a todos ao discorrer sobre *O legado de Abraão: valores e deveres compartilhados por católicos, judeus e muçulmanos*. Também estavam presentes o então chanceler Roberto de Abreu Sodré e o presidente da CNBB, D. Luciano Mendes de Almeida.

Convidamos o compositor Milton Nascimento para cantar naquela noite. Ele, católico devoto, ficou tão entusiasmado com a idéia de um encontro entre três religiões monoteístas que fez questão de ir sem cobrar um centavo. E saímos, todos, flutuando, daquele encontro para o qual criamos o neologismo "triálogo", ainda sob os últimos acordes de Milton cantando *Coração de estudante*...

Os contatos com a comunidade muçulmana continuaram nos anos seguintes, mesmo enfrentando dificuldades. Realizamos atos pela paz após o ataque de Saddam Hussein ao Kuwait, em 1991, e em meio à invasão norte-americana que depôs o ditador iraquiano, em 2003. Ações como essa se tornavam cada vez mais difíceis. É compreensível: havia lideranças islâmicas muito sensíveis ao apelo da convivência, como os *sheiks* Muhammad Ragip e Jihad Hassan Hammadeh. Entretanto era complicado para eles aparecerem ao meu lado, ainda que em atividades pacifistas. Até porque nunca escondi minha opinião sobre Saddam Hussein, que considerava um tirano sanguinário, embora fosse contra sua execução pelo princípio de oposição à pena de morte.

Ainda assim, em 2005, um *sheik* muçulmano participou do ato ecumênico em homenagem aos trinta anos da morte de Vladimir Herzog. Ele fez uma prece em árabe e eu em hebraico.

Em uma das crises do Oriente Médio, o presidente Fernando Henrique Cardoso me telefonou pedindo que eu ajudasse a organizar um ato ecumênico pela paz, como demonstração do compromisso histórico do Brasil com a tolerância entre religiões e nacionalidades. Reunimos, nos jardins do Palácio do Planalto, em Brasília, centenas de crianças muçulmanas, católicas e judias cantando músicas em louvor à paz. Foi muito bonito.

Também organizamos, em 2001, na CIP, um debate sobre a tolerância religiosa, com a presença do então cardeal-arcebispo de São Paulo, D. Cláudio Hummes, meu companheiro de todas as horas no diálogo religioso, e do *sheik* Muhammad Ragip. A imagem do aperto de mão "trialógico" entre nós três, ao final do debate, ficará para sempre em minha memória.

Na verdade, considero que a dedicação ao diálogo entre as religiões, aproveitando o solo generoso do Brasil, foi minha maior colaboração à comunidade judaica e ao país nos quase quarenta anos em que estou por aqui. E acho que a sociedade brasileira concorda com isso.

Em junho de 1991, fui convidado por uma agência de publicidade a fazer uma propaganda de TV onde apareceria conversando com um religioso católico em um bar. O diálogo seria mais ou menos assim:

— Será que ele vem?

— Ele vai chegar.

— Mas quando?

— Vai chegar logo!

Quando os espectadores imaginavam que "ele" se tratava do Messias, chegava um garçom trazendo uma garrafa de cerveja.

— O importante é que ela veio!

Não tolero álcool, contudo aceitei fazer a propaganda desde que contracenasse com D. Paulo Evaristo e que ficasse claro que o cachê seria doado a entidades beneficentes. D. Paulo, bem mais prudente do que eu, não aceitou. O comercial foi ao ar, mas com atores nos papéis do padre e do rabino. A convivência tem dessas coisas...

11

A estrela e a cruz

A PARTICIPAÇÃO NO DIÁLOGO INTER-RELIGIOSO LEVOU-ME A CONHECER três papas: Paulo VI, João Paulo II e Bento XVI. Com o primeiro tive um contato superficial. Mas com João Paulo II foi muito diferente: houve um diálogo de verdade entre pessoas comprometidas com a causa da reaproximação e do combate ao rancor entre as religiões. Um diálogo, é claro, entre parceiros diferentes, já que João Paulo II era o líder máximo do catolicismo. O judaísmo não tem essa hierarquia, e eu o encontrei como representante da Confederação Israelita do Brasil.

O papa visitou o Brasil em três ocasiões: 1980, 1991 e 1997. Estive com ele no primeiro encontro, todavia a maior aproximação aconteceria em 1991. Fomos convidados pela Nunciatura Apostólica a encontrá-lo. Tive a honra de ser indicado para chefiar a delegação da Conib — contra o desejo de alguns dirigentes, é verdade, que não me reconheciam como representante da comunidade; eu nunca havia sido eleito.

Minha rebeldia em relação a esses dirigentes ficou clara com a carta que entreguei ao papa, em Brasília, em outubro de 1991, reforçando o pedido de que o Vaticano reconhecesse formalmente o Estado de Israel, uma reivindicação dos judeus do mundo inteiro.

Vossa Santidade:

Não é fácil ser um militante no campo do diálogo católico-judaico no Brasil. Certamente não por culpa dos nossos parceiros católicos. Muito pelo contrário, a família da Conferência Nacional dos Bispos do Brasil tem sido maravilhosa conosco. O que dificulta nosso trabalho são as críticas que recebemos dos nossos próprios irmãos judeus — não só os da direita, como também os da esquerda. Eles dizem que o diálogo não está levando a nada... que o papa é intransigente... que estes encontros são apenas encenações para a mídia ou, na melhor das hipóteses, exercícios de relações públicas.

Nós que estamos aqui hoje à noite levamos o diálogo muito a sério, assim como Vossa Santidade o leva. A diferença é que, ao voltar para Roma, ninguém vai lhe cobrar resultados "concretos" desse encontro, enquanto nós, quando voltarmos para casa, amanhã de manhã, seremos pressionados por nossos correligionários: "E então, conseguiram alguma coisa com o papa?".

Vossa Santidade sabe muito bem o que é essa "alguma coisa", que não só conferiria maior credibilidade a essa delegação da Confederação Israelita do Brasil, como também incentivaria comunidades judaicas pelo mundo afora a engajarem-se no diálogo com a Igreja Católica.

Há outros assuntos que mereceriam ser incluídos na ordem do dia deste encontro — o aumento do fundamentalismo religioso no mundo inteiro, a escalada do racismo xenofóbico na Europa, a crescente miséria no Brasil, a violência desenfreada, o desrespeito pela santidade da vida humana, a falência dos valores morais, a tão sonhada paz no Oriente Médio —, questões que nos afetam a todos, católicos, judeus, homens e mulheres de todos os credos. Mas o seu tempo é precioso, seu dia foi longo e cansativo, então permita-me, Vossa Santidade, voltar ao único assunto que não será abordado por nenhum outro grupo durante sua permanência em nosso país.

Não cabe a um rabino ensinar o padre-nosso ao vigário, muito menos ao Sumo Pontífice. Cabe-nos, isto sim, fazer um apelo a Vossa Santidade, pedir a Vossa Santidade, em nome da comunidade judaica do Brasil e da comunidade judaica internacional, que tente captar — como já o captaram seus apóstolos aqui no Brasil — o profundo significado que tem para os judeus do mundo inteiro aquele pequeno pedaço de terra que se chama Estado de Israel.

Vossa Santidade: amanhã é o 13.º aniversário de sua eleição para o Pontificado. De acordo com a tradição judaica, 13 anos é a idade do *bar-mitzvá*, a maioridade religiosa. Fazemos votos que o seu *bar-mitzvá* traga consigo a plena maturidade das relações católico-judaicas, que resultará da normalização das relações diplomáticas entre o Vaticano e o Estado de Israel.

Somos imensamente gratos à Nunciatura Apostólica no Brasil, por ter possibilitado a realização deste encontro. E esperamos sinceramente que nossa próxima audiência com Vossa Santidade seja organizada com o mesmo carinho pela Nunciatura Apostólica em Jerusalém, capital eterna e indivisível do Estado de Israel.

Podemos contar com Vossa Santidade? Será para nós uma honra e motivo de imensa alegria revê-lo 'ba'shaná habaá b'Yerushalayim', no ano que vem em Jerusalém.

A carta, como você pode imaginar, irritou profundamente alguns dirigentes da comunidade judaica. Seja como for, poucas semanas depois da entrega do documento ao papa, em Brasília, recebi uma mensagem do secretário de Estado do Vaticano. Eu deveria viajar à Santa Sé em poucos dias com o rabino-chefe de Israel, Israel Meyer Lau, para um encontro com representantes da diplomacia do Vaticano.

Viajei com Amanda. Lá nos encontramos com o papa, com quem conversei mais uma vez sobre o diálogo cristão-judaico. Era um homem muito doce, afável... Posso estar errado, mas acredito muito na empatia entre as pessoas como forma de aproximar posições políticas. E havia empatia entre nós. É verdade que João Paulo II assumiu o papado com a marca de um homem muito conservador. Ele era mesmo, especialmente no que se referia à teologia. Contudo seus auxiliares eram muito mais conservadores do que ele, a começar pelo cardeal Joseph Ratzinger, o sucessor de João Paulo II, com o nome de Bento XVI. E, na prática, o conservador João Paulo II revelou-se bastante liberal.

Tive uma grande surpresa quando a Chancelaria do Vaticano nos apresentou um esboço de documento que apontava para a realização de nosso velho sonho: o Vaticano, finalmente, reconheceria o Estado de Israel.

Discutimos muito e fizemos uma divisão de tarefas. Caberia a mim tentar incorporar ao documento a importância do Estado de Israel para o povo judeu na Diáspora. O rabino Lau apresentaria os fundamentos teológicos do estabelecimento do Estado Judeu.

Voltamos aos nossos países de origem para um período de duas semanas de "lição de casa". Trabalhei então em meu texto, observando que, em razão das inúmeras perseguições sofridas no decorrer da história, houve uma tendência por parte do povo judeu de se fechar, sabendo que o mundo externo era hostil. Disse que, graças à existência do Estado de Israel, o povo judeu pode ocupar outro lugar no cenário mundial, defendendo causas universais. Sim, porque Israel representa um porto seguro para os judeus de todo o mundo.

Concluí o texto afirmando que o trabalho cotidiano de construção do diálogo com a Igreja Católica Romana ganharia enorme impulso com o reconhecimento diplomático de Israel. Sem contar que isso permitiria a nós, defensores do diálogo inter-religioso, conquistar a confiança entre nossos correligionários, muitos deles céticos. Cansei de ouvir de dirigentes judaicos, aqui em São Paulo, que os encontros com representantes da igreja não passavam de exercícios vazios de relações públicas.

Voltamos, então, ao Vaticano. Nossas colaborações foram cuidadosamente ouvidas.

O tempo passou. Vocês podem imaginar a alegria que sentimos quando, em 1993, a Santa Sé anunciou o estabelecimento formal de relações diplomáticas com Israel. Isso, claro, coroou o trabalho dedicado de muita gente ao longo de décadas em diversos países. Mas não pude deixar de sentir uma imensa satisfação por dar minha colaboração em um processo que, nunca esquecerei, começou com a trágica morte de Vladimir Herzog.

Eu encontraria o papa ainda mais uma vez, em 1994. Em mais uma prova de sua capacidade de adotar atitudes inovadoras, João Paulo II decidiu visitar Israel para marcar o estabelecimento das relações diplomáticas. E convidou a acompanhá-lo os mesmos integrantes da comissão que ajudou o Vaticano a elaborar o documento de reconhecimento do Estado de Israel.

Viajei sozinho a Roma. Ficamos hospedados dentro do Vaticano por dois dias. O rabino Israel Lau veio de Israel apenas para acompanhar o papa na viagem a seu país. Também estava presente o cardeal Jean-Marie Lustiger, arcebispo de Paris, sobre quem ainda falarei bastante neste livro.

Não conversei com o papa durante esta viagem, mas tive a oportunidade de presenciar um momento histórico de intensa emoção. Saímos de Tel Aviv para Jerusalém em uma comitiva de uns vinte carros. Lá, o papa se reuniria com o presidente de Israel, Chaim Herzog.

O primeiro carro da comitiva, que levava o papa, parou do lado de uma placa de trânsito, à entrada de Jerusalém — o panorama, visto da estrada cercada por árvores, é maravilhoso. A placa diz: "Bruchim há'bayim le Yerushalayim" — "Bem-vindos a Jerusalém".

O papa, então, saiu do carro sozinho em suas roupas brancas, que contrastavam com os prédios ao fundo, revestidos de pedra, aquela decoração que dá a Jerusalém seu aspecto permanentemente bíblico. João Paulo II, em evidente iluminação, ergueu os braços e saudou a comitiva. E Israel.

No dia seguinte, acompanhamos o papa em visita ao *Kotel Hamaaravi*, o Muro das Lamentações. A área foi isolada para a visita do papa. Ele pediu aos assessores que o deixassem sozinho na curta caminhada até o Muro. Lá, acariciou as pedras milenares. E, como fazem milhares de peregrinos do mundo inteiro, colocou um papelzinho numa fresta entre as pedras. Pediu a Deus que abençoasse com a paz todos os povos da região. Acredito que o Muro seja uma espécie de interfone com o Céu. E espero, de todo coração, que o polonês Karol Wojtyla seja atendido em suas preces.

Perdão sincero

A grandeza de João Paulo II, como líder religioso, patriarca universal e estadista de primeira linha, não parou por aí. Em 2001, ele pediu formalmente perdão a todas as vítimas das perseguições religiosas movidas pela Igreja Católica. Foi um ato de coragem extraordinária, porque representou uma revisão absoluta na história da Igreja.

D. Claudio Hummes, ex-cardeal arcebispo de São Paulo, que depois assumiria a influente Prefeitura da Congregação para o Clero, no Vaticano, me confidenciaria que houve a necessidade de criar, na Santa Sé, um grupo especial destinado a adaptar a teologia da Santa Sé às novas determinações de João Paulo II.

O fato é que esse papa polonês que combateu o nazismo teve importância decisiva na reaproximação entre católicos e judeus. E nada tira da minha cabeça que essa abertura de espírito tem tudo que ver com a gentileza e a iluminação que percebemos nos encontros que ele manteve conosco.

12

Mídia e poder

A VERDADE É QUE, A PARTIR DO CASO VLADIMIR HERZOG, GANHEI UMA projeção na mídia que jamais imaginara ao desembarcar no Brasil. O que, é claro, nunca havia sido meu objetivo: o engajamento obedeceu a um dever de consciência, a convicções religiosas e humanistas.

Porém, o fato é que eu me tornara um judeu conhecido nacionalmente pelo envolvimento com um tema importante para a opinião pública — assim como para a mídia. Isso não era comum na comunidade judaica, mais ainda no Brasil. Primeiro, porque a liderança judaica mantinha distância das questões políticas mais delicadas, até por conta do histórico de perseguições. A tradição, explicável, era de manter a discrição; não chamar a atenção para não atrair a ira de inimigos. De outra parte, desde a metade do século XX, boa parte da comunidade judaica brasileira havia conseguido chegar à universidade — ao contrário da maioria da população — ou obtivera sucesso nas áreas comercial e industrial.

Mente quem diz que "todos os judeus são ricos". Essa afirmação, transmitida ao longo dos séculos, visa apenas identificar os judeus como parte dos "ricos exploradores" a serem combatidos — ou odiados. Daí a frase de efeito formulada pelo teórico socialista August Bebel: "O anti-semitismo é o socialismo dos imbecis".

Em meu trabalho, conheci muitos judeus pobres, alguns vivendo em cortiços e favelas de São Paulo. Mas eles são minoria. A comunidade, em geral, vive em condições econômicas razoáveis. E conta com entidades de apoio mútuo, de tradição centenária, que funcionam muito bem.

Assim, o relativo florescimento econômico da coletividade terminou por afastar seus líderes das causas populares mais gerais; eles passaram a se concentrar principalmente nos interesses específicos dos judeus.

Ainda aconteceu na liderança comunitária outro fenômeno muito comum a associações representativas de qualquer segmento econômico, social ou religioso. Com pouquíssimas exceções, nenhum judeu que tenha obtido grande destaque nacional como político, empresário, cientista ou profissional liberal se dedicou de corpo e alma à vida comunitária. Este é o caso de ministros, como os chanceleres Horácio Lafer e seu sobrinho Celso Lafer, os governadores Jaime Lerner (PR) e Jaques Wagner (BA), o ex-prefeito de Salvador, Mário Kertesz, ou mesmo de parlamentares como os deputados federais paulistas Walter Feldman e Fábio Feldmann.

Houve, sim, personalidades dedicadas à comunidade que chegaram à esfera política, como o ex-presidente da Federação Israelita do Rio de Janeiro, Ronaldo Gomlevsky (vereador no Rio), Isaac Ainhorn (vereador em Porto Alegre), os deputados estaduais paulistas Jacob Salvador Zveibil, Hélio Dejtiar e Israel Zekcer. Mas a participação de todos eles deu-se, especialmente, em nível local ou estadual. O mesmo vale para os grandes empresários de origem judaica.

No plano religioso, poucos rabinos se dispuseram a se manifestar sobre temas de interesse geral da sociedade brasileira. Uma exceção notável é o rabino Nilton Bonder, do Rio de Janeiro, também vinculado à defesa dos direitos humanos e que obteve sucesso, acima de tudo, como escritor, popularizando com grande talento certos aspectos da tradição judaica.

Não veja o leitor ou a leitora, em minhas palavras, uma dimensão competitiva. Entretanto em meu caso, o engajamento na denúncia do assassinato de Vlado Herzog abriu espaço de outra qualidade. Sem que eu percebesse, tornei-me interlocutor da mídia para assuntos da "grande" política. E, aos poucos, passei a ser procurado para falar de temas mais gerais, ligados, de alguma maneira, ao judaísmo. A explicação de nossas tradições, festas, culinária... Judaísmo e sexo, judaísmo e drogas, a visão judaica sobre os transplantes de órgãos, divórcio, fertilização *in vitro*, o judaísmo e os demônios... Cheguei a dar uma entrevista sobre a tradição judaica em joalheria (aproveitei a experiência de meu pai) para uma revista especializada.

Certo dia recebi um telefonema de uma jornalista, perguntando:

— Rabino, acaba de ser notificada a presença de um disco voador em tal lugar. O que o judaísmo acha disso?

Outra jornalista pediu-me uma entrevista a respeito da visão judaica sobre a possível existência de vida no planeta Marte...

Nem ela ficou sem resposta. "Para o judaísmo, a conquista do espaço interior é muito mais importante do que o domínio do espaço exterior", eu disse.

Quando eu não sabia, ia pesquisar. Tendo vivido nos Estados Unidos e sob a férrea censura da ditadura militar brasileira, sabia muito bem da importância da imprensa livre.

Depois de algum tempo, comecei a ser procurado para falar também de assuntos ligados a Israel e sua política. Isso ganhou força a partir do final da década de 1980, com o avanço (e, mais tarde, o retrocesso) das negociações de paz entre Israel, os países árabes e os palestinos.

Disponibilidade

Um elemento que sempre facilitou esse acesso à mídia foi minha disponibilidade. Em 37 anos de Brasil, não creio que possa completar os dedos de uma mão o número de jornalistas que ficou sem resposta ao fazer uma solicitação de entrevista. A qualquer hora, em qualquer situação, eu estava pronto. Meu pai sempre dizia que, felizmente, eu não nascera mulher porque não consigo dizer "não" a ninguém...

Quem faz uma idéia de como funciona uma redação de jornal ou revista sabe da importância da disponibilidade. O jornalista precisa da opinião de alguém conhecido sobre, digamos, a entrada em vigor de um novo imposto. Ele bate a todas as portas, mas é um dia difícil, não consegue falar com ninguém e seu editor o pressiona para "fechar" a matéria até as oito da noite. Com um telefonema para mim — e, aos poucos, redações do Brasil inteiro passaram a contar com todos os meus números telefônicos em suas agendas —, o jornalista sabia que poderia obter uma opinião. Quase sempre forte e, muitas vezes, polêmica. Ficava mais fácil.

Tornou-se usual, ainda, jornalistas do mundo inteiro me telefonarem em busca de informações sobre os temas mais diferentes, relacionados ao judaísmo e ao Brasil. Ora era uma produtora israelense de TV elaborando um documentário sobre o nazismo e que precisava do contato de um bom repórter no Brasil. Ora era um jornal inglês fazendo uma matéria sobre um judeu-ortodoxo que dera um golpe financeiro em seus companheiros e fugira para o Brasil. Eu encaminhava esses pedidos a profissionais que conhecia, o que, lógico, aumentava ainda mais o meu círculo de relacionamentos.

Uma de minhas principais atividades passou, então, a ser a assessoria de imprensa de meu próprio trabalho e de minhas opiniões. As secretárias da CIP tinham orientação para me passar todas as ligações de jornalistas. E, com a ajuda inestimável de minha secretária, Paquita Ostrowicz, eu mandava notas, opiniões, artigos, mantendo um relacionamento estreito com a imprensa nacional e internacional.

Se isso começou a acontecer ainda nos tempos da ditadura militar, é compreensível, então, que muitos jornalistas tenham conservado meu nome em suas agendas telefônicas após a redemocratização do país.

Causas justas

Eu também era procurado com freqüência por jornalistas que me pediam apoio a causas que consideravam justas. Certa vez, a Associação dos Correspondentes Estrangeiros de São Paulo me consultou a respeito de um tema delicado. Estávamos em meados da década de 1990 e um jornalista, judeu argentino, havia se suicidado. O rapaz tinha sido um militante de esquerda muito torturado nos anos de chumbo da ditadura argentina. Sofreu uma terrível decepção — um cunhado roubou todas as suas economias —, não resistiu e suicidou-se.

Poderíamos, pela lei judaica que condena o suicídio, fazer uma homenagem a ele? As portas da CIP se abriram para mais um ato ecumênico.

Em 1992, recebi uma chamada de um jornalista da revista *IstoÉ*, judeu, alarmado porque uma Chevra Kadisha do Rio de Janeiro tencionava eliminar o cemitério de Inhaúma, onde estavam enterradas centenas de "polacas". Era assim que a América do Sul conhecia as jovens judias que vinham dos *shtetls*, as cidadezinhas da Europa oriental, para os Estados Unidos, a Argentina, o Brasil ou o Uruguai. Muitas dessas garotas eram enganadas por falsas promessas de casamento. Conscientes ou não, estavam nas mãos da Zwi Migdal, uma organização criminosa judaica que explorou a prostituição das "patrícias" entre o final do século XIX e a década de 1950.

As comunidades judaicas, em geral, rejeitavam as polacas, que tinham de criar sua própria sinagoga e seu cemitério... Em São Paulo, após a morte da última polaca, o cemitério do Bairro do Chora Menino foi desapropriado pela Prefeitura nos anos 1970. Os túmulos seriam transferidos para o Cemitério Israelita do Butantã.

Acontece que a Chevra Kadisha paulista simplesmente apagou as inscrições das lápides para "não expor as famílias". Você pode conferir: há, no cemitério do Butantã, uma ala com lápides sem nada escrito, sem fotos, sem história...

O medo do jornalista da *IstoÉ*, que conhecia a história do Chora Menino, é que o mesmo acontecesse com os túmulos do cemitério de Inhaúma, uma intenção, aliás, anunciada pelos mantenedores da instituição.

Minha posição foi intransigente. O judaísmo combate a prostituição, mas defende a prostituta como ser humano. A memória dessas mulheres deveria ser preservada. A mesma posição foi adotada por dirigentes comunitários, como o então presidente da Federação Israelita do Rio, Ronaldo Gomlevsky. "O cemitério só será destruído e as lápides apagadas sobre o meu cadáver", ele disse.

A publicação da matéria criou uma onda de indignação e a Sociedade Cemitério teve de voltar atrás. As polacas se transformariam, nos anos seguintes, em tema de vários livros e filmes. E o movimento iniciado com a revolta contra a desonra de suas tumbas conduziu, alguns anos depois, à descoberta de um outro cemitério de polacas, do qual se tinha notícia, mas que ninguém sabia bem onde ficava. Era em Cubatão, junto ao porto de Santos.

Mau gosto

A presença constante na mídia fez com que, muitas vezes, eu fosse transformado — sem querer e sem ter sido eleito para isso — em interlocutor da comunidade judaica brasileira. Em dezembro de 1978, o diretor de propaganda do então Banco Real, Carlos Roberto Chueiri, procurou-me com um pedido de desculpas. Um comercial do banco, veiculado pela TV, mostrava Adolf Hitler, com a legenda: "Quanto mais certeza você tiver do que vai acontecer amanhã, mais você deve fazer seguro".

O recurso a Hitler como garoto propaganda de seguros ofendeu muita gente e o banco chegou até a receber ameaças de fechamento de contas. Aceitamos, é claro, as desculpas do Real.

Logo depois do ataque terrorista da Al Qaeda contra as torres gêmeas do World Trade Center, em 11 de setembro de 2001, a central telefônica da CIP ficou congestionada. Eram associados querendo saber o que estava acontecendo, gente com parentes em Nova York e jornalistas pedindo a nossa opinião.

Diante da confusão, tomamos a decisão de suspender uma palestra com Vivianne Senna, um dos grandes nomes do Terceiro Setor no Brasil, que estava marcada para aquela noite. Eu e o assessor de imprensa da Congregação simplesmente não conseguíamos dar conta de responder a todas as demandas. Às 12h, uma equipe de TV chegou ao prédio da Rua Antonio Carlos, outra estava a caminho, o repórter de um grande jornal e um jornalista de rádio me aguardavam. Isso, sem que tivéssemos conseguido ainda responder aos telefonemas.

A melhor opção foi, então, convocar uma entrevista coletiva para as 15h30. Sequer enviamos material aos meios de comunicação. A coletiva foi comunicada apenas àqueles que haviam nos procurado. Na hora marcada, havia quinze jornalistas da grande mídia na CIP. Quer dizer, as posições da Congregação e de seu rabino haviam se transformado em uma das referências da mídia para repercutir o atentado cometido a milhares de quilômetros de distância. Isso não é algo comum sequer em países como os Estados Unidos, a França ou a Grã-Bretanha, onde a comunidade judaica é muito maior e mais influente que no Brasil.

O personagem

Creio que a simpatia da mídia também tenha sido facilitada pelas características do "personagem Henry Sobel". O rabino de cabelos compridos, óculos de tartaruga, colarinho alto, nó largo na gravata e com aquele sotaque conhecido, era de rápida identificação. Quem me visse, ou apenas ouvisse minha voz, já sabia que teria a opinião de um judeu. Humoristas de rádio e TV sempre imitaram o meu tradicional "queuídos iurmãos".

Talvez isso esclareça um grande mistério — muitos amigos pediram que, neste livro, eu finalmente respondesse a essa pergunta. Por que, em tantos anos de Brasil, eu nunca perdi o sotaque? Bem, de fato, o sotaque norte-americano é muito forte. Mas a grande verdade é que eu nunca senti a necessidade de perdê-lo. Nunca fiz força para isso. Terminei incorporando-o a meu personagem. E acho que a mídia e o Brasil aceitaram isso sem problema.

Acho que São Paulo e o Brasil me adotaram, o que abriu espaço para que a mídia passasse a me procurar em busca de outro tipo de opiniões. Comecei a ser consultado para aquelas pautas obrigatórias da imprensa. Minha opinião sobre São Paulo no aniversário da cidade, os preparativos para o Ano-Novo, a convivência entre judeus e árabes na Rua 25 de Março ou na José Paulino, a reinauguração do Mercado Municipal... até o lançamento de novos produtos. Cheguei a tomar parte, por vários anos, de vinhetas de televisão saudando o novo ano.

Também mantive, por muito tempo, participações permanentes na mídia judaica. Em especial, na revista *Shalom*, de linha progressista, na *Resenha Judaica*, um quinzenário em que a CIP tinha participação, e no programa *Mosaico na TV*, do batalhador Francisco Gotthilf, que entrou no livro *Guinness dos Recordes* como o mais antigo da televisão brasileira, no ar desde 1961.

De mansinho e sem que tivesse procurado por isso, creio que passei a ser considerado pela mídia como um daqueles personagens que são ouvidos quando se quer auscultar os humores da sociedade civil.

O tom que eu assumia, acho, também tornava minhas opiniões mais palatáveis. Sempre defendi o diálogo, a moderação. A partir do caso Herzog, também comecei a me envolver em temas ligados aos direitos humanos de todos os brasileiros. Não apenas os judeus. E, mais tarde, envolvi-me profundamente no diálogo inter-religioso, principalmente

Mídia e poder

com a Igreja Católica, mas, também, com os protestantes e os muçulmanos. E sempre tentei manter um tom didático, compreensível não apenas para os judeus.

No que se refere à mídia, então, acredito que me tornei uma espécie de "judeu oficial" da opinião pública, conhecido nacionalmente, identificado com facilidade por suas "particularidades", com opiniões razoáveis e vinculado a causas bastante positivas.

Como tudo na vida, isso teria um custo a ser pago.

13

Um rebelde na sinagoga

RECONHEÇO QUE O ESPAÇO CONQUISTADO NA SOCIEDADE BRASILEIRA REFORÇOU uma convicção antiga: o rabino não pode ser um escravo dos desejos e das vaidades dos dirigentes de momento de sua congregação ou mesmo dos líderes da comunidade judaica. Aceitasse isso, ele seria um *shames*, o zelador da sinagoga. Não um rabino.

Sempre acreditei que o exercício do rabinato é símbolo de compromisso para com os destinos de cada integrante da congregação. Um destino que não pode ser visto de forma isolada do destino de toda a sociedade.

Foi isso o que prometi ao professor Samuel Atlas. E foi isso o que prometi, também, a meu pai no momento em que anunciei a decisão de seguir a carreira religiosa liberal.

Não há nenhuma novidade nessa concepção. Ela é, na verdade, a filosofia que expressavam os grandes profetas do judaísmo, como Isaías, Jeremias, que previu a destruição do Templo de Jerusalém, e Oséias.

Não foi Isaías quem disse: "Ai da nação pecadora, do povo carregado de iniquidade da semente de malignos, dos filhos corruptores; deixaram ao Senhor, blasfemaram do Santo de Israel, voltaram para trás. Porque seríeis ainda castigados, se mais vos rebelaríeis? Toda a cabeça está enferma e todo o coração fraco". (Isaías 1:4). E Oséias: "Israel rejeitou o bom: o inimigo persegui-lo-á. Eles fizeram reis, mas não por mim: constituíram príncipes, mas eu não o soube: da sua prata e do seu ouro fizeram ídolos para si, para serem destruídos" (Oséias 8:4).

Nunca saiu de minha memória a imagem do famoso quadro de Rembrandt, em que Jeremias, a cabeça apoiada sobre uma mão, chora a destruição de Jerusalém e de seu Templo pelos babilônios, como se estivesse a dizer: "Eu avisei!".

Não imagine o leitor que, com essas citações, eu incorro na vaidade e no erro de comparar meu trabalho à pregação dos profetas bíblicos. De maneira alguma. Agora, os ensinamentos dos profetas são preciosos. O rabino, para cumprir plenamente a sua função, deve preocupar-se com toda a comunidade; com os ricos e com os pobres. Contudo deve desconfiar sempre dos poderosos e traçar seu próprio julgamento. Caso contrário, será apenas mais um repetidor de frases decoradas, como o foram tantos na própria história do judaísmo, incapazes de fazer a diferença seja para quem for.

Sem que eu planejasse, apenas a bordo da astúcia da história, ganhei, então, condições de exercer uma autonomia que deveria fazer parte do trabalho de todos os rabinos. Mas que poucos conseguem exercer, enquanto outras tantos nunca se interessaram por isso. Para esses, basta manter um cotidiano seguro.

Essa situação, se foi muito positiva para mim, convenhamos, é profundamente desconfortável para muitos que se desentenderam comigo no trabalho cotidiano. Vejamos os rabinos. Com Fritz Pinkuss, como já foi dito, mantive um bom relacionamento apenas até o caso Herzog. Depois disso, quase não nos falamos, embora eu respeitasse muito sua história. Seguimos caminhos paralelos até a sua aposentadoria.

Outro rabino liberal muito talentoso, o argentino Marcelo Rittner, que trabalhou comigo na CIP por dez anos, terminou se afastando. E esteve ao meu lado no culto ecumênico em homenagem a Vladimir Herzog em 1975. Mas Rittner sentiu que não havia espaço, na mesma congregação, para dois rabinos ambiciosos de uma participação comunitária e política. Terminou deixando a CIP, sem traumas, e hoje trabalha no México; destaca-se como um dos grandes nomes do judaísmo liberal em todo o mundo.

Outros rabinos também deixariam a Congregação para buscar seu espaço próprio — é o caso de Adrián Gottfried, que entrou em rota de colisão comigo e foi para a comunidade reformista Shalom, também em São Paulo, de Cláudio Kaiser e do rabino Alexandre Leone, este, um grande amigo, também muito vinculado à defesa dos direitos humanos. Leone, aliás, foi militante trotskista na juventude e, até hoje, honesto, não esconde sua orientação política de esquerda. Costumo brincar, dizendo que ele é o único rabino trotskista do mundo...

Pelo menos uma vez fiz de tudo para dificultar a contratação de um novo rabino na CIP. Tratava-se do argentino Ángel Kreiman, que trabalhava no Chile onde foi acusado de ser, digamos, excessivamente liberal com os fundos de sua congregação.

Por essas e outras, uma das maiores alegrias que a CIP me deu, em quatro décadas, foi poder oficialmente escolher meu sucessor, Michel Schlesinger, que, mesmo dotado de personalidade forte, própria, sempre se identificou muito com meu trabalho.

Censura

Minha autonomia — de opiniões e iniciativas — irritava, acima de tudo, alguns dirigentes da CIP e de outras instituições comunitárias. Em dezembro de 1990, por exemplo, preparava-me para a tradicional prédica do *shabat* na CIP, onde iria condenar uma ação violenta do Exército de Israel, que causou a morte de vários palestinos perto do Muro das Lamentações, em Jerusalém.

Pouco antes do início da cerimônia, fui comunicado por um diretor da CIP, Moshe Goldschmidt, que o comando da Congregação — à frente o presidente Jayme Blay — havia proibido a prédica. Até então nunca havia sido censurado, nem mesmo nos momentos mais quentes do caso Herzog. Achei tudo aquilo um absurdo, mas estávamos quase no início do *shabat*, que fazer? Optei por não fazer a prédica semanal. Lógico, todos estranharam. Vários amigos vieram perguntar o que havia acontecido. E eu não escondi. Simplesmente falei a verdade.

Claro, alguns sócios da CIP ficaram furiosos. E o assunto foi parar nas páginas de publicações judaicas. Sem ter sido censurado pela ditadura militar brasileira, o rabino Sobel enfrentava o silêncio forçado por conta da diretoria de sua própria congregação.

A divulgação desses assuntos delicados, que tradicionalmente repousavam intramuros na Congregação, deixava muitos dirigentes fora de si. Sim, porque a repercussão saía de seu controle e do "aparelho" que comandavam. Muitas vezes tinham de voltar atrás em suas decisões, o que era um tapa — daqueles — no ego...

Fui (e sou) um rebelde, admito. Aproveitei o espaço aberto pela dedicação a causas gerais, queridas à opinião pública brasileira, para ampliar ao máximo minha autonomia de trabalho. Porém defendo até o fim essa rebeldia, essa capacidade de me indignar. Não fosse esse desafio imposto à liderança comunitária talvez estivéssemos muito mais fechados em nosso gueto. E muito mais vulneráveis a perseguições.

14

Participação internacional

AS REPERCUSSÕES DO CASO HERZOG ME LANÇARAM EM UM OUTRO CENÁRIO, do qual, também, jamais havia imaginado tomar parte. Refiro-me às entidades judaicas internacionais e suas preocupações de grande porte — campanhas de salvamento de comunidades inteiras, denúncias sobre perseguições, a caça a criminosos de guerra nazistas foragidos...

Logo depois do assassinato de Vlado Herzog, fui convidado pelo então presidente do Congresso Judaico Mundial (CJM), Nahum Goldmann*, a apresentar o caso em um painel interno da entidade, sobre direitos humanos na América Latina. O evento aconteceu em Nova York, em uma época em que os direitos humanos ganhavam força na agenda política da Casa Branca. Na verdade, ganhariam muito mais no governo de Jimmy Carter (1977-1981). E como os Estados Unidos alojam a maior e mais influente comunidade judaica da Diáspora, além de serem o principal aliado político e militar de Israel, isso explica por que o CJM está sempre muito "antenado" aos ventos que sopram de Washington.

A partir de então passei a ser convidado com freqüência aos eventos do CJM, até integrar seu plenário e o Board of Governors, uma espécie de Conselho Político. Isso ocorreu, também, muito em função do apoio de Benno Milnitzky. A CIP, como vimos, torcia o nariz diante de minha participação política — dentro ou fora de entidades judaicas. Todavia Benno incentivava muito, até porque não se expressava muito bem em inglês e eu terminava funcionando como apoio. A essa altura, sentia-me quase que como seu filho e irmão de seus verdadeiros filhos.

Lembro-me, certa vez, de telefonar furioso ao "irmão" Décio Milnitzky.

— Sabe o que seu pai fez? No meio de uma discussão me chamou de filho-da-puta!

— Se ele fez isso você já tem a intimidade necessária para ser considerado seu filho.

Benno foi um dos raros casos de personalidade que chegou à liderança de entidades judaicas por mérito próprio e não pelo peso das doações financeiras que fazia — ele não era um homem rico. Seja como for, ajudou-me muito a abrir os caminhos da participação internacional como presidente da Conib e, mais tarde, do Congresso Judaico Latino-Americano (CJLA).

Outro mundo

Uma das prioridades, em meu trabalho internacional, era explicar aos dirigentes do Congresso Judaico — a maioria, norte-americanos — as especificidades da vida (judaica e não-judaica) na América Latina. Apesar do esforço de muitos dirigentes latino-americanos, em especial argentinos, os mais politizados, a liderança judaica nos Estados Unidos sempre tendeu a enxergar as comunidades no continente como desprotegidas, sob constante ameaça externa.

Em um encontro do CJM realizado na Cidade do México, em 1988, por exemplo, ponderei em minha fala:

Os judeus latino-americanos encontraram um *modus vivendi* adequado; aprenderam a coexistir com todos os governos — militares ou democráticos — e mesmo sob aqueles que assumem alguma coloração anti-semita. Não querem ser "resgatados". A comunidade judaica norte-americana ainda não entendeu isso.

Nos anos 70, durante os piores tempos da repressão na América Latina, a maior preocupação dos judeus do Brasil, da Argentina, do Uruguai e do Chile era falar ou não falar. Levantar ou não nossas vozes contra a violação dos direitos humanos, sob o risco de sermos classificados como "subversivos", ou permanecer em silêncio.

Nos anos 80, a questão é como falar. Agora que nós, judeus latino-americanos, somos livres para divulgar nossas opiniões, assim como nossos compatriotas não-judeus, que mensagens desejamos transmitir? Queremos encorajar a integração, ou temos medo de que ela leve à assimilação? Como podemos motivar os judeus a preservar suas particularidades em uma sociedade aberta?

Na mesma época, elaborei para um encontro do American Jewish Committee (AJC) um texto destinado a desfazer preconceitos sobre a redemocratização do Brasil, que está ao final deste livro.

Judeus soviéticos

Um maior engajamento nas instituições internacionais conduziu-me a participar de várias campanhas promovidas em todo o mundo pela liderança judaica. Uma delas foi a luta por reparações de guerra justas aos sobreviventes do Holocausto. Outra, a caça a nazistas refugiados no Brasil, assim como a obras de arte roubadas dos judeus, como veremos mais adiante.

A campanha internacional mais importante de que tomei parte, porém, foi a defesa dos judeus soviéticos. O fato é que, até o início da *perestroika*, a abertura democrática promovida pelo dirigente soviético Mikhail

Gorbachev na década de 1980, os vários milhões de judeus da URSS eram proibidos de emigrar, de se organizar e, em muitos lugares, enfrentavam restrições até para manter o mínimo das tradições religiosas e culturais.

Fui convidado a participar da 1.ª Conferência Internacional em Favor dos Judeus Soviéticos, que aconteceu em Bruxelas, Bélgica, no final dos anos 1970. Cada um de nós podia levar um convidado, uma autoridade de seu país a ser sensibilizada para a campanha.

Escolhi convidar um deputado gaúcho que despontava como jovem estrela no panorama político: Nelson Jobim. Acertei em cheio. Aproximamos-nos muito, ele reconheceu a justiça de nossa causa, desenvolveu uma carreira notável — foi ministro dos governos de Fernando Henrique Cardoso e Lula, e ministro e presidente do Supremo Tribunal Federal (STF). Lá desempenharia um papel de destaque na luta contra a propaganda nazista no Brasil.

Depois da conferência de Bruxelas, criamos um Comitê Pró-Judeus Soviéticos aqui no Brasil. Promovemos palestras, trouxemos personalidades, fizemos correr abaixo-assinados, realizamos atos públicos, empreendemos atividades de esclarecimento junto a formadores de opinião, jornalistas, políticos... Enfim, acho que fizemos nossa parte de maneira adequada.

Gorbachev, em sua campanha para desmantelar o regime autoritário da União Soviética, não só autorizou a prática do judaísmo (assim como de todas as outras religiões) e o funcionamento de entidades judaicas, como liberou a emigração. Mais de um milhão de judeus emigraram, principalmente para Israel e os Estados Unidos. Foi uma vitória muito importante para todos nós.

Diálogo inter-religioso

Creio que a participação em entidades judaicas internacionais também foi fundamental para que a CIP rompesse um pouco do seu isolamento histórico. Afinal, por não se considerar uma entidade "política", a

Congregação só se filiou à Federação Israelita do Estado de São Paulo em 1952, muito depois de sua fundação.

Hoje a CIP é afiliada a duas grandes organizações de caráter religioso: a World Union for Progressive Judaism (WUPJ) e o World Council of Synagogues (WCS). A primeira entidade reúne as entidades judaicas liberais, enquanto a outra representa as congregações conservadoras.

Essa dupla filiação pode parecer estranha, contudo a CIP concluiu, e creio que corretamente, que tem, entre seus associados, judeus liberais e judeus conservadores. Assim, nada mais justo do que pertencer às duas organizações, de maneira que todos os associados se sintam representados. A filiação foi decidida em 1988, depois de longas negociações. O maior pólo de resistência era o rabino Fritz Pinkuss, que, fiel às suas convicções, defendia o que se define em alemão como *Einheitsgemeinde*; uma congregação desvinculada de qualquer outra.

Consultei Pinkuss sobre a filiação à WUPJ e ao WCS, em 1987, e ele disse que já não tinha mais nada a objetar. Um ano depois, o processo estava concluído.

Essa integração internacional, claro, permite um diálogo com inúmeras outras sinagogas e uma troca de experiências que traz para a CIP o que há de mais inovador em termos de vida e educação judaica.

Creio, porém, que foi no diálogo inter-religioso que pude dar minha maior contribuição em fóruns internacionais. Explica-se: cheguei ao Brasil exatos 25 anos depois do fim da Segunda Guerra Mundial, quando ainda havia muitos rancores no relacionamento entre judeus e católicos. Sob o pontificado de Pio XII*, o Vaticano não condenou o nazismo e o Holocausto, além de ajudar inúmeros nazistas e fascistas em sua rota de fuga para fora da Europa depois do conflito.

É evidente que tudo mudou sob seu sucessor, João XXIII*. Mas, para muitos dirigentes judeus sobreviventes do massacre nazista, as feridas ainda estavam abertas.

Ocorre que, no Brasil, esse rancor não existia. Muito ao contrário, a morte de Vladimir Herzog e a reação social que se seguiu a ela permitiram uma aproximação inédita entre católicos, judeus e, em menor escala, protestantes.

Nossa experiência tupiniquim de realizar atos ecumênicos transformou-se em ato corriqueiro sempre que havia uma causa justa. E foi vista com muito interesse pela liderança judaica mundial.

Assim, já na década de 1980, o presidente do Congresso Judaico Mundial, Edgar Bronfman, convidou-me a integrar o recém-criado Comitê para o Diálogo Judaico-Cristão da entidade. Eu passaria a presidir o Comitê em 2003 e fui reeleito quatro anos depois, mesmo com toda a repercussão do caso das gravatas da Flórida.

A verdade é que a experiência brasileira de diálogo seria aproveitada em diversos países, graças ao intercâmbio que ocorre dentro do CJM. Nada mau para uma iniciativa que teve início com um cardeal extremamente corajoso, um rabino ianque de sotaque forte e convicções liberais, e um pastor presbiteriano que ainda sofria com o assassinato do irmão militante. Esse é mais um dos legados de Vladimir Herzog ao Brasil, à causa da tolerância e da convivência pacífica entre povos e religiões.

Hugo Chávez

Uma participação maior no plano internacional também significa maior exposição pública. E, por extensão, maior risco. Em novembro de 2005, quando o então presidente dos Estados Unidos, George W. Bush, fez uma visita oficial ao Brasil, onde se encontrou com o colega Lula, sua agenda foi aberta para receber líderes judaicos latino-americanos. O convite foi enviado ao presidente do Board of Governors do Congresso Judaico Mundial, rabino Israel Singer, ao presidente do Congresso Judaico Latino-americano, o brasileiro Jack Terpins, e a mim.

Poucos dias antes, o presidente da Venezuela, Hugo Chávez, um adversário azedo da Casa Branca, havia feito declarações hostis a Bush e grandes elogios ao presidente do Irã, Mahmud Ahmadinejad, outro *bad boy* da política internacional. E, em 2004, policiais venezuelanos invadiram uma escola judaica, supostamente durante as investigações sobre a explosão de um carro-bomba que matou um aliado de Chávez. O mesmo Hugo Chávez, em um discurso de véspera de Natal, dissera que "descendentes dos mesmos que crucificaram Jesus tomaram conta das maiores riquezas do mundo".

Manifestamos, então a George W. Bush, nossa preocupação com os desdobramentos do descontentamento social na Venezuela. "Chávez é um demagogo, um radical, em um país em que há grandes injustiças sociais. Nessas circunstâncias, as massas tendem mais a acreditar em falsos Messias e a busca por bodes expiatórios também é maior", eu disse, insinuando um flerte de Chávez com o anti-semitismo. Bush disse que não tinha conhecimento do assunto, o qual, claro, ganhou o noticiário internacional.

Para minha surpresa, porém, a liderança judaica na Venezuela não gostou.

O presidente e o secretário-geral da Confederação das Associações Israelitas da Venezuela (Caiv), respectivamente Freddy Pressner e David Bachenheimer, despacharam cartas iradas para Jack Terpins e para mim. Diziam que Chávez jamais fizera nenhuma declaração anti-semita e que não havia problema algum entre ele e a comunidade judaica do país. Eles claramente temiam uma reação violenta do presidente. Tínhamos um incidente internacional nas mãos.

Entendi a posição dos dirigentes, até porque eu conhecia a experiência do caso Herzog, no Brasil. Mas, ainda que sofrendo pressões fortes, não desmenti o que dissera. Se eles tinham motivos para proteger sua comunidade, o papel do CJM é denunciar ameaças contra os judeus em todo o mundo.

O tempo passou e o assunto caiu no esquecimento. Porém, em dezembro de 2007, às vésperas de um referendo que poderia dar a Chávez a possibilidade de reeleição eterna (ele, aliás, foi derrotado), a polícia invadiu o clube "Hebraica", de Caracas, em busca de "armas e explosivos". À época, 9 mil dos 22 mil judeus venezuelanos já haviam emigrado.

Participação internacional

O CJM e o CJLA protestaram com veemência, e a Confederação das Associações Israelitas da Venezuela pediu uma "investigação rigorosa" do incidente, que, dizia a entidade, "tenta criar tensões desnecessárias entre os judeus venezuelanos e o presidente". Dessa vez, a liderança judaica da Venezuela não reclamou, não escreveu cartas de protesto nem pôde colocar panos quentes...

15

Os judeus e Israel

SOU SIONISTA DESDE CRIANCINHA, COMO SE DIZ AQUI NO BRASIL. MINHA geração foi muito marcada pelo Holocausto. Daí a certeza de que, existisse o Estado de Israel nos anos 1930, o massacre nazista não teria acontecido. Sempre enxerguei Israel, então, como uma garantia fundamental de segurança para os judeus na Diáspora, depois de séculos e séculos de abusos e perseguições. E sempre vi na Diáspora uma espécie de "voz da razão", capaz de arrastar Israel e sua liderança, por vezes, para fora de seus limites ideológicos nacionais, de maneira a assumir uma perspectiva geopolítica mais ampla, mais generosa. A Diáspora, creio, funciona como uma espécie de pulmão que ajuda a oxigenar o relacionamento de Israel com as outras nações.

Identifico-me com a linha trabalhista moderada dos fundadores de Israel, de David Ben Gurion* e, mais recentemente, de Itzhak Rabin e

Shimon Peres*. Ainda que reconhecendo as diferenças de interpretação entre o "falcão" Rabin e a "pomba" Peres.

Uma das máximas que mais admiro na tradição judaica é a de que todo judeu é responsável pelo que acontece com outro judeu. Assim, sinto-me responsável pelo que acontece com Israel e creio que tenho todo o direito de opinar a respeito da política interna daquele país.

Não devemos confundir, porém, o apoio incondicional à sobrevivência e à felicidade do Estado Israel com um "amém" irrestrito à política de seu governo de plantão. Até porque os governos passam e Israel permanece. Israel foi, por muito tempo, uma ilha de democracia no mar de ditaduras que é o Oriente Médio. Embora, tenho de admitir, os cidadãos árabes israelenses não tenham todos os direitos de que os judeus gozam no país (ainda assim, esses direitos superam em muito o que teriam na maioria do mundo árabe...). E, como em toda sociedade democrática, convivem no país as posições políticas mais diferentes. Governos e oposições são impiedosamente criticados todos os dias pela mídia, em manifestações... Sinto-me parte desse *melting pot* e, sempre que necessário, manifestei minhas críticas a governos ou a aspectos da política israelense.

O que descrevi agora pode parecer simples, fácil mesmo de aceitar. Mas não é. Foi com essas convicções que desembarquei na CIP, entidade que se caracterizava historicamente por rejeitar a ação "política" (como se isso fosse possível). E, acima de tudo, a ação política sionista.

Na verdade, cheguei ao Brasil quando as comunidades judaicas de todo o mundo — especialmente os jovens — viviam a onda de entusiasmo que se seguiu à vitória acachapante sobre os exércitos árabes na Guerra dos Seis Dias (1967). Assim, as reservas da CIP ao sionismo haviam diminuído.

Faz parte das atribuições do rabino, em minha concepção, manifestar-se politicamente como forma de acrescentar a dimensão ética à ação política. O púlpito da sinagoga, acredito, é o lugar ideal para que o rabino veicule suas opiniões de líder religioso, a respeito de tudo o que achar pertinente. Até mesmo a respeito de política — nacional e internacional.

Junto com toda a liderança comunitária, participei ativamente das atividades de *lobby* político pela reversão do voto brasileiro na ONU, em 1975, a favor da resolução que equiparava o sionismo ao racismo. Muitas vezes fui convidado pela mídia a debater temas sobre Israel. Certa ocasião, por exemplo, simples rabino, fui colocado em um debate de rádio com o então representante da OLP no Brasil, Farid Sawan. Sempre deixei claro que falava a título pessoal — e acho que todo judeu, como parte, ainda que "externa" do Estado judeu, tem o direito de fazê-lo.

Se o engajamento político irritava certos setores da comunidade judaica e da Congregação, a visão democrática sobre o sionismo e sobre Israel — sem poupar críticas, quando se fizessem necessárias — levava alguns dirigentes à beira de um ataque de nervos. Curiosamente, muitos daqueles que não aceitavam meus reparos a certas políticas dos governos de Israel eram os mesmos que havia rejeitado o sionismo.

Conjunturas

Muitas de minhas posições políticas em relação ao sionismo foram mudando, à luz das alterações da conjuntura. Nos anos 1960 e 1970, por exemplo, eu defendia, sem grandes restrições, a política trabalhista israelense, denunciando o terrorismo da OLP de Yasser Arafat e dos outros grupos guerrilheiros palestinos.

Contudo, a ascensão de governos de direita em Israel, a partir da metade da década de 1970, reforçou a política de colonização judaica em Gaza, Cisjordânia e nas colinas de Golã, territórios que Israel ocupou na Guerra dos Seis Dias. Nunca aceitei a colonização, por acreditar que ela bloqueia a devolução desses territórios, condição *sine qua non* para uma paz duradoura na região. Até porque boa parte da população das colônias é formada por ativistas de ultradireita, refratários a qualquer concessão aos árabes, mesmo que isso signifique a paz.

Também me sentia desconfortável com o isolamento diplomático de Israel, que, sob governos direitistas, se aproximava excessivamente de regimes perigosos como o *apartheid* na África do Sul e o governo do ditador Augusto Pinochet no Chile. Isso na mesma época em que sofríamos aqui sob uma ditadura meio-irmã da chilena.

Faço aí uma ressalva com relação ao ex-primeiro-ministro Menachem Begin*, que, apesar da origem radical de direita, teve a coragem de fazer um acordo de paz com o Egito de Anwar Sadat em 1977, devolvendo ao antigo inimigo todo o deserto do Sinai. Repetia-se a máxima de que um líder político de direita tem, por vezes, melhores condições de fazer concessões que um moderado, por conta de sua biografia de "falcão". O mesmo acontecera com Richard Nixon, presidente ultraconservador dos Estados Unidos, que aproximou o país da China comunista.

Conheci diversos chefes de governo israelense. Mas apenas com Begin mantive um relacionamento, digamos, mais pessoal. Encontrei-o certa vez no café do Hotel King David, em Jerusalém, no intervalo de um congresso. Ele era o líder da oposição de direita e, sozinho no café, resolveu puxar conversa comigo, em um inglês perfeito, com o sotaque britânico dos tempos da ocupação na Palestina.

Begin era um homem de vasta cultura; fui logo seduzido por seu charme. Começou ali um relacionamento que posso definir como amizade, ainda que ele fosse uns trinta anos mais velho que eu. Daí em diante, sempre que sabia de minha presença em Israel, Begin convidava-me para um café, um jantar em sua casa quando, muito modesto, às vezes escutava aquele jovem rabino. Isso perdurou mesmo depois de ele alcançar a chefia do governo. Chegou a me telefonar várias vezes no Brasil e, quando soube de meu casamento, ligou para minha mãe, em Nova York, para dar os parabéns. Era um homem admirável que desafiou sua própria história para alcançar uma paz que seus sucessores, a maioria, muito menos "radicais", ainda não conseguiram levar adiante.

Rumo à paz

Aplaudi o ataque israelense ao reator nuclear Osirak, no Iraque, em 1981, que privou Saddam Hussein de armas atômicas. Foi uma *mitzvá*[22] de Israel em benefício da humanidade. Todavia estive entre os críticos públicos da invasão israelense no Líbano, em 1982, que culminou com o bárbaro massacre de milhares de palestinos pela extrema direita cristã libanesa, nos campos de refugiados de Sabra e Chatila, em 1982.

Nos anos 1980, assustei-me com o crescimento do fundamentalismo religioso judaico (e o denunciei) e sua conseqüente ação política radical, tão pernicioso quanto o fundamentalismo islâmico. Lançavam-se aí as raízes ideológicas de terroristas como Igal Amir, o religioso de ultradireita que assassinaria o primeiro-ministro israelense Itzhak Rabin, após um comício pela paz, em 1995.

Nunca acreditei que causa alguma justificasse o terror, o ataque a civis. Fossem quem fossem os agressores e as vítimas. Critiquei inúmeras vezes as lideranças políticas de esquerda no Brasil, que se empenharam na libertação de Lamia Maruf Hassan. Brasileira casada com um palestino, ela participou do assassinato a sangue-frio do jovem sargento israelense David Manos, a quem dera carona. Quando Lamia foi libertada, em 1996, e logo deportada para o Brasil, entendi a ação do governo de Israel como uma concessão — muito difícil — no caminho para a paz definitiva. No entanto, nunca acreditei no perdão para um ato de sangue deliberado e injustificado, como aquele de que Lamia tomara parte.

No entanto percebi a mudança qualitativa nas posições políticas dos palestinos a partir da primeira *intifada*, o levante nos territórios ocupados, em 1987. Não podia concordar e sentir-me tranqüilo quando soldados israelenses, despreparados para um levante popular (estavam acostumados a combater soldados e terroristas), enfrentavam a tiros os adolescentes que lhes atiravam paus e pedras.

---

[22] Significa boa ação em hebraico.

Os judeus e Israel

Assim como grande parte da sociedade israelense e dos judeus da Diáspora, passei a defender uma solução pacífica acelerada para o conflito, que levasse à consolidação de dois Estados vizinhos: Israel e a Palestina. Em 1996, ao apertar a mão de Yasser Arafat em seu "palácio" de Gaza, na verdade uma construção mal-ajambrada de dois andares, retrato fiel das dificuldades de erguer um Estado palestino, pensei estar na presença de um antigo líder terrorista que optara pela paz. Um Menahem Begin de *kfiya*[23] quadriculado e barba mal-feita.

E, com a maioria da sociedade israelense, decepcionei-me quando Arafat, com a paz ao alcance das mãos, pôs tudo a perder no final da década de 1990. Ele e o então primeiro-ministro de Israel, Ehud Barak, outro "falcão" trabalhista, haviam chegado a um acordo sobre Gaza e a Cisjordânia. Restava a soberania de Jerusalém. Sobre isso, Barak esticou ao máximo sua própria corda, admitindo uma fórmula complicadíssima de soberania compartilhada sobre a futura capital dos dois Estados.

Quando tudo parecia resolvido, Arafat roeu a corda: exigiu que os refugiados palestinos no mundo árabe pudessem voltar a Israel. Isso nunca havia sido discutido, até porque, com a criação do Estado palestino, os refugiados passariam a ser um de seus problemas a resolver. Como o foram para a recém-criada Israel, que, a partir de 1948, absorveu milhões de refugiados. Muitos deles, gente que havia sido expulsa dos países árabes.

Ao voltar as costas para a paz e lançar a segunda *intifada*, em busca, talvez, de uma posição melhor para negociar, Arafat mostrou que jamais seria um estadista capaz de, se fosse o caso, fazer concessões menores em função do bem maior, seu Estado Palestino independente. Tomou uma posição absolutamente oposta à de Ben Gurion que, em 1947, aceitou o pequeno pedaço de terra oferecido aos judeus pela ONU na partilha da Palestina. Não importava a extensão, o importante era termos o nosso Estado.

---

[23] Tradicional lenço com o qual os árabes protegem a cabeça.

Critiquei a política externa do governo George W. Bush, que, ao invadir o Iraque em 2004, tornou a região mais instável, embora tenha eliminado o governo assassino de Saddam Hussein. Fiel à aversão à pena de morte, não concordei com a execução de Saddam — até porque ela piorou as coisas por lá.

Hoje sofro a cada ataque de qualquer um dos dois lados. Lamento cada morte, cada civil perdido por povos que precisam desesperadamente daquilo que têm de melhor: sua gente. Contudo judaísmo é otimismo. No Oriente Médio, muitas vezes as coisas não são nada do que parecem. A paz, que hoje pode parecer impossível, talvez surja amanhã, da noite para o dia. Como se surgisse do nada, mas tendo uma longa estrada subterrânea atrás de si. Esperamos cem gerações para reconquistar nosso Estado. Se não for para mim, a paz será para minha filha, meus netos ou bisnetos. Como se diz em árabe, *inshallah*, queira Deus.

16

Polêmicas com os ortodoxos

Nasci em um lar judaico ortodoxo e, apesar das grandes diferenças de interpretação da religião, como rabino liberal, nunca tive problemas com meus pais. Sempre respeitamos essas diferenças. No entanto, em todo esse tempo de trabalho no Brasil, estive envolvido em polêmicas e disputas — algumas delas duríssimas — com os ortodoxos.

Acho que, para que essas polêmicas sejam mais bem entendidas, é importante contar um pouco sobre as várias linhas filosóficas do judaísmo. Existem três grandes correntes: a ortodoxa, que se subdivide em "linhagens" familiares de rabinos famosos, com seus respectivos seguidores. Um dos ramos da ortodoxia é o movimento hassídico, que nasceu na Europa oriental no século XVIII, pregando um judaísmo menos elitista, mais popular e alegre. Muitos ortodoxos se vestem de preto, usam barbas e deixam crescer os cachos laterais dos cabelos (*peot*, em hebraico), repetindo os hábitos dos ancestrais. Nas congregações mais estritas, as mulheres raspam o cabelo e usam perucas cobertas por lenços, para não despertar o desejo de outros homens, que não seus maridos.

A segunda corrente inclui conservadores e liberais — curiosamente os dois termos definem uma orientação filosófica semelhante. Ela é majoritária nos Estados Unidos, na Europa e mesmo no Brasil. Mas, em Israel, o *establishment* religioso é controlado pelos ortodoxos. A CIP e eu somos liberais/conservadores.

Os reformistas, as congregações ultraliberais, com força principalmente nos Estados Unidos, formam a terceira grande corrente filosófica judaica.

Desde minha chegada ao país, mantive pouco contato com rabinos de outras correntes. Quando meu pai me visitava, de vez em quando eu o acompanhava a uma sinagoga ortodoxa. É bom lembrar que não existe uma hierarquia religiosa rígida no judaísmo. Em muitos países, como o Brasil, sequer há um rabino-chefe, e cada líder religioso trabalha de acordo com suas convicções.

Sempre expressei posições liberais. Por exemplo, desde os anos 1970 eu defendia o direito de homens e mulheres sentarem-se juntos na sinagoga da CIP (veja texto ao final). Os sócios mais tradicionalistas resistiam à mudança, que já era adotada nas sinagogas reformistas. Por que não? Não queremos trazer mais gente para a sinagoga? Porém, só nos últimos anos a minha própria congregação começou a admitir homens e mulheres sentando-se juntos nas cerimônias religiosas.

Também defendi a ordenação da primeira rabina do Brasil, Sandra Kochman, em 2003, o que os ortodoxos não admitiam. E a segunda rabina, Luciana Pajecki Lederman, esteve comigo em vários campos de estudos de férias na CIP. Ora, se a comunidade se preocupa com judeus que abandonam a religião, não pode esquecer mulheres que se afastam por conta de restrições que lhes são impostas.

Em 1980, um grupo de rabinos ortodoxos publicou, na mídia judaica, uma declaração afirmando que não oficiariam cerimônias religiosas —

bar e *bat-mitzvá*, casamentos... — se toda a comida servida nas recepções não fosse estritamente *kasher*[24]. Achei um absurdo e manifestei isso em entrevistas e artigos. Em minha casa, mantemos a *kashrut* e, na CIP, não é permitido servir comida que não seja *kasher*. Todavia uma coisa é respeitar a tradição e outra coisa, muito diferente, é impor a tradição.

Outro incidente, agora em Israel, aconteceria em 1990. Os rabinos religiosos resolveram tirar o rótulo de *kasher* de todos os alimentos produzidos por empresas que fizessem propagandas "obscenas". Claro que, em sua interpretação muito particular sobre o que é obscenidade, eles incluíam *outdoors* ou anúncios de TV com moças usando calças compridas e com os braços descobertos. Um novo lance de obscurantismo se manifestaria com a retirada do selo de *kasher* das garrafas de Pepsi e de Coca-Cola. Isso porque, segundo os chefes da ultra-ortodoxia, essas marcas patrocinam artistas como Michael Jackson, que colaboram para "perverter os jovens judeus". Ora, façam-me o favor... Questionado pela imprensa, manifestei claramente meu repúdio a esse tipo de posição. Um alimento é ou não *kasher* em razão de sua composição ou da forma de seu preparo. A classificação não pode ser determinada pelo humor do rabino de plantão diante de uma moça bonita em uma propaganda...

Não sei como ficou o assunto. O mercado das comunidades ortodoxas é importante nos Estados Unidos, em Israel e na Europa ocidental. Talvez, a Coca-Cola e a Pepsi-Cola tenham buscado algum tipo de composição, ao contrário do McDonald's, que jamais cedeu à pressão dos ortodoxos e abre suas portas aos sábados em Jerusalém. A marca, que em muitos países latino-americanos é vista como símbolo do "imperialismo ianque", em Israel se transformou em sinônimo de tolerância e liberdade de costumes. Isso porque, em Jerusalém, o *lobby* ortodoxo é para que nada — bares, restaurantes, cinemas, transporte público — funcione durante o *shabat*.

---

[24] Como já foi dito, *kasher* é qualquer produto apropriado ao consumo, isto é, que preenche todos os requisitos da dieta judaica.

Extremismo político

A partir do fim dos anos 1980, com o colapso do comunismo e o crescimento do fundamentalismo religioso de todas as cores, o que era o debate entre linhas diferentes de interpretação mudou de figura. Foi preciso, então, denunciar o extremismo religioso dentro do judaísmo como um instrumento perigoso de ação política. Em 1992, por exemplo, o rabino Eliezer Schach, um dos mais influentes no mundo ultra-ortodoxo de Israel, declarou que o Holocausto na Segunda Guerra "foi um castigo divino pela incipiente observância das leis judaicas".

A frase, um desrespeito absurdo para com milhões de vítimas de todos os credos, gerou enormes protestos em Israel e na Diáspora. Aqui na CIP, escrevemos artigos e cartas aos jornais, sempre mostrando a judeus e não-judeus os perigos desse tipo de extremismo.

Tempos depois, a história se repetiria. Ovadia Yossef, que foi rabino-chefe sefaradi de Israel e era o líder espiritual de um partido político importante, o Shas, afirmou: "Os milhões de judeus massacrados pelos nazistas eram pecadores que reencarnaram para expiar suas culpas". À época, Yossef e seu partido, bastante influentes entre os ortodoxos de origem sefardi, opunham-se às negociações de paz com os palestinos. Completando seu ideário extremista, Yossef exortou o governo de Israel a não negociar mais com os árabes, a quem chamou de "víboras".

Asneiras desse calibre, vindo de personagem de tamanho destaque no mundo religioso e na política, desencadearam uma avalanche de protestos. Aqui no Brasil, mais uma vez, fomos à mídia denunciar o extremismo. As direções da Fisesp e da Conib também externaram seus protestos, defendendo a paz entre Israel e o mundo árabe. E a paz entre os judeus. Ovadia Yossef fez um *mea-culpa* pela metade. Mas o radicalismo religioso judaico não desapareceu. Não podemos esquecer que foi um fanático messiânico, Igal Amir, que assassinou, em 1995, o primeiro-ministro de Israel, Itzhak Rabin, arquiteto do acordo de paz com os palestinos. O que me leva a crer que, talvez, também exista um ovo da serpente *kasher*.

Conversões

O tema das conversões ao judaísmo sempre foi muito sensível no relacionamento com as correntes ortodoxas. Em Israel, uma das prioridades do *lobby* e dos partidos políticos religiosos é garantir aos ortodoxos o monopólio das conversões. Você pode imaginar que isso representa uma enorme influência política no Estado judeu e, também, recursos ponderáveis, já que as conversões demandam cursos e outros procedimentos pagos.

Liberais e reformistas sempre travaram uma guerra sem quartel contra esse monopólio. E a CIP esteve no centro de um dos combates mais "quentes" dessa guerra. Em 1987, o brasileiro Cláudio Pinto Varela e sua esposa Júlia, que haviam se convertido ao judaísmo na Congregação, pediram que o Ministério do Interior de Israel os reconhecesse como judeus. E, assim, que o governo lhes estendesse os benefícios da Lei do Retorno, a cidadania imediata garantida a qualquer judeu que emigre para Israel. Cláudio e Júlia viviam no *kibutz*[25] Mishmar Haneguev, em pleno Deserto do Neguev.

O problema é que o ministro de plantão, um ortodoxo, se recusou a carimbar a cidadania dos dois, alegando que eles haviam se convertido em uma congregação liberal... Isso provocou um incidente internacional. Havia mais um problema: a conversão fora feita pelo rabino Marcelo Rittner, que deixou a CIP em 1985. E não existia aqui nenhum documento confirmando o ato.

Nossa posição foi clara: caso houvesse confirmação de que as duas conversões haviam sido feitas, o governo de Israel deveria aceitá-las imediatamente. Houve uma intensa polêmica na imprensa, nos meios religiosos, políticos e jurídicos de Israel, dos Estados Unidos e do Brasil. Os ortodoxos usaram toda a sua força de pressão — quer dizer, seus votos

---

[25] Fazenda coletiva de inspiração socialista. Foi uma das principais formas de colonização judaica na Palestina a partir do fim do século XIX.

no Knesset, o Parlamento de Israel. Mas, no fim das contas, o casal acabou vencendo e sua conversão foi reconhecida.

Anos depois, a Suprema Corte israelense decidiu que o Estado aceitaria conversões feitas por rabinos de todas as correntes.

Intolerância internacional

Um dos momentos mais tensos em meu relacionamento com as correntes ortodoxas aconteceu em novembro de 1985, quando realizamos, em São Paulo, a 1.ª Conferência Panamericana de Relações Católico-Judaicas, uma promoção conjunta da CNBB e do American Jewish Committee (AJC).

O evento trouxe milhares de pessoas ao teatro do clube "A Hebraica". Participaram, entre muitas outras lideranças, o presidente da CNBB, D. Ivo Lorscheider, o presidente do Comitê Episcopal Latino-americano (Celam), monsenhor Antonio Quarracino, o secretário da Comissão do Vaticano para as Relações com os Judeus, monsenhor Jorge Mejía, o rabino Marc Tanembaum, dirigente do AJC, e o então governador de São Paulo, Franco Montoro.

Uma das grandes estrelas convidadas era o cardeal-arcebispo de Paris, Jean-Marie Lustiger. A história desse homem é singular. Ele nasceu em uma família judia francesa, chegou a ser internado por oito meses no campo de extermínio de Auschwitz, durante a Segunda Guerra Mundial, mas sobreviveu. Foi adotado por uma família católica e, adolescente, decidiu converter-se ao catolicismo e seguiu vida religiosa. Em razão de sua própria trajetória, transformou-se em ponto de intersecção entre o cristianismo e o judaísmo na Europa.

Acontece que, para os religiosos, em especial do movimento Beit Chabad[26], partilhar um evento com Lustiger era demais. Eles o

---

[26] O Beit Chabad-Lubavich é uma das mais importantes — e agressivas — linhagens do judaísmo ortodoxo.

consideravam um traidor do judaísmo e decidiram boicotar o encontro. Muito mais grave, conseguiram pressionar dirigentes comunitários de destaque a também não comparecer. Isso gerou uma situação esdrúxula: alguns dos dirigentes comunitários de maior destaque não apareceram em um dos eventos mais importantes da história do judaísmo no Brasil. Mais estranha ainda foi a ausência do presidente da Hebraica em um encontro que se realizava em sua própria sala de estar...

Exceções honrosas foram o então presidente da CIP, Hans Herzberg, e o rabino Fritz Pinkuss, que participaram de toda a conferência.

A declaração final do encontro foi memorável. Entre as resoluções, destacavam-se:

- Continuar colocando a Igreja e a Sinagoga — as comunidades católica e judaica — como centros irradiadores da preservação e da consagração definitiva dos direitos humanos universais, louvando sua prática e denunciando sua violação.
- Reafirmar o sagrado princípio da liberdade religiosa, que assegura a todos o direito de fazer, em consciência sincera, de sua opção religiosa o princípio de sua identidade cultural, sem coação da parte de instância alguma, seja estatal, seja particular.
- Reconhecer que o sionismo — como expressão de eterno anseio de libertação do povo judeu e de seu retorno a Sion, terra de suas origens — não está eivado de despotismo ou racismo, mas é, sim, força motivadora da sobrevivência do povo judeu.

Como se vê, uma aula de tolerância. Enquanto isso, nossos "patrícios" ortodoxos protagonizavam um *show* de obscurantismo...

A Torá de Gorbachev

Outra iniciativa da CIP que irritou os ortodoxos foi a decisão, em 1992, de presentear Mikhail Gorbachev, o último presidente da extinta União Soviética, com um rolo da Torá. Era um reconhecimento pelo papel de

Gorbachev na eliminação da Guerra Fria, na democratização do Leste Europeu e na garantia, a milhões de judeus soviéticos, de emigrarem e de exercerem livremente sua religião.

Os rabinos ortodoxos não gostaram nada da idéia. Dar um rolo da Torá, nosso livro sagrado, a um *gói*[27]? Pelo sim pelo não, fiz uma pequena pesquisa e me dei conta de que comunidades judaicas de vários países haviam prestado homenagens semelhantes a líderes não-judeus. Nos Estados Unidos, os presidentes Harry Truman, John Kennedy e Jimmy Carter não haviam recebido sua Torá? Se eles podiam, Gorbachev também.

Expus ao projeto a Benno Milnitzky, que ocupava a Presidência do Congresso Judaico Latino-americano (CJLA). Benno aprovou a idéia. Aproveitaríamos um "giro" de Gorbachev, que estava fazendo palestras em diversos países da região.

Havia um problema a mais: onde achar uma Torá. O processo de escrever nossos livros sagrados é muito complexo, obra de escribas especializados. Leva anos e é todo feito à mão.

Eu não sabia bem como resolver o problema e procurei o único escriba que conhecia. Ele pensou, coçou a cabeça e disse:

— Sabe de uma coisa? Eu tenho um rolo da Torá que não vem sendo usado...

Era o sinal de que eu precisava. O escriba nos cedeu o rolo e em dezembro de 1992, em nome do CJLA, orgulhosos, eu e Benno, entregávamos a Gorbachev um livro da Torá. "Presidente, estamos lhe confiando o mais precioso símbolo de nossa fé", disse. E lá foi Gorbachev, levando uma Torá para Moscou.

Iara Iavelberg

No início de 2000, fui procurado por Samuel Iavelberg, fotógrafo e ex-militante da resistência armada contra o regime militar. Ele e a família

---

[27] Gentio, não-judeu. O termo é depreciativo.

tentavam obter a exumação do corpo da irmã, Iara Iavelberg*, dirigente de esquerda e companheira do capitão Carlos Lamarca, um dos principais líderes da guerrilha no Brasil. Iara morreu na Bahia em 1971. A versão oficial era de suicídio durante um cerco da polícia.

A família pleiteava a exumação para comprovar versões de que ela havia sido executada por soldados e, assim, conseguir uma indenização do Estado.

Procurei a Chevra Kadisha, a Sociedade Cemitério de São Paulo, e pedi que aceitassem a exumação. O caixão de Iara foi entregue lacrado, não houve os cuidados rituais com o corpo e ela terminou sendo enterrada como suicida, de costas para os outros mortos, no Cemitério do Butantã, em São Paulo.

A direção ortodoxa da Chevra Kadisha não aceitou, argumentando que a religião judaica proíbe a exumação. A versão era absurda porque, primeiro, todo o procedimento do enterro foi irregular e, segundo, o judaísmo deixa claro que, acima de qualquer norma ou formalidade, está a vida. E, nesse caso, tratava-se de resgatar uma parte da vida de Iara, que havia sido apagada da história pelos militares.

Porém não houve jeito: a direção da Chevra Kadisha não cedia. Recorremos, então, ao advogado Luiz Eduardo Greenhalgh, antigo defensor de presos políticos, que pediu à Justiça uma liminar autorizando a exumação. A liminar foi concedida em 2004. Mesmo assim, a Chevra Kadisha fez de tudo para ganhar tempo e tentar cassar a medida judicial. No dia marcado, seus dirigentes disseram que não havia rabino disponível, que era um feriado judaico... Um repórter da TV Globo flagrou um funcionário passando um fax à Justiça, com o pedido de cassação da liminar, e colocou a imagem no ar. Greenhalgh ameaçou chamar a polícia. E a exumação, finalmente, foi feita.

A família recebeu a indenização. Samuel doou sua parte, cerca de R$ 40 mil, às obras do padre Júlio Lancelotti, que trabalhava com menores carentes na periferia paulistana. Oficiei o novo enterro dos restos de Iara do jeito que deve ser. A família ganhou a paz, e os restos mortais de Iara recebeu o respeito que ela merecia. Em todos esses anos de Brasil, foi um dos momentos em que me senti mais "rabino", mais cumpridor de minhas funções, de cuidar das pessoas da comunidade.

Marcelo Fromer

O enterro do músico Marcelo Fromer, da banda *Titãs*, foi outro caso envolvendo a prática religiosa judaica no momento da morte que gerou enorme polêmica. Fromer foi atropelado por um *motoboy* e morreu em junho de 2001. Sua família, afastada da religião, quis que o enterro se realizasse no Cemitério da Paz, que não é judaico.

Decisão de família não se discute. O problema é que se espalhou uma versão de que eu e a CIP havíamos vetado o enterro no cemitério judaico porque Fromer doou todos os seus órgãos. Eu e o responsável pela Chevra Kadisha da CIP, Sérgio Cernea, fomos ao enterro. Primeiro para prestar nossa solidariedade à família. Também para esclarecer que, outra vez, a prioridade, para o judaísmo, é a vida. E que não há nenhuma restrição à doação imediata de órgãos, uma vez que se tratava de salvar vidas. A família então confirmou que havia optado pelo Cemitério da Paz.

Jovens intolerantes

Aqui no Brasil, a CIP tem sido, há muitos anos, vítima da intolerância do *establishment* religioso, apesar de contar com diversas famílias ortodoxas entre seus associados. Muitos rabinos radicais simplesmente se recusam a entrar na sinagoga da Congregação, alegando que ela não é suficientemente *kasher*... Um dos mais conhecidos rabinos do Beit Chabad, por exemplo, só interrompeu um longo período de ausência para fazer uma visitinha à CIP em 1993, pedindo punições por minha entrevista à revista *Playboy*... um tema sobre o qual falaremos logo mais.

A intolerância assume contornos ainda mais perigosos quando sai do mundo dos adultos para contaminar a juventude. Em dezembro de 2003, quando toda São Paulo ainda estava abalada pelo frio assassinato de Liana Friedembach e Felipe Caffé (veja capítulo 26), a direção da Chazit Hanoar, o movimento juvenil da CIP, enviou carta de protesto ao Bnei Akiva, outra entidade juvenil ligada aos ortodoxos. Isso porque os religiosos se recusavam a participar de um ato em homenagem aos dois jovens. O motivo? A mãe de Liana havia se convertido ao judaísmo na CIP. Portanto não era uma conversão suficientemente *kasher*...

O rebe

Depois de narrar todas essas polêmicas, pode parecer que me oponho de forma bastante radical aos ortodoxos. Nada disso. Reconheço, por exemplo, a importância do Beit Chabad — uma das mais ativas linhagens da ortodoxia judaica, com forte componente messiânico e proselitista — em sua luta por trazer de volta judeus afastados da religião. Ou de levar o judaísmo a comunidades que haviam se desgarrado. Isso aconteceu até mesmo no Brasil, onde eles estiveram à frente da criação de núcleos em regiões em que havia um número pequeno de judeus — no Ceará ou no interior de São Paulo.

Também admiro a mensagem simples e mística que eles transmitem, de forma quase ingênua, capaz de reforçar a ligação direta entre os homens e Deus, a exemplo do que faziam seus patriarcas, os *hassidim* da Europa oriental do século XVIII.

Meus pais tinham um temperamento e um dia-a-dia impregnado de fervor e alegria hassídica. Convivi com judeus ortodoxos com "J" maiúsculo, como Elie Wiesel, fazendo toda a minha formação religiosa inicial em uma pequena casa de oração da Rua 101, em Nova York.

Mas isso tudo é muito diferente de extremismo religioso. E há ortodoxos que conhecem muito bem as diferenças. Um deles era ninguém menos que Menachem Mendel Schneerson*, líder do Beit Chabad. Creio que o *rebe*, rabino em *idish*, como ele era conhecido, tinha posições muito menos radicais que as de seus seguidores. Alguns deles ultrapassaram os limites da própria ortodoxia judaica, declarando, após a morte de Schneerson, que ele era o verdadeiro Messias...

Conheci o *rebe* em Nova York, onde ele vivia no início dos anos 1980. Os médicos haviam diagnosticado um melanoma muito agressivo em minha mãe. Eu e meu pai percorremos os principais hospitais, falamos com dezenas de médicos e o prognóstico era sempre o pior. Com Bella já internada no Hospital da New York University e a impotência tomando conta de nós, decidimos procurar o *rebe*.

Solicitei uma audiência a ele por meio de um rabino ortodoxo que trabalhava no Congresso Judaico Mundial. Schneerson aceitou nos receber em janeiro de 1982. Pedi a meu pai que fosse comigo de metrô. Em sua casa do Brooklyn esperamos uns dez minutos, e ele nos atendeu com uma ficha completa sobre mim na mente. Sabia quem eu era, conhecia minhas posições, as polêmicas de que participara e, mesmo assim, nos recebia com enorme grandeza.

Disse a ele que não estava ali em busca de uma bênção para minha mãe, já que não podíamos desafiar a natureza e os fatos estavam consumados. Queria apenas um conselho. Schneerson era um sábio: teve início, então, uma aula de mística e sabedoria.

O *rebe*, que não sabia dos detalhes da doença de minha mãe, recomendou que lêssemos uma matéria publicada no mês anterior, no *New England Journal of Medicine*, sobre melanoma. E que levássemos a revista aos médicos. Falou tudo isso sem nenhuma preparação prévia...

Schneerson sempre terminava suas audiências dando ao convidado alguns dólares; pedia que o dinheiro fosse entregue a alguém em dificuldades, como sinal de uma mitzvá, uma boa ação. Ele deu a meu pai dezoito dólares. Na numerologia judaica, o número 18 é representado pelas letras que formam a palavra *chai*, vida em hebraico.

Saímos de lá flutuando nas nuvens. Eu estava muito fragilizado por conta da doença de minha mãe e a bondade nos olhos daquele homem me tocou profundamente. Isso era *idishkeit*, um jeito judaico de ser. Isso era *menchlishkeit*, um jeito de "ser gente". Isso não tinha nada que ver com radicalismo religioso.

Polêmicas com os ortodoxos

17

Judaísmo liberal

UMA VEZ QUE NOS REFERIMOS A CONFRONTOS COM O JUDAÍSMO ORTODOXO, reúno neste capítulo algumas posições da corrente liberal (e uma ou outra convicção pessoal) a respeito de temas polêmicos, de maneira que o leitor possa se situar melhor.

Deus

Ele é real. Podemos estar com Deus ou contra Deus, mas jamais sem Deus. Confesso que, em tantos anos como rabino, fui mudando meu conceito sobre Deus. Antes eu acreditava que ele era onipotente e onipresente. Hoje acho que nem sempre ele é onipotente: é só olhar ao redor e ver as vítimas da violência, do ódio racial, das doenças... Creio que meu conceito atual sobre Deus é mais realista e, por isso, consigo viver melhor com ele nas horas de questionamento.

Messianismo

O judaísmo liberal mantêm a fé tradicional em uma redenção futura, porém não sob a forma de um mensageiro de Deus. Esperamos o advento de uma era messiânica, na qual reinarão a justiça, a fraternidade e a paz, e todos os homens viverão segundo os ensinamentos de Deus. Neste dia será concretizada a profecia de Zacarias, a esperança de monoteísmo para toda a humanidade: "O Eterno será Rei em toda a Terra; Deus será Um e o Seu nome único". Tanto sob o ponto de vista ortodoxo como na opinião liberal, o judaísmo não reconhece que o Messias já tenha vindo. Simplesmente porque as profecias messiânicas nas quais depositamos nossas esperanças não foram cumpridas. A opressão não terminou, a guerra não acabou, o ódio não cessou, a miséria não findou. E, acima de tudo, a tão esperada regeneração espiritual da humanidade certamente não ocorreu.

Jesus Cristo

Jesus foi uma grande personalidade. Ele tinha suas raízes na tradição judaica e muitos dos seus ensinamentos éticos eram de origem judaica. O Deus do amor, que ele pregou com tanta eloqüência, já era reconhecido e aceito oitocentos anos antes pelo profeta Oséias. O espírito de liderança de Jesus, sua erudição, sua piedade eram qualidades altamente valorizadas pelos judeus de sua época e pelos judeus de hoje também. Ele morreu subindo, por assim dizer; não desceu das alturas, mas ascendeu, como todos os mortais em busca de uma causa. Jesus era um homem, não um deus. E, como homem, era falível. Somos todos filhos de Deus. E como Deus nos criou todos iguais, nenhum homem pode ser um intermediário entre Deus e os outros homens.

Conversão

Invariavelmente, desencorajo. Primeiro porque o judaísmo, por tradição, não é proselitista. Depois, por que mudar de religião se todas as religiões são iguais? Ser aquilo que a gente não é... A maioria dos casos de conversões têm que ver com casamentos. Mesmo isto acontecendo sem aquela convicção que a gente gostaria de ter, aceito em 90% das vezes. Prefiro ganhar um do que perder dois. E se eu recusar a conversão, o que é que nós ganhamos como comunidade judaica?

Contudo às vezes uma pessoa quer mesmo ser judia, está procurando sua identidade dentro do judaísmo. Aí acho válido abrir uma porta para alguém assim, que tem realmente um interesse legítimo e transparente. Quanto à conversão de um judeu para outras religiões, recebo algumas consultas. Digo sempre que, de acordo com as leis judaicas, uma vez judeu, sempre judeu — a gente é aquilo que a gente é. Se uma pessoa nasceu de mãe judia ou é descendente de um convertido, é judeu para o resto da vida. Nesses casos de conversão para outras religiões, faço tudo o que está ao meu alcance para trazer a pessoa de volta. Isso aconteceu algumas vezes ao longo de 37 anos no Brasil.

Assimilação

Muita gente acredita que a assimilação dos judeus nas sociedades democráticas é inevitável. Nos Estados Unidos, na França ou mesmo no Brasil, mais de 50% dos casamentos que envolvem judeus são mistos. Considero que a maior convivência com outras comunidades em um país democrático abre espaço para a assimilação, claro. No entanto ela não é inevitável. Depende de nossa capacidade de *follow up*, de trabalhar melhor uma educação judaica de qualidade e manter Israel como uma grande referência. Precisamos ser capazes de preservar o judaísmo como parte constitutiva da democracia e não "apesar" da democracia.

Proselitismo religioso

Com tanto trabalho à nossa frente, devemos ter prioridades claras. Não sobra tempo nem energia para converter outros ao judaísmo. Devemos converter os nossos judeus ao judaísmo...

Morte

O judaísmo não insiste em uma doutrina específica de céu e inferno. A vida após a morte está além do alcance de nosso conhecimento. Embora afirmemos nossa crença na imortalidade, não consideramos seu alcance como o mais alto objetivo da religião. Nossa prioridade máxima é a vida, aqui e agora, em obediência à lei moral, à justiça social e à ética universal.

Na verdade, esta é a essência da nossa oração do *kadish*[28], a santificação da vida na presença da morte. O enlutado não deve disfarçar o fato de que seu ente querido está morto, mas deve encarar de forma realista a inevitabilidade da morte. E, mais ainda, transformá-la em uma mensagem da vida, a perpetuação da lembrança sendo uma inspiração para a vida.

Eutanásia

Comumente fazemos uma distinção entre eutanásia ativa e passiva. A eutanásia ativa consiste em administrar uma droga para antecipar a morte. Na eutanásia passiva, a morte é apressada pela interrupção do tratamento. O judaísmo proíbe categoricamente a eutanásia ativa, pois ela é vista como um verdadeiro assassinato. Quanto à eutanásia passiva, embora ela não seja livremente permitida, também não é de todo condenada. O judaísmo afirma incondicionalmente a santidade da vida; entretanto quando a vida se torna vegetativa, essa "santidade" pode ser

---

[28] A oração dos enlutados.

questionada. Quando um sofrimento inútil é prolongado, a eutanásia passiva é legalmente viável, ainda que moralmente restrita.

Exorcismo

Encontram-se na literatura judaica algumas referências aos "maus espíritos", porém não como seres independentes, mas, sim, sob o controle de Deus. São agentes divinos que contrabalançam os anjos, conscientizando o homem do Bem e do Mal, e incentivando-o a optar pelo Bem. No folclore e na crença popular judaica existem espíritos maus, chamados *dibukim*, que se instalam dentro do ser humano, aderem à sua alma e falam por sua boca. A literatura cabalística contém muitas histórias sobre o exorcismo desses *dibukim*, incluindo instruções detalhadas sobre o procedimento de expulsão dos maus espíritos.

Sexo

O judaísmo reconhece o sexo como essencial e legítimo. Uma vez que Deus criou o homem e a mulher com todos os seus instintos, o sexo também é uma expressão de divindade. E como uma manifestação natural, orgânica, inerente à natureza humana, ele não deve ser exageradamente glorificado nem denegrido. Todavia o judaísmo valoriza a sexualidade humana somente quando o relacionamento envolve duas pessoas que se comprometeram mutuamente. O ato sexual não é somente uma declaração de amor no presente; ele é um compromisso eterno. Em termos ideais, o sexo é santificado pelo casamento, que confere responsabilidade ao amor e lhe confere um caráter permanente.

Sexualidade na adolescência

Quando converso com adolescentes sobre sexo antes do casamento, ressalto que eles não devem cometer erros dos quais se arrependerão por toda a vida. Digo a eles: "Se vocês decidirem ter um relacionamento sexual, quero que saibam tudo sobre a contracepção. Isso não quer dizer que eu esteja recomendando a vocês terem um relacionamento sexual".

Homossexualismo

A Bíblia proíbe as relações homossexuais. Porém precisamos fazer uma nítida distinção entre o ato homossexual e o homossexual como ser humano. O homossexual, como ser humano, tem que ser aceito, sem que sua homossexualidade seja condenada ou punida. Mas o fato de acolhermos abertamente os homossexuais não significa que devemos renunciar às nossas normas tradicionais ou abandonar o ideal judaico de heterossexualidade. O desafio é como integrar o homossexual e não como aliená-lo.

Acho simplesmente deplorável a criação de sinagogas separadas para os homossexuais, justamente por eles não serem aceitos nas instituições religiosas existentes. O dever da religião em geral e do judaísmo em particular é atender àqueles que se sentem deslocados, fazendo com que eles se sintam parte da sociedade. Só assim podem ser geradas maior estabilidade, empatia e confiança.

Casamentos homossexuais entre judeus

O que as pessoas fazem dentro dos seus lares não é da conta de ninguém. Isso vale para as uniões homossexuais. Contudo, oficializar com um ato religioso a união homossexual é infringir os preceitos do judaísmo. Aceitamos relacionamentos entre pessoas do mesmo sexo, mas a lei judaica não permite que eles sejam chancelados pelo casamento.

Aborto

A *halachá*, a lei religiosa, afirma explicitamente que o feto não é um ser viável e independente enquanto se encontra no ventre materno, já que ele não pode ser mantido vivo fora de seu abrigo natural. Mas ele é uma vida em potencial e, como tal, não pode ser levianamente eliminado. Obviamente o que é apenas potencial deve ser sacrificado, quando necessário, para salvar o que é efetivo. No entanto, quando não existe este perigo, a vida em potencial também tem que ser resguardada.

Embora a lei judaica não proíba o aborto, já que não o considera um assassinato, o espírito do judaísmo, que sustenta o respeito pela vida e o horror à violência e ao derramamento de sangue, não pode sancionar uma prática que ameaça o valor mais sagrado da nossa tradição, o sentido de santidade da vida.

O menor dos males, a meu ver, é adotar uma legislação basicamente liberal e, ao mesmo tempo, conscientizar a sociedade dos sérios problemas éticos envolvidos. Ou seja, o aborto deve ser legalmente viável, porém moralmente restrito.

Preservativo

Embora a lei judaica proíba o uso de preservativos, existe um princípio básico no judaísmo: qualquer lei pode ser revogada quando se trata de salvar uma vida humana. Nesse contexto, é imprescindível o uso de preservativo para impedir a propagação da Aids e de outras doenças. Contudo precisamos, também, conscientizar a sociedade de que a relação sexual se engrandece no contexto do amor. O sexo apenas pelo sexo em si é vazio. Tão importante quanto o preservativo é a fidelidade do parceiro.

Ecologia

As inúmeras injunções bíblicas e talmúdicas referentes à flora dão idéia da sensibilidade ecológica que Deus, o "dono da casa", espera de nós. É o caso do trecho: "Se estiveres plantando uma oliveira e te anunciarem a vinda do Messias, termina primeiro de plantar a oliveira e só depois vai recebê-lo", ensinava o rabi Yohanan Ben Zakai. Um comentário no

Midrash, a literatura rabínica pós-Talmud, nos proíbe até de habitar uma cidade que não tenha jardins e árvores. Nossa Torá é chamada de *Etz Chaim*, a árvore da vida.

Em vista de tão arraigado amor e respeito à flora como parte da criação divina, não é de se estranhar que a tradição judaica tenha designado um dia especial, o 15.º dia do mês hebraico de Shevat, como o Ano-Novo das Árvores. Dizem os rabinos que, nesse dia, as árvores são julgadas e seu destino é determinado (assim como Deus julga os homens no *Yom Kipur*): quais viverão e quais não viverão, quais florescerão e quais murcharão, quais serão destruídas pelos vendavais e quais resistirão a todas as tempestades.

Israel

É o centro mundial da vida judaica, o lar espiritual do povo judeu. Porém o Estado de Israel não deve ser confundido com o governo de Israel. Governos vêm e vão. Israel permanece. E, se Deus quiser, permanecerá para sempre.

Palestinos

São um povo injustiçado, que ainda não teve a chance da autodeterminação que outros tiveram. Merecem viver em paz, em seu território, com todos os seus vizinhos. Assim como Israel.

Direitos humanos

Nenhuma causa é tão válida que justifique a violação dos direitos fundamentais do homem. Para assegurar a própria sobrevivência do judaísmo e cumprir nosso destino de ser "uma luz para todos os povos", é essencial que retomemos nossa tradição histórica de liderar a luta pelos direitos humanos, ou seja, pela justiça social e pela igualdade de todos os homens. Nossa dedicação à causa dos direitos humanos não conhece fronteiras geográficas nem distinções de raça, cor ou credo. É nosso dever estar ao lado dos favelados no Brasil, dos refugiados africanos, dos judeus no Irã. Onde quer que haja opressão, discriminação, injustiça, perseguição, nós, como judeus, temos a obrigação de erguer nossa voz em protesto. Nosso compromisso é universal: advogar a justiça social para todos, eliminar a intolerância racial e religiosa no mundo inteiro e garantir as liberdades e os direitos de toda a humanidade.

Judeus

São o único povo que eu tenho. Um povo difícil, contestador, o que, de outra parte, também é muito estimulante. Talvez às vezes sejam um povo difícil porque são o meu povo...

Brasil

Nosso país é um país único, cuja gente tem uma tolerância também única. Aqui estamos desde a chegada dos portugueses, sempre em busca de liberdade. Exceto em determinados momentos históricos, como durante a Inquisição e no período da Segunda Guerra, quando houve restrições à imigração, o Brasil tem sido um exemplo de liberdade religiosa e convivência fraterna.

18

Chiques e não-famosos

OFICIAR OU COMPARECER ÀS CERIMÔNIAS DE BRIT-MILÁ[29], BAR E BAT-MITZVÁ, casamento, funeral e *matzeivá*[30] — que conformam o ciclo da vida judaica — são parte importante do cotidiano de um rabino. Comigo, claro, não é diferente.

Não tenho registros precisos, mas creio que fiz uns dois mil casamentos e mais de três mil *bnot* e *bnei-mitzvá*[31]. Uma de minhas maiores alegrias,

---

[29] A circuncisão dos judeus recém-nascidos, feita aos oito dias de vida. É, conforme a Bíblia, o sinal da aliança entre Deus e seu povo.

[30] Cerimônia de inauguração do túmulo. Ocorre costumeiramente um ano após a morte.

[31] Plural de *bat* e *bar-mitzvá*, respectivamente.

que, felizmente, acontece com freqüência é ser parado nas ruas por um casal, às vezes com seus filhos e netos, que me diz: "Rabino, puxa vida, o senhor oficiou nosso casamento há 10, 20 ou 30 anos...". Não era mais do que a minha obrigação profissional, mas é gostoso saber que tive condições de fazer alguma diferença na vida dessas pessoas.

Em quatro décadas de trabalho no Brasil, pude participar de muitos casamentos de personagens famosos e também de pessoas muito simples, mas que me deixaram lembranças muito fortes.

Um casamento lindíssimo foi o dos apresentadores de TV Luciano Huck e Angélica, em 2004. A família de Luciano é tradicional na comunidade judaica de São Paulo. Ele é filho de Hermes Marcelo, um advogado muito conhecido. O casal insistiu muito para que eu oficiasse a cerimônia. Senti bastante por não poder fazê-lo. Angélica não é judia e minha formação impede que eu faça um casamento misto sem que a noiva tenha se convertido.

Todavia, o convite de Luciano e Angélica foi uma honra, e viajei ao Rio de Janeiro com Amanda para a cerimônia. O casal, muito gentil, despachou um jatinho para nos apanhar. Fiz uma bênção para o casal e fiquei muito impressionado com a lista de convidados. Havia gente famosíssima: o ministro da Cultura Gilberto Gil, Abílio Diniz, presidente da rede Pão de Açúcar, a modelo norte-americana Naomi Campbell... Mas também estavam lá dezenas de funcionários da Rede Globo, de todos os níveis, muita gente simples que Luciano e Angélica conheceram ao longo da vida. Todos foram tratados com a mesma fineza que os chiques e famosos. Foi um exemplo de dignidade.

Ainda estive, como convidado, no casamento de Theresa Collor, ex-cunhada do presidente Fernando Collor de Mello, com o empresário Gustavo Halbreich, um grande amigo. Outro casamento misto que não pude oficiar e, então, fiz uma bênção aos noivos. A família de Gustavo vive bem perto da minha casa e sempre admirei muito a forma como ele cultivava o respeito aos pais. Para mim isso é um medidor importante do caráter de uma pessoa. Theresa, a noiva, estava linda. Não deixei de comentar que uma noiva tão bonita ajuda na inspiração do rabino...

O casamento do publicitário Roberto Justus e da modelo Ticiane Pinheiro, filha da garota de Ipanema Helô Pinheiro, em 2006, também teve momentos de bom humor. Era o quinto casamento de Justus... não pude oficiar a cerimônia e, em minha bênção, fiz uma referência a essa "poligamia seqüencial" do publicitário e lhe dei parabéns. Afinal, são poucos os que insistem tanto em acreditar na instituição do matrimônio.

Outro casamento misto de que participei em 2003 foi o da então prefeita de São Paulo, Marta Suplicy, e de Luís Favre, "nome de guerra" dos tempos de militância clandestina de Filipe Wermus. Ele, judeu.

Eduardo Suplicy, senador e ex-marido de Marta, homem elegante, compareceu à festa fora de São Paulo. A segurança era enorme, por conta da presença do presidente Luiz Inácio Lula da Silva. Recitei uma bênção para o casal. Ao final da cerimônia, a noiva se aproximou e me disse baixinho, em tom de cumplicidade: "Rabino, dessa vez encontrei o judeu da minha vida...".

Foram momentos de muita alegria em minha carreira. Mas não esqueço de um casamento que aconteceu em uma hora muito difícil: o do maestro John Neschling, titular da Sinfônica do Estado de São Paulo, com Patrícia. O casamento estava marcado para março de 2007, poucos dias depois de minha volta da Flórida. E menos de uma semana após ser tomada a famosa foto de um rabino assustado, sem óculos, em uma delegacia, acusado de furtar quatro gravatas...

Nesse caso, Patrícia converteu-se ao judaísmo. Uma conversão muito positiva, porque não era baseada apenas na vontade da noiva de satisfazer seu escolhido. Desestimulei a conversão, de acordo com a tradição não-proselitista do judaísmo. Todavia, Patrícia abraçou a nova religião com entusiasmo. Estudou muito, sempre com o incentivo de John. E durante três anos o casal não faltou a nenhuma cerimônia de shabat na CIP — nem às Grandes Festas.

Mesmo perturbado, ainda sob efeito da medicação pesada que tomara sem orientação médica, telefonei a John e disse o que havia acontecido.

Chiques e não-famosos

— Entendo perfeitamente se vocês pedirem a outro rabino que oficie a cerimônia.

— De jeito nenhum. Escolhemos o rabino Sobel e, em qualquer circunstância, ele é quem vai fazer nosso casamento.

A confusão causada pelo incidente e a saúde abalada não impediram que eu estivesse, mais essa vez, à frente da arca da Torá, na sinagoga da CIP. Foi minha primeira aparição em público depois de nove dias de internação no hospital, e os noivos, seus padrinhos e convidados receberam-me com muito carinho. Gestos como esse a gente não esquece.

Como também não posso esquecer um casamento simples, muito bonito, que oficiei ainda nos anos 1980. No dia seguinte à cerimônia, o pai da noiva batia à porta da minha sala com uma caixa enorme. Levei um susto.

— Rabino, aqui está o vestido que minha filha usou ontem. Por favor, fique com ele e dê a uma noiva necessitada.

Na mesma tarde fui para o Lar das Crianças da CIP e pedi ao responsável, Peter Widman, que entregasse o vestido à primeira jovem de lá que se casasse. Alguns meses depois, tive a felicidade de fazer o casamento de uma jovem muito humilde que havia encontrado abrigo no Lar. O que ela vestia? Não é difícil imaginar. Pensei comigo: "Isso é *idishkait*[32]; essa é a essência comunitária do judaísmo que herdamos de nossos pais".

Não aconteceu em uma sinagoga, mas, sim, em uma igreja um dos casamentos mais emocionantes de que participei entre os assistentes. Os protagonistas? Maria, a querida Maria que zela com tanto cuidado por nossa família, e João Paulo, seu eleito. Ao final, Maria, que chorou o tempo inteiro — nunca vi coisa igual —, disse que foi uma honra contar com a presença da família Sobel no casamento. Honra para ela? Foi uma enorme honra para nós três!

---

[32] Algo como "judaíce", indicando um jeito judaico de ser.

Mesmo quando se trata de casamento, nem tudo é felicidade. Em quase quarenta anos de trabalho, também sofri com uniões desfeitas duas ou três semanas antes da cerimônia. Noivas que se convenciam de que aquele não seria o homem certo para dividir sua vida para sempre, brigas entre os pais por conta de dinheiro, enfim, problemas do cotidiano de toda a humanidade. E de todas as religiões.

Em 1982, oficiei um casamento — um momento de muita alegria — com enorme tristeza no coração. Era um sábado e, no final da tarde, recebi a notícia da morte de minha mãe. A maior *mitzvá* para um judeu — dizem nossos sábios — é fazer outros judeus felizes. Arrasado com a morte da minha mãe, fiz mentalmente um tributo a ela enquanto abençoava aquele casal radiante às 20h30. Duas horas depois embarcava para Nova York. Cheguei a tempo de assistir ao enterro. Quando meu pai morreu, 24 anos depois, no sul da França, graças a Deus também consegui chegar vinte minutos antes do enterro para lhe dar o último beijo.

Guetim

Sempre fiz de tudo para evitar oficiar *guetim*, ou seja, divórcios. A prática é permitida pela lei judaica, mas envolve inúmeros detalhes. E a responsabilidade de selar o fim de uma união é muito grande. Na tradição do judaísmo, ao final do processo do *guet*, o marido declara que a mulher está livre para tocar adiante sua vida. O rabino, então, rasga a *ketubá*, o contrato de matrimônio, simbolizando a separação do casal. É uma cerimônia muito forte.

Em 37 anos de trabalho, realizei, talvez, uns 15 guetim. O caso mais tocante foi o de uma mulher que lutava para conseguir a autorização do marido — condição essencial do divórcio judaico. Acontece que o homem não cedia; pedia dinheiro — e muito — para conceder o *guet*. A mulher lutou durante uns três ou quatro anos; chegou a pensar em mudar-se para o Rio de Janeiro com a filha do casal, aceitando um emprego que pagasse melhor, de maneira que conseguisse o dinheiro que o marido exigia.

Chiques e não-famosos

Disse que não admitiria essa situação. Falei com o sujeito várias vezes, contudo ele insistia na chantagem. Fizemos, então, muitas pressões, de vários lados, até que o homem aceitou.

No final da cerimônia, a mulher abraçou-me e disse: "Até agora eu não sabia o quanto era importante ser livre...".

A última homenagem

É um dever de todo rabino dar o melhor de si para consolar a família durante as últimas homenagens a um parente morto. Oficiei, claro, centenas, talvez milhares de enterros e *matzeivot*, cerimônias de inauguração do túmulo. Foi com enorme honra que recebi da família o convite para fazer a última saudação a Leon Feffer* em 1999. Empresário de destaque, cônsul honorário de Israel no Brasil e benemérito (contribuiu sempre com entidades judaicas e não-judaicas), ele foi um grande brasileiro. E um grande judeu.

Um dos enterros mais emocionantes de que participei aconteceu fora da comunidade judaica. Em 2001, durante uma visita ao então governador de São Paulo Mário Covas*, internado com um câncer terminal, ele e a esposa, dona Lila, me pediram que dissesse algumas palavras no enterro, que, infelizmente, aconteceria em breve.

Covas foi enterrado em Santos. Lá me lembrei de um *midrash*[33].

— Um homem assistia à partida de um navio. Lentamente ele ia se afastando até sumir no horizonte. Um amigo, então, se aproximou.

— Quase não vejo mais o navio, ele está tão pequenininho...

— Ele apenas foi para um lugar que sua vista não alcança. O tamanho minúsculo está em seus olhos, não no navio. Lá, onde está, ele tem a mesma imponência de sempre.

Assim eu tentava apresentar aos amigos de Mário Covas a visão judaica sobre a morte, que não é de extinção, mas, sim, de transformação.

---

[33] Uma das incontáveis parábolas desenvolvidas pelos rabinos ao longo dos séculos, como forma de interpretar melhor os textos sagrados.

Alegria, alegria

Meu pai dizia que, na vida judaica, não há momento de maior alegria que o *bat* e o *bar-mitzvá*. Sim, porque o *brit-milá* envolve um instante de dor, por menor que seja. A criança chora e esse choro indica seu ingresso em uma comunidade que há milênios tem o compromisso com o Deus único como princípio fundamental.

Mesmo o casamento tem um pouco de dor — o rapaz ou a moça saem de casa, o que entristece a família. Irão formar uma nova família, lógico, mas há um pouco de dor nessa separação natural.

Já a alegria do *bar* e do *bat-mitzvá* é completa, sem ressalvas. Os pais acompanham o filho ou a filha até a sinagoga e voltam para casa, orgulhosos, com um novo integrante, agora completo, do povo judeu.

Um dos *bnei-mitzvá* mais tocantes de que participei foi o do filho de uma funcionária de dona Betty Lafer em 2007. Ela e o marido, A. Jacob Lafer, que, ao longo da vida, contribuíram muito para as obras sociais da comunidade judaica, já haviam falecido. Certa vez dona Betty me disse que o *bar-mitzvá* do menino — filho de mãe judia e pai não-judeu — seria muito importante para ela. Ao participar da cerimônia, senti-me como um representante de dona Betty no momento de realização de mais uma *mitzvá*, uma boa ação.

Foi também durante uma cerimônia de *bar-mitzvá*, em uma manhã de sábado, nos anos 1980, que nossa congregação viveu um momento muito dramático. Um dos integrantes da Comissão de Culto da CIP descuidou-se e deixou cair a Torá. Isso, segundo as tradições do judaísmo, é algo muito grave. Afinal, a Torá tem sido o baluarte da resistência da fé judaica há milhares de anos. Como sinal de contrição, a congregação inteira teve de jejuar por uma semana. Chamei para mim a responsabilidade. E jejuei por três dias, resistindo à tentação de uma escapadela noturna até a geladeira...

Como em todas as cerimônias e em todas as religiões, há momentos em que os pais exageram na ânsia de homenagear os filhos. Certa vez, em uma festa realizada no clube "A Hebraica", de São Paulo, escolheu-se decorar o salão como uma Floresta Amazônica. Repleta de árvores — de verdade — e com direito a macacos! Isso mesmo, macacos de plástico ou de pelúcia, não me lembro bem, que teimavam em cair sobre as mesas dos convidados.

Em outra festa, em um bufê paulistano, a pista de dança do salão foi decorada como um campo de futebol. A família do garoto apareceu vestida com uniformes e houve até uma pequena partida entre adultos e jovens... Aproveitei o cenário e, em minha fala, disse esperar que o menino marcasse tantos gols para seu país e para o judaísmo quanto os jogadores haviam marcado antes da festa...

Cenas como essa sempre me pareceram muito *bar* e pouca *mitzvzah*. Nenhuma crítica ou juízo de valor, porque tudo era feito com amor apenas para homenagear os filhos. Entretanto creio que nenhuma produção supera a simplicidade de um garoto nervoso lendo seu trecho da Torá. E, ao final, sendo protegido pelo *talit*, o xale do rabino, da chuva de balas em sua homenagem.

O humor quase sempre ácido e, muitas vezes, bastante autocrítico é parte do jeito judaico de ser. Em seu *bar-mitzvá*, o garoto Dan Stulbach, já prenunciando o ator de sucesso em que se transformaria, aproveitou a deixa e imitou o sotaque do rabino em sua fala. Alguma coisa como: "Queuídos iumãos; estamous aqui ueunidous...". Todo mundo caiu na gargalhada. Começando por mim, é claro.

Até hoje Dan é o melhor imitador de meu sotaque. Acho que, na verdade, ele é melhor que o original.

19

Em família

A CONVIVÊNCIA COM MEUS PAIS, DE PERSONALIDADE TÃO DIFERENTE, FOI muito importante em minha formação. Sou bastante ligado a minha esposa, Amanda, e minha única filha, Alisha. Contudo tenho total consciência de que sacrifiquei uma grande parte da vida familiar por conta da dedicação profissional. É verdade que Amanda me acompanhou em diversos momentos: esteve comigo, por exemplo, no encontro com o papa João Paulo II, em Roma, em 1991. Mas o trabalho, para mim, tem sido basicamente uma carreira solo. O rabinato exige tempo, energia, concentração e dedicação, o que, infelizmente, muitas vezes aconteceu à custa da convivência familiar. Acho mesmo que fui um pouco negligente com minha família. Não sei: Amanda e, depois, Alisha, sempre estiveram lá, tão disponíveis, que perdi muitas oportunidades de deixar claro o quanto elas eram importantes para mim. Isso parecia tão evidente que terminei considerando sua presença algo permanente e imutável. As coisas óbvias também precisam ser ditas, já que, por serem óbvias, são facilmente esquecidas.

Hoje, passados mais de trinta anos, posso dizer que meu casamento com Amanda é bom. Talvez não seja um casamento ideal (aliás, será que isso existe?), mas é bom. A paixão se perdeu, depois de tanto tempo, mas gosto muito de minha esposa. Confesso que não gosto da extrema magreza pela qual Amanda optou — eu a preferia mais "botticelliana". Mas aceito essa opção. E tenho profundo respeito, principalmente por dois traços de sua personalidade: Amanda é absolutamente transparente, honesta e confiável. É, também, uma mãe extraordinária. O relacionamento entre ela e Alisha é muito autêntico, bonito. São grandes amigas e, mesmo assim, existe aquela pequena distância entre as duas que garante a essência do relacionamento entre mãe e filha. Não exagero ao dizer que o equilíbrio cotidiano da casa é uma conquista de Amanda — e de Maria, claro.

Por essas razões, neste capítulo, pedi aos jornalistas que me ajudaram na preparação do livro que ouvissem Amanda e Alisha. Se a decisão é de fazer uma retrospectiva de minha vida e meu trabalho ao longo de quase quarenta anos de Brasil, nada mais justo do que elas — minhas "sócias" na vida familiar — também manifestarem suas opiniões.

> Visitei o Brasil duas vezes antes de me casar. Mas só depois de estar vivendo aqui percebi o quanto o trabalho absorvia Henry e como ele vivia, pelo menos em parte, em um mundo quase particular. Admiro muito seu posicionamento corajoso durante a ditadura militar. E admiro muito seu trabalho. O que mais me impressiona em Henry é sua inteligência, além de capacidade de falar, de se dirigir ao coração das pessoas. Mas não posso negar que ele sempre foi ausente. Às vezes ficava até duas semanas sem aparecer em casa, por conta do trabalho e das viagens. A verdade é que fui organizando uma vida própria. Nos Estados Unidos, eu já era artista plástica. Aqui, cheguei a organizar três exposições. Quando Alisha nasceu, em 1983, estar com ela, criá-la, passou a ser uma prioridade em minha vida. E nesse cotidiano, sem dúvida faltou uma presença maior de Henry. (Depoimento de Amanda)

Lembro-me de um caso — Alisha tinha 15 ou 16 anos e estava fazendo uma peça de teatro. Aquilo era muito importante para ela, que insistiu muito: queria a presença do pai. Prometi não faltar, porém surgiram problemas, pessoas, obstáculos... acabei não indo. Alisha não me perdoou. Mentira: não me perdoa até hoje! E não me deixa esquecer do "furo".

Sei que cometi um grande erro ao colocar o trabalho, a vida comunitária e política em primeiro lugar, negligenciando minha família. Posso explicar, mas não justificar.

Tenho muito orgulho do meu pai, principalmente por sua coragem. Ele tem limites, como qualquer pai, e pecou pela ausência. Minha mãe, por ser artista e ter o ateliê aqui em casa, foi sempre muito presente na minha vida. Ele sempre estava muito ocupado com suas coisas, acho que seguiu fielmente suas ambições. Era minha mãe quem sempre me levava às festinhas de criança. Até hoje, quando pergunto ao meu pai quem é minha melhor amiga, ele precisa parar e pensar. Mas sempre se sacrificou muito por mim. Sempre tive do bom e do melhor, podia viajar ao exterior, estudei na Graded School de São Paulo, o melhor colégio norte-americano da América Latina, pude estudar nos Estados Unidos... Sou formada em Marketing e trabalho com moda graças a tudo isso. Claro, não consigo esquecer que o teatro sempre foi uma das minhas grandes paixões. E meu pai quase nunca assistia às peças. Houve uma vez que ele conseguiu passar pelo teatro cinco minutos antes da peça começar porque ia pegar um avião... Meu pai sempre tentou se esforçar, mas faltou um pouco...

Você se parece mais com seu pai ou com sua mãe?
Fisicamente, com ele. Mas temos valores muito diferentes. Não sou uma pessoa movida a trabalho, o que, para meu pai, é muito importante. Minha prioridade sempre foi e sempre vai ser a família. Mas tenho minhas ambições, quero manter a vida que ele me garantiu. Então, me espelho em meu pai profissionalmente, em seu carisma. E sou metódica e decidida, cabeça-dura mesmo, como ele.

De minha mãe, creio que aprendi o otimismo, o hábito de jamais falar mal de ninguém, a honestidade e a transparência. Ah, e o jeito de falar com as mãos, também... (Depoimento de Alisha)

Tradições

Mantemos, em nossa casa, o *kashrut*, as leis culinárias do judaísmo, muito por conta da dedicação de Amanda. Também sou *kasher* — fora de casa não como carne que não seja preparada de acordo com as normas do judaísmo. Celebramos em casa o shabat toda sexta-feira, no início da noite. É bonito, mas confesso que o shabat com meus pais era mais "quente", tinha mais calor judaico e humano.

O calendário judaico prevê quatro dias de jejum ao longo do ano. Jejuo em duas ocasiões, as mais importantes: o *Yom Kipur* (o Dia do Perdão) e o *Tishá be'Av*, que lembra a destruição dos dois Templos de Jerusalém.

Com relação a Alisha, quando chegou o momento da escola, optamos por uma instituição não-judaica. Acreditávamos que ela já tinha, em casa, uma fonte adequada de cultura e formação judaica, e priorizamos a educação bilíngüe. Para os judeus, a escola, é bom lembrar, foi uma invenção dos rabinos no século II, acreditando que os pais estavam negligenciando a formação de suas crianças. O judaísmo sempre teve como pilar a transmissão de valores em casa, dos pais para os filhos. Creio que demos a Alisha exemplos suficientes para conscientizá-la de que ela é, ao mesmo tempo, judia e brasileira. Em razão da nacionalidade dos pais, ela também é norte-americana. Sem esquecer que Alisha freqüentava a CIP onde fez seu *bat-mitzvá*. Não me arrependi da escolha.

Claro, havia muita cobrança: "Você é filha do rabino Sobel e não estuda em escola judaica nem fala hebraico. Houve mesmo uma época em que eu quis mudar para um colégio judaico, onde estavam a maioria de minhas amigas de *bat-mitzvá*. Mas, olhando para trás, meus pais fizeram a melhor escolha. Interagi com gente de culturas e religiões diferentes, e isso me garantiu um olhar aberto para o mundo. (Depoimento de Alisha)

Passamos momentos muito difíceis, ainda bem antes da foto de um rabino assustado em Palm Beach. No início dos anos 1990, Amanda vinha reclamando de problemas no ouvido, zumbidos... Fizemos diversos exames, uma ressonância magnética, até que chegasse a resposta definitiva, quase dois anos depois das primeiras manifestações: ela tinha um tumor na cabeça, exatamente atrás do ouvido. Foi um choque. Conversamos muito, fizemos pesquisas e, então, adotamos a opção de tratar o problema em um centro especializado nesse tipo de tumor, na Califórnia.

A cirurgia aconteceu em fevereiro de 1995. A recuperação foi longa, quatro meses na Califórnia, onde vivia uma irmã de Amanda, e mais de dois meses na Flórida. Fiquei três dias com Amanda na Califórnia. Conversei com os médicos e me dei conta de que, por lá, não poderia fazer nada por minha esposa. Uma vez que Alisha era pequena e havia muito trabalho a fazer no Brasil, voltei logo.

> Não posso negar que senti a falta de meu marido durante esse período de recuperação. Entendo seus motivos para voltar tão cedo ao Brasil, só que gostaria de que ele tivesse ficado mais tempo comigo. A cirurgia foi um sucesso, mas houve seqüelas. Perdi parte da visão, da audição, fiquei com alguns problemas de equilíbrio e tenho dor de cabeça quando leio em determinadas posições. Em função disso, parei de pintar. Fiz um curso de caligrafia. Hoje faço convites, documentos legais, logotipos e até cardápios de restaurantes. Gosto muito disso. (Depoimento de Amanda)

Graças a Deus Amanda se recuperou. Ela fez um controle médico rigoroso até 1999 e, segundo os médicos, está curada.

Conforme Alisha ia crescendo, uma pergunta dos jornalistas se tornava cada vez mais freqüente: "Rabino, o sr. aceitaria que sua filha namorasse um gói, um não-judeu?". Minha resposta era sempre a mesma, adequada a quem fez do diálogo inter-religioso uma prioridade cotidiana: "Não gostaria, isso seria contra minhas convicções. Mas aceitaria porque meu amor por ela e o desejo de sua felicidade superam qualquer outra coisa".

Estou até hoje com meu primeiro namorado, que não é judeu. Quando contei a meu pai, ele não levou a sério; achava que era um namorico. As coisas mudaram no momento em que eu o apresentei aos meus pais. Embora seja discreto, meu pai ficou muito enciumado — até porque sou a filha única, sua princesinha... Eu falava mais com minha mãe — e com Maria, claro. Não me abria muito com meu pai. E ele nunca pressionou para que eu rompesse o namoro. Levou algum tempo, mas meu pai foi cedendo — muito por conta da influência de minha mãe e de Maria. Ele passou a querer conhecer melhor meu namorado, convidá-lo para as cerimônias judaicas em nossa casa. (Depoimento de Alisha)

— Ele é um rapaz excelente, de bom caráter. Quero ver Alisha feliz e peço a Deus que seu futuro marido seja judeu, mas não pretendo interferir.

— Mas, rabino, o senhor não teve namoradas não-judias?

Tive, sim, mas não foi nada sério. Coisas da juventude...

— Rabino, estamos no início de 2008 e Alisha vai completar 25 anos. O sr. está preparado para ser avô?

De jeito nenhum!

— Alisha, seu pai é uma pessoa engraçada?

— Ele é uma pessoa muito séria, muito compenetrada naquilo que está fazendo a cada momento. Mas tem muitas "tiradas" inteligentes, de bom humor, acho que típico do judaísmo. E, como é um homem grande e um pouco desajeitado, acaba sendo personagem de cenas engraçadas.

— Por exemplo?

— Meu pai gosta de comer na cama. Amendoins, frutas... Acontece que ele toma, há muitos anos, remédios contra a insônia. Uma manhã, minha mãe foi me chamar morrendo de rir. Ele havia adormecido sobre uma casca de banana... Ficou uma marca enorme nas costas, como se fosse uma flor aberta. Foi engraçadíssimo!

Solidariedade

Relendo este capítulo antes de entregar as provas à editora, tenho a real dimensão dos bons momentos em família de que me privei em todos esses anos. O fato é que, desde o episódio das gravatas na Flórida, olho para Amanda e Alisha com outros olhos. Não imaginava o quanto elas poderiam ser solidárias, apesar de minha ausência. Errei e me arrependo muito. Até hoje, bastante tempo depois do caso, Amanda me traz os remédios toda noite. Pode parecer uma coisa boba, mas não é. Há uma dose enorme de carinho nesse gesto.

Muito mais do que lamentar, é preciso encontrar novos caminhos na vida em família. Recorro ao paradoxo do *etrog*[34]. Esse fruto, que condenou Adão e Eva à expulsão do paraíso, é o mesmo que se transforma em personagem de destaque das festas mais alegres da religião judaica.

É dos meus erros que extrairei as lições — e as forças — para acertar da próxima vez. Acho que posso jantar mais vezes com Amanda e Alisha. Posso, também, esperar minha filha acordado quando ela voltar do trabalho. Quem sabe poderei acompanhá-la de vez em quando ao cinema — quando Alisha e o namorado permitirem, é lógico. À minha frente há uma árvore esperando que o etrog floresça.

---

[34] Cidra (fruta cítrica).

20

Contra o nazismo

UMA DAS ATIVIDADES QUE MAIS ABSORVEU MEU TRABALHO "EXTERNO" À CIP, a partir da metade dos anos 1970, além da questão dos direitos humanos, foi a luta para descobrir e levar a julgamento criminosos de guerra nazistas escondidos no Brasil. Encarava o julgamento desses assassinos como parte do compromisso com a defesa da dignidade de todos os cidadãos, não importando a origem, e também como parte de um combate maior contra o neonazismo, que se manifestava então em vários países europeus, além de ser uma forma de se lutar contra novos Holocaustos, fossem quem fossem as vítimas.

Nos anos 1940, o Brasil de Getúlio Vargas, assim como a Argentina de Juan Domingo Perón, havia sido um refúgio seguro para centenas de criminosos nazifascistas. O tamanho do país, a tradição de hospitalidade e a facilidade de integração permitiam que um sujeito relativamente cauteloso se mantivesse seguro. Sem esquecer o eventual apoio de segmentos das importantes colônias germânicas em Santa Catarina, Rio Grande do Sul e São Paulo, onde o Partido Nazista funcionou sem problemas até a entrada do Brasil na Segunda Guerra ao lado dos Aliados, em 1941.

Foi no Brasil que encontraram esconderijo seguro carniceiros como Josef Mengele, o médico-chefe do campo de extermínio de Auschwitz, Herbert Cukurs, carrasco que atuou na Letônia, Franz Stangl, comandante dos campos de extermínio de Sobibor e Treblinka, e seu braço-direito, além de Gustav Franz Wagner.

A Besta Humana

Em julho de 1978, a polícia de Itatiaia, uma bela cidade de montanha no estado do Rio de Janeiro, foi chamada para atender a um caso estranho. Um grupo de homens, aos berros, parecia estar cantando músicas nazistas no salão de refeições do Hotel Tyll. Quando os policiais chegaram, encontraram uma reunião de nazistas saudosos e de militantes neonazistas de diversos países. Com direito a pôsteres de Hitler e a cantar o *Horst Wessel Lied*, um dos principais hinos do regime nazista.

O proprietário do hotel, *herr* Alfred Winkelmann, disse não ver problema algum na festinha, já que se tratava "de um país livre, graças a Deus". Soube-se que, em abril do mesmo ano (e sabe-se lá desde quando), nazistas nostálgicos haviam se reunido ali para celebrar o 89.º aniversário de Adolf Hitler.

Todos foram detidos para averiguações, ninguém terminou preso e o coronel Rubem Ludwig, porta-voz do então presidente Ernesto Geisel, deu pouca importância ao caso, afirmando que era apenas um encontro de gente nostálgica.

Mas o encontro do Hotel Tyll pôs a comunidade judaica em alerta. Repercutiu em todo o mundo e chegou aos ouvidos experientes de Simon

Wiesenthal*, o conhecido caçador de nazistas. Ele viu fotos e filmes, e acreditou ter identificado entre os convidados o ex-subcomandante de Sobibor e Treblinka, Gustav Franz Wagner, conhecido como "a Besta Humana" por sua violência.

Wiesenthal estava errado. Contudo, coincidência ou não, Wagner de fato vivia no Brasil; era o pacato caseiro de um sítio em Atibaia, perto de São Paulo. Ele ficou com medo de ter o mesmo destino de Adolf Eichmann*, um dos arquitetos da "solução final", o extermínio dos judeus europeus. Eichmann foi identificado pelo serviço secreto israelense na Argentina, removido clandestinamente, julgado e executado em Israel em 1962. Então Wagner decidiu se apresentar à polícia para dizer que não estava no encontro do Hotel Tyll.

Não estava, mas foi preso. Logo que a notícia correu, recebi telefonemas de Wiesenthal e do delegado Romeu Tuma, que dirigia a Polícia Federal. Todos queriam checar dados para ver mesmo se era a Besta Humana. Eu e Benno Milnitzky acionamos o então secretário-geral do Congresso Judaico Mundial, o rabino Israel Singer.

Wiesenthal pediu que eu fosse à Delegacia de Ordem Política e Social (o Dops, de triste memória durante a ditadura militar. Era impossível não lembrar do caso Herzog, que acontecera pouco antes...). Eu levava todas as informações sobre Gustav Franz Wagner que havia no Centro de Documentação Judaica de Viena. Lá fui recebido pelo delegado Silvio Pereira Machado. Em pouco tempo, estava tudo confirmado. Depois viriam agentes de meia dúzia de países para fazer suas próprias investigações.

Wagner, um homem grande de olhos azuis, com mãos enormes de marceneiro manchadas de nicotina, em nenhum momento negou sua identidade. Negou, lógico, que tivesse participado da execução de qualquer judeu ou de qualquer pessoa. Aliás, ele vivia em Atibaia com seu nome verdadeiro; havia chegado ao Brasil 28 anos antes, depois de morar um ano em Damasco, treinando oficiais do exército sírio. Com a identidade confirmada, Romeu Tuma assumiu a frente do processo; eu e Benno recuamos.

Os relatos de sobreviventes descreviam Wagner como um homem especialmente sádico, que matava com grande prazer. No tribunal, ele foi reconhecido por um personagem interessantíssimo, de quem pouco se sabe no Brasil. Stanislaw Szmajzner, ou Shlomo, em *idish*, nasceu na Polônia e, aos 15 anos, em 1942, foi deportado para o campo de Sobibor, onde mais de 250 mil judeus seriam exterminados, ao lado de poloneses, russos, ciganos, comunistas... Com 16 anos, Szmajzner foi um dos líderes da revolta no campo em 1943. Fugiu e alistou-se com os *partizans*, os guerrilheiros soviéticos. Após a guerra, emigrou para o Brasil e se estabeleceu em Goiás — onde, aliás, quase não há judeus. Szmajzner escreveu um livro, *Inferno em Sobibor*, que, depois, seria a base para um documentário de sucesso nos Estados Unidos e na Europa.

No início dos anos 1960, ele havia sido a testemunha-chave para identificar Franz Stangl, o antigo chefe de Wagner, que trabalhava tranqüilamente como executivo da Volkswagen em São Bernardo do Campo. Conversei bastante com Shlomo, ele me contou sua história de incríveis sobrevivências. No julgamento de Wagner, o diálogo entre os dois foi inesquecível. Ele aproximou-se do réu e disparou:

— Lembra-se de mim, Gustav? Eu me lembro muito bem de você. Jamais esqueceria o seu rosto.

— Claro, eu salvei sua vida uma vez! Você ainda vai me pagar por tudo isso. Eu mandei em Sobibor, sim, você sabe disso e mandei muito. Mas o que é que você está pensando, que tudo acabou, que eu estou acabado? Eu tenho pena de você. Minha vida acabou, está bem, mas e a sua? A sua vida não acabou, você vai viver muito tempo e, por isso, vai dar tempo de você pagar o que está me fazendo!

O governo brasileiro rejeitou o pedido de extradição de Wagner, feito por meia dúzia de países, entre eles Polônia e Israel. Em liberdade, a Besta Humana desapareceu, porém logo voltaria às manchetes, após diversas tentativas de suicídio. Em 1980, apareceu doente, todo inchado, depois de tentar cortar o pulso e perfurar um pulmão.

Quando ele estava internado no Hospital das Clínicas de São Paulo, em um impulso irresistível, resolvi fazer-lhe uma visita. Benno Milnitzky não gostou nada da idéia, mas eu fui assim mesmo. Entrei no quarto sem problemas, porém sem me anunciar. Ele, aparentemente, estava lúcido. Aquele homem enorme, que ganhara a Ordem do Mérito das SS por sua dedicação no combate às "sub-raças", agora jazia sozinho e indefeso numa cama de um hospital dos trópicos. Instintivamente me lembrei do célebre texto *J'accuse*, "Eu acuso", no qual o escritor Émile Zola denunciava o anti-semitismo na França. E fiz uma rápida prece, rezando para que ele se arrependesse de seus crimes. Wagner morreu dias depois, em uma das mortes mais estranhas de que já ouvi falar. Oficialmente, suicidou-se em 1980 a golpes de canivete.

Stanislaw Szmajzner morreria em 1988, quase anônimo, depois de ajudar a identificar dois dos maiores criminosos do século.

O Anjo da Morte

Acredito que não exista sequer uma pessoa no mundo — judeu ou não-judeu —, a qual tenha perdido algum amigo ou parente nas garras do nazismo, que não tivesse, ao menos uma vez na vida, acordado em pânico depois de um pesadelo. É bem provável que pesadelo tivesse como personagem principal um médico segurando um bastãozinho no desembarque dos trens de deportados em Auschwitz, escolhendo, à direita ou à esquerda, quem iria viver ou morrer. Em Auschwitz, é bom lembrar, mais de 1,5 milhão de pessoas foram imoladas no altar do culto à superioridade racial alemã.

Este médico poderia ser o mesmo que fazia experiências sádicas com prisioneiros, mutilando-os, matando um gêmeo para ver qual seria a reação do outro, dissecando crianças vivas... certamente roteiro para muitos outros pesadelos.

Para minha geração e a geração de meus pais, o nome Josef Mengele era símbolo do horror e da crueldade nazista. E para os judeus de todo o mundo, para Israel e para os defensores dos direitos humanos, levá-lo aos tribunais era o sonho dourado da justiça sendo feita.

Imagine então a ansiedade dessa enorme legião se soubesse que, em 1985, a polícia federal alemã encontrou documentos com um antigo auxiliar de Mengele, dizendo que o "Anjo da Morte", como o médico era conhecido, estava vivendo em São Paulo com o casal Wolfram e Lieselotte Bossert, depois de circular entre Alemanha, Argentina e Paraguai por muito tempo.

Acontece que todos os que sonhavam com a prisão de Mengele só souberam de seu exílio brasileiro quando a Polícia Federal, tendo ainda à frente o delegado Romeu Tuma, afirmou que ele havia morrido afogado — morte pacífica demais para quem atravessou a vida nadando no sangue dos outros. Tudo aconteceu na igualmente pacífica praia de Bertioga em 1979.

A polícia então descobriu um pequeno núcleo de apoio ao nazista, formado, além dos Bosserts, pelo casal Geza e Gitta Stammer. Eles teriam facilitado as coisas para que Mengele conseguisse comprar os documentos de um ex-soldado austríaco, Wolfgang Gerhard, que morrera em 1978 e fora enterrado em seu país. Mengele foi enterrado com o nome e os documentos de Gerhard em um cemitério de Embu, na Grande São Paulo.

O caso e a notícia da futura exumação do cadáver agitaram a mídia mundial. No dia da abertura da cova, o pequeno cemitério estava repleto de especialistas, agentes de Israel, Alemanha, Polônia, Estados Unidos... Tuma à frente do espetáculo; eu me espremia entre centenas de jornalistas, autoridades e curiosos, em um espaço minúsculo. Um jornalista de Brasília chegou a cair, com um estrondo, dentro do túmulo...

Começaram as investigações, tendo à frente um dos mais conhecidos médicos legistas do país, Fortunato Badan Palhares, da Universidade Estadual de Campinas (Unicamp).

Durante o processo de apuração, Benno Milnitzky e Simon Wiesenthal pediram que eu fosse duas vezes a Viena. Levava e trazia dados, comparava laudos e informações, fichas... Nesse período, o caso Mengele ocupou grande parte de minha agenda. Eram pesquisadores, policiais, legistas e jornalistas procurando a CIP o tempo inteiro. Todos queriam saber se o cadáver de Gerhard era mesmo Mengele. Na verdade, todos desejávamos que não fosse... queríamos o carrasco vivo, diante de um tribunal e sob o testemunho de suas vítimas.

Certo dia, Tuma e Badan Palhares convocaram a imprensa para apresentar suas conclusões. Houve superposições de imagens da arcada dentária e do crânio com fotos antigas, culminando com uma reconstrução do rosto do morto, feita em computador. Era mesmo Mengele.

Ficamos arrasados. Ele havia conseguido escapar da justiça.

Teve início, então, um novo capítulo da novela Mengele, com todos os ingredientes de um bom filme de suspense. Para começar, os principais técnicos despachados ao Brasil pelo governo israelense — Maurice Rogev e Menachem Russek — diziam não estar convencidos. Havia lacunas no laudo, afirmavam. Uma dentista afirmava haver tratado de Mengele depois da morte de Gerhard, as fotos do médico, mais velho, pareciam cuidadosamente produzidas para enganar o público. O dado mais inquietante é que o filho único de Mengele, Rolf Jenckel, recusava-se sistematicamente a ceder material genético para fazer o teste de DNA, que seria definitivo.

O escritor Ben Abraham, na verdade pseudônimo de Henry Nekrycz, líder da Sherit Hapleitá, a Associação dos Sobreviventes do Holocausto, assumiu a causa da denúncia da "farsa" da morte de Mengele como um desafio pessoal. Nunca deixou de denunciá-la. Mais ainda depois que Badan Palhares se envolveu em um escândalo de venda de laudos, beneficiando empresas seguradoras contra seus clientes...

Eu me convencera de que Mengele estava morto. A contragosto, afinal ele viveu aqui pertinho, sob os nossos narizes, e nunca ninguém conseguiu apanhá-lo...

O caso, porém, ficou em aberto por muitos anos. Romeu Tuma levou os ossos de Gerhard para a Alemanha, em busca, talvez, de um eventual teste de DNA. Em 1992, um juiz federal de São Paulo, João Carlos da Rocha Mattos, decidiu reabrir o caso. O mesmo Rocha Mattos que, anos depois, seria preso em um rumoroso escândalo de venda de sentenças judiciais...

Dias após o anúncio da reabertura do caso em São Paulo, finalmente, foi feito um teste de DNA com o material que Rolf terminou aceitando ceder. E veio a confirmação. O Gerhard que morreu afogado em Bertioga e Mengele eram a mesma pessoa. O aguerrido Ben Abraham não sossegou. Continuava denunciando a farsa para ocultar o verdadeiro destino de Josef Mengele. Chegou a viajar a Günzburg, a cidadezinha da família Mengele na Alemanha, visitou o cemitério e o jazigo dos Mengeles. Concluiu que o túmulo da família havia sido reformado pouco tempo antes. E que, de fato, teria sido feita uma comparação entre o DNA de Rolf e de seu tio, não de Gerhard.

Entendo a frustração e a batalha do velho sobrevivente do Holocausto. Mas tenho de admitir que a vida perdeu a luta contra o "Anjo da Morte". A sensação de impotência ficou ainda maior depois que a imprensa publicou escritos inéditos de Mengele, que haviam sido apreendidos com os Bosserts em 1985. Até o fim, o monstro de Auschwitz defendeu suas atrocidades e a base racista do regime ao qual serviu.

Reparações de guerra

Por força de minha participação em organismos internacionais, especialmente o Congresso Judaico Mundial, acabei atuando bastante nas campanhas pelo aumento das reparações de guerra pagas às vítimas do Holocausto. Várias iniciativas com essa temática mobilizaram as comunidades judaicas — e dezenas de governos — de todo o mundo nos anos 1980/1990.

No final de 1997 aconteceu, em Londres, a Conferência Internacional sobre o Ouro Nazista, com o objetivo de identificar valores roubados de governos e vítimas individuais, de maneira a compensá-los. Naquele mesmo ano, com mais de meio século de atraso e após resistir a muitas pressões, a Associação dos Bancos Suíços admitiu a existência de cerca de catorze mil contas bancárias no país que não eram movimentadas desde a Segunda Guerra. Muitas delas, pertencentes a judeus e a outras vítimas do horror nazista.

Houve, então, uma intensa negociação envolvendo os bancos suíços, os governos daquele país, dos Estados Unidos e de Israel, além de muitas entidades judaicas, que culminou com um acordo. Os bancos suíços pagariam uma indenização de US$ 1,25 bilhão a entidades e a sobreviventes. Desse valor, US$ 200 milhões iriam para os sobreviventes do Holocausto que estivessem em situação econômica mais difícil.

Participei de corpo e alma desse processo, na tentativa de garantir reparações adequadas aos sobreviventes que moravam no Brasil. Isso me gerou muitos adversários dentro da CIP e em outras instituições comunitárias, como você verá mais adiante.

Seja como for, identificamos cerca de 2 700 vítimas do Holocausto vivendo no Brasil e em condições de receber as indenizações dos bancos suíços. Todavia as entidades internacionais destinaram ao Brasil apenas US$ 100 mil a serem distribuídos a 181 sobreviventes reconhecidos. Cada um recebeu cerca de US$ 550. Protestamos muito diante do CJM e, no final das contas, conseguimos quase que dobrar este valor. Muito mais importante, restabeleceu-se a verdade: os bancos suíços reconheceram ter se apropriado por muito tempo de dinheiro alheio, sob o manto protetor da neutralidade de seu país na guerra.

Uma nova campanha levou à formação da Comissão Internacional de Reclamação de Seguros da Era do Holocausto, que tinha como figura central o advogado norte-americano Neal Sher, um dos responsáveis pelas investigações que levaram à descoberta do corpo de Josef Mengele e pela denúncia do passado nazista do ex-presidente da Áustria e ex-secretário-geral da ONU, Kurt Waldheim.

Sher, com apoio dos governos de Israel e dos Estados Unidos, entre outros, assim como de entidades judaicas e de representantes de vítimas de outras origens, conseguiu negociar, em 2000, um acordo com cinco das maiores seguradoras do mundo. A Assicurazioni Generali, da Itália, a Zurich Financial Services suíça e a Allianz AG alemã, entre outras, aceitaram participar de uma investigação sobre apólices de seguros feitas entre 1920 e 1945, e que jamais foram pagas. Muitas delas pertenciam a judeus e não-judeus europeus que foram mortos, feridos ou perderam todos os seus bens nas mãos dos nazistas.

A Comissão analisou cerca de oitenta mil casos em todo o mundo. Recebi Neal Sher e definimos o trabalho a ser feito no Brasil. Para evitar a repetição de problemas sobre o destino a ser dado aos valores das apólices, as entidades judaicas trataram de divulgar ao máximo as informações sobre o que os beneficiários em potencial deveriam fazer, com a finalidade de receber o que lhes era devido. O trabalho foi bem-feito, a Congregação e outras entidades prestaram esclarecimentos a milhares de pessoas e muitas vítimas do nazismo, residentes no Brasil, terminaram beneficiadas em mais este ato de justiça, ainda que tardia.

O cofre do nazista

Com a procura aos bens roubados pelos nazistas pegando fogo em todo o mundo, em novembro de 1997 um processo judicial fez correrem rumores de que em um cofre, na agência central do Banco do Brasil, em São Paulo, repousava uma verdadeira fortuna, pertencente a um velho nazista. Dois antigos funcionários de Albert Blume, que já havia falecido, disputavam a herança com uma tia do homem, de 95 anos...

Consultei o então secretário-geral do CJM, o rabino Israel Singer, e meu amigo José Gregori, que ocupava a Secretaria Nacional de Direitos Humanos, do Ministério da Justiça, no governo de Fernando Henrique Cardoso. Recebemos de Singer a informação de que Blume, morto na miséria, poderia ter sido um depositário de tesouros roubados pelos nazistas, que guardou até o fim. E José Gregori fez de tudo para driblar a burocracia oficial e conseguir a abertura do cofre.

Na verdade, eram dois cofres enormes, que pesavam mais de setenta quilos. Tratamos de divulgar o caso ao máximo, e o momento da abertura atraiu jornalistas de todo o mundo. Sem exagero. Estavam na sala do BB repórteres da Argentina, da França, da Suíça, dos Estados Unidos, de Israel e até do Japão, além, é claro, dos principais meios de comunicação do país. Eram pelo menos cem jornalistas, em uma confusão de câmeras e equipamentos.

Abrimos o cofre, José Gregori e eu. Havia lá cerca de US$ 4,5 milhões em dólares, moedas de outros países, maços de cédulas brasileiras novinhas, que saíram de circulação sem nunca terem sido usadas... E também jóias, passaportes de vários países, condecorações nazistas. Contudo, o que mais nos chamou a atenção foram quinze jaquetas de ouro... Seriam dentes arrancados de vítimas dos campos de extermínio?

Fiquei arrepiado ao ver aquilo.

A investigação começou. Semanas depois se descobriu que, apesar de toda a excitação, não era possível comprovar que Blume fora realmente um homem de confiança dos nazistas. Apareceram testemunhas dizendo que ele era apenas um sujeito muito esquisito, que gostava de juntar dinheiro e outros bens — quase não gastava nada. Sobre as cartas com o brado "Heil Hitler" ao final e as condecorações, apenas confirmavam que ele vivera na Alemanha durante o regime nazista. Quem era doido, na época, de não terminar suas cartas com um "Heil Hitler"?

E quanto aos dentes de ouro? Um antigo vizinho disse que Blume, nos anos 1940, tinha um escritório no centro de São Paulo. Bem em frente havia um dentista. Pois o homem, quando trocava restaurações de clientes, vendia as jaquetas de ouro a Albert Blume, por baixo do pano... Nazista ou não nazista, o fato é que *frau* Margarita Erna Blume, que vivia em Santa Catarina, terminou herdando aquilo tudo, com quase 100 anos de idade...

A arte roubada

O envolvimento no tema das reparações de guerra levou-me a outro assunto espinhoso: as centenas de obras de arte que haviam sido pilhadas de coleções pertencentes a judeus na Segunda Guerra, e que "reapareceram", como mágica, em coleções privadas ou em museus.

O tema foi discutido durante uma reunião do Congresso Judaico Mundial em Oslo, Noruega, em 1996. O então presidente da entidade, Edgar Bronfman, perguntou-me se não haveria uma "conexão Brasil" no contrabando das obras de arte roubadas.

Logo que voltei, fui atrás do presidente Fernando Henrique. Ele autorizou a formação imediata de uma Comissão de Busca dos Bens dos Nazistas no Brasil. A Comissão deveria rastrear tanto a entrada de remanescentes do nazismo no Brasil, depois da guerra, como a existência de bens roubados. Integravam a Comissão funcionários do Ministério da Fazenda e do Itamaraty, além de advogados, historiadores e representantes da comunidade judaica. Um relatório final deveria ser apresentado até março de 1999.

Em 1998, aconteceu em Washington uma Conferência Internacional sobre os Bens da Era do Holocausto, com apoio do governo norte-americano. Um dos documentos divulgados no encontro havia sido elaborado pelas autoridades norte-americanas de ocupação na Europa e citava os nomes de seis *marchands* que negociaram obras de arte roubadas na América Latina.

Com esse documento nas mãos, uma das primeiras atividades da Comissão de Busca brasileira, da qual eu tomava parte, foi identificar a presença, no país, de obras de arte roubadas a judeus da Europa. Passei os documentos a amigos da imprensa, que logo se envolveram em uma investigação paralela.

Em pouco tempo, a imprensa descobriu que pelo menos dois dos *marchands* citados no documento norte-americano haviam vivido no Brasil. Thaddeus Grauer e Hans Wendland trabalharam aqui a serviço da famosa Galeria Fischer, de Lucerna (Suíça), um dos grandes intermediários da venda clandestina de obras roubadas dos judeus da Europa.

O mais curioso é que, descobriu-se, Thaddeus Grauer havia sido antinazista na Áustria (e vivera a quatro quadras de meu apartamento em São Paulo...). Pelo nome de seus pais, provavelmente fosse até mesmo de família judaica. E havia ganhado muito dinheiro negociando obras roubadas de vítimas indefesas...

Assim que essas notícias se espalharam na mídia, duas famílias do Sul do país procuraram nossa Comissão, pedindo que investigássemos a origem de duas telas — um Picasso e um Monet —, que haviam sido compradas ao final da Segunda Guerra. Caso tivessem sido roubadas, eles as devolveriam. O gesto foi de extrema correção. No entanto, não conseguimos comprovar que houve roubo.

Apesar do empenho pessoal do presidente FHC, a própria Comissão de Busca, enredada nos meandros burocráticos das instâncias oficiais, não conseguiu elaborar seu relatório final. Foi uma enorme frustração; tanto tempo de trabalho sem resultados...

O neonazismo

Mas a luta contra o nazismo nunca deve se limitar à descoberta de nazistas e dos bens que roubaram, ou à busca por reparações de guerra justas. A faceta mais importante da denúncia dos crimes nazistas sempre foi impedir que o movimento — ou herdeiros de suas idéias e métodos — retornasse ao cenário político.

Sempre acreditei que, para os judeus vivendo na Diáspora, o único caminho em direção a uma vida tranqüila e produtiva é tecer alianças com os segmentos — políticos, sociais e religiosos — comprometidos com a democracia. Desde meus primeiros passos na luta contra o nazismo, tratei de encontrar aliados sólidos — e que também vissem na comunidade judaica um "companheiro de viagem" confiável.

Na Europa, grupos neonazistas sempre existiram, ainda que clandestinamente, desde o fim da Segunda Guerra. No final dos anos 1970, eles conseguiram crescer, infiltrando-se — vejam vocês — nas torcidas de futebol organizadas, os *hooligans*, que cultivam a violência e o racismo, seja na Alemanha, na Áustria, na Holanda, na Grã-Bretanha ou na Bélgica.

Mais espertos, partidos de extrema direita na Europa dissociaram-se do nazismo — trágico, na memória das populações — e cresceram muito com o rechaço à imigração do Terceiro Mundo a partir da década de 1980. Líderes xenófobos perigosos, como Jean Marie Le Pen, na França, Gianfranco Fini, na Itália, Georg Haider, na Áustria e o partido Bloco Flamengo, na Bélgica, saíram da marginalidade, tornando-se personagens da "grande política", a ponto de ocupar postos em governos.

Muitos deles juram odiar o anti-semitismo. Seus alvos são os imigrantes africanos, turcos ou asiáticos. Acredito que se trata apenas de uma manobra tática: hoje o alvo são eles. Amanhã voltamos a ser nós. Jamais podemos cometer o erro trágico das forças progressistas e democráticas, que se dividiram na Alemanha dos anos 1930, permitindo a ascensão do nazismo.

No Brasil, as manifestações neonazistas sempre foram muito tênues. A prisão de Gustav Franz Wagner deu origem a pichações de suásticas nas paredes de sinagogas no Rio Grande do Sul e em São Paulo no final dos anos 1970. Em meados dos anos 1980, grupelhos integralistas, nazistas e de *skinheads* tentaram formar um partido de ultradireita, em torno de ex-agentes da repressão que haviam perdido o emprego após o fim da ditadura. Entre os "luminares" do partido estava Anésio Lara, meio-irmão do coerente senador Eduardo Suplicy. E, em 1990, um obscuro ex-oficial da Marinha mercante, Armando Zanine Jr., juntou meia-dúzia de fanáticos messiânicos para formar o Partido Nacional Socialista Brasileiro, o mesmo nome, aliás, do partido de Hitler.

Tudo isso fez algum barulho em seu momento, mas desapareceu. O neonazismo não encontrou solo fértil na sociedade brasileira pós-democratização.

No entanto, a maior batalha contra os neonazistas seria travada no campo das idéias. Desde os anos 1980, um senhor de olhos claros e rosto de avô bondoso vinha publicando, no Rio Grande do Sul, a chamada literatura "revisionista". Quer dizer, livros que negam o Holocausto e outros crimes nazistas. Com o "nome de guerra" de S. Castan, o homem, que se chamava de fato Siegfried Ellwanger, fundou uma editora (não por acaso, a "Editora Revisão"), que se dedicaria a publicar livros inspirados nos "revisionistas" mais famosos, como os norte-americanos Lyndon LaRouche e Ernest Zundel.

O maior "sucesso" da Editora Revisão foi o livro *Holocausto Judeu ou Alemão*, no qual Castan/Ellwanger afirma que os judeus mortos na Segunda Guerra, se houve, foram apenas vítimas "normais" dos combates. Ou seja, ele nega a existência da "Solução Final", o plano sistemático para eliminar os judeus da Europa que os nazistas adotaram na Conferência de Wansee em 1942. E denuncia a montagem de uma farsa monumental para beneficiar os judeus e Israel.

Os aguerridos ativistas do Movimento Popular Anti-Racista (Mopar) do Rio Grande do Sul iniciaram, em 1989, denúncias sistemáticas à Editora Revisão, que, aliás, também comercializava vídeos nazistas. O Mopar, logo apoiado pelo Movimento de Justiça e Direitos Humanos do Rio Grande do Sul e pela Sherit Hapleitá, a organização dos sobreviventes do Holocausto, pediu à Justiça a proibição dos livros da Revisão.

O tema suscitou um longo debate: em uma sociedade democrática, é ou não correto pedir a censura de publicações? Prevaleceu a idéia de que não se trata apenas de um combate de idéias: quem nega o nazismo está incitando a repetição de crimes contra a humanidade.

O processo correu na Justiça por longos anos e ganhou o apoio da Federação Israelita do Rio Grande do Sul (Fiergs) e da Conib. Minha participação deu-se principalmente na etapa "brasiliense" do processo, quando ele estava no Supremo Tribunal Federal (STF), já na virada do século XXI.

Ellwanger havia sido condenado por racismo em um julgamento histórico do Tribunal de Justiça gaúcho. Inconformado, impetrou *habeas corpus* ao Superior Tribunal de Justiça (STJ). Pelo voto do relator, o ministro gaúcho Gilson Dipp, acompanhado pelo paulista Jorge Scartezzini, o STJ negou o pedido.

Ellwanger então recorreu ao STF, sustentando que não poderia ser condenado por racismo porque os judeus não são uma raça. E obteve o voto favorável do ministro Moreira Alves. Porém outro ministro, Maurício Corrêa, com uma grande sensibilidade humana, pediu vista dos autos porque sentiu que havia algo errado naquela decisão. Na seqüência, recebi um telefonema de Corrêa, que eu conhecia desde que fora ministro da Justiça. Liguei para meu advogado, Décio Milnitzky, e fomos juntos ao STF expor nosso ponto de vista. Atuamos como "amigos da Corte" (*amicus curiae*), buscando subsídios para a tese de que os judeus, mesmo não constituindo uma raça — uma vez que só existe uma espécie humana —, tinham sido vítimas históricas de racismo. Por designação da Conib, Décio e eu apresentamos um memorial aos integrantes do STF, além de pareceres de juristas de renome, como Celso Lafer e Miguel Reale Jr., de um especialista em semiótica do racismo, Izidoro Blikstein, e de uma professora de Antropologia, Sonia Bloomfield.

Um dos integrantes da Corte era o ex-deputado e ministro Nelson Jobim, meu melhor amigo em Brasília. Creio que nossa "embaixada" no STF, que contou com amplo apoio da Conib, já presidida por Jack Terpins, da Bn'ai B'rith e de outras entidades, exigindo diversas viagens e muita conversa, deu resultado. Jobim foi um leão na defesa da condenação definitiva. E, em setembro daquele ano, o Supremo confirmou a negação do *habeas corpus*.

Para negar o *habeas corpus*, o ministro Celso de Mello baseou-se no parecer do ex-chanceler Celso Lafer, que dizia: "Com efeito, os judeus não são uma raça, mas também não são raça os negros, os mulatos, os índios e quaisquer outros integrantes da espécie humana que, no entanto, podem ser vítimas da prática de racismo".

Em seu voto, Celso de Mello afirmou: "O direito à livre expressão do pensamento, contudo, não se reveste de caráter absoluto, pois sofre limitações de natureza ética e de caráter jurídico. Os abusos no exercício da liberdade de manifestação do pensamento, quando praticados, legitimarão, sempre *a posteriori*, a reação estatal, expondo aqueles que os praticarem a sanções jurídicas, de índole penal ou de caráter civil".

As publicações da Revisão foram proibidas, e Ellwanger condenado. A pena, em função da idade avançada, terminou transformada em prestação de serviços a instituições beneficentes. Não sei se chegou a cumprir a pena; soube que era muito difícil encontrar uma instituição que aceitasse a presença de Ellwanger.

Esse foi, possivelmente, o primeiro caso de condenação por anti-semitismo na América Latina. No Brasil, de acordo com a Constituição, a pena por esse crime não prescreve. Foi também uma vitória de todos aqueles que defendem a democracia e o respeito dos direitos humanos.

21

A arena política

A EXPOSIÇÃO À MÍDIA ACUMULADA AO LONGO DE MUITOS ANOS E A redemocratização do país — que levou ao primeiro plano personagens com os quais havíamos convivido nos tempos de resistência à ditadura — fizeram com que a CIP se tornasse uma referência também na área política. A maior congregação judaica na América Latina, a CIP — que desde os tempos de seus patriarcas lutava contra o engajamento "político" — viu-se transformada em um centro de peregrinação obrigatória dos principais candidatos a prefeito, governador de São Paulo ou mesmo presidente da República.

De Paulo Maluf a Marta Suplicy, de Mário Covas e Geraldo Alckmin a Eduardo Suplicy e José Dirceu, todos se tornaram presenças constantes em nossos eventos e mesmo nas cerimônias das Grandes Festas. Não creio que buscassem tanto o "voto judaico", tal como existe nos Estados Unidos. Nossa comunidade, além de relativamente reduzida, há muito tempo vota dividida. Para cada judeu liberal há um judeu conservador ou reacionário. Embora, nos últimos anos, pelo menos em São Paulo, tenha crescido sua identificação com os tucanos, há uma pequena parcela, especialmente de jovens, que se identifica com o PT.

A visita constante de políticos à CIP, acredito, deve-se acima de tudo ao papel de referência simbólica que a Congregação tem para a cidade, o estado e o país. A passagem pela entidade se consolidou como algo tão óbvio para qualquer candidato sério, como vestir um quimono durante uma visita ao bairro oriental da Liberdade, visitar os estivadores no Porto de Santos ou comer um sanduíche de mortadela no Mercado Municipal de São Paulo.

Isso foi muito importante não só para a Congregação, mas também para toda a comunidade judaica. O convívio com aqueles que ocupariam os primeiros escalões do poder abriria caminhos preciosos. E como eu fui, por muito tempo, a face mais visível da CIP, encarava meu trabalho como o de um "operador de maçanetas".

Em inúmeras ocasiões, movimentos sociais e mesmo outras congregações religiosas recorriam a nós para facilitar o acesso ao Palácio dos Bandeirantes ou ao Planalto.

Polêmicas

Graças ao respeito que conquistamos junto à opinião pública, a CIP pôde "puxar as orelhas" de vários políticos em vários deslizes vinculados a temas de interesse dos judeus e de Israel.

Nos anos 1980, o senador petista Eduardo Suplicy, com quem cultivei amizade por muitos anos, ao disputar uma eleição majoritária, levou seu meio-irmão, Anésio Lara, ao clube A Hebraica. Suplicy, em sua conhecida (e respeitável) ingenuidade, não deu tanta importância ao fato de Lara ser um conhecido simpatizante da extrema direita. E, ao falar à imprensa, aproveitando os cinco minutos de atenção garantidos pelo parentesco com o senador, Anésio Lara detonou. Disse que, na verdade, as tais câmaras de gás dos campos de concentração eram apenas locais de desinfecção contra piolhos.

Vocês podem imaginar a repercussão que isso provocou não só junto a uma comunidade para a qual o Holocausto continua a ser uma ferida aberta, mas para toda a sociedade brasileira. Não economizamos em nossas críticas. E valeu, pois essa declaração mereceu o repúdio de toda a opinião pública, até mesmo do próprio Suplicy, homem de bem, democrata e hostil a preconceitos. Ele ficou sem jeito, claro, porém reconheço que ele não tem culpa pelo meio-irmão que possui.

Outra polêmica importante aconteceu em 2002, envolvendo o então candidato e futuro vice-presidente da República nos dois mandatos de Lula, José Alencar. Em entrevista ao vivo ao então âncora de TV Boris Casoy, Alencar, homem sério, mas pouco afeito a temas internacionais, afirmou, a respeito do conflito no Oriente Médio: "Só existe uma solução: Israel deve comprar terras em outro lugar. De outra forma, teremos um problema para o resto de nossas vidas".

A declaração deixou atônitos não apenas os judeus brasileiros, mas o próprio comando da campanha de Lula, que temia a exploração eleitoral desse deslize. Até porque houve repercussão internacional — Lula e Alencar lideravam todas as pesquisas de opinião.

A prefeita Marta Suplicy, do mesmo PT de Lula, telefonou-me, então, solicitando que a CIP recebesse o candidato presidencial, ao lado de José Alencar e dela própria, na cerimônia da noite anterior ao Rosh Hashaná, que aconteceria em poucos dias. Aceitei, evidente. E no dia José Alencar escreveu-me uma carta pedindo desculpas. O tom coloquial que Boris Casoy assume com seus entrevistados, dizia, facilitou um *brain storming* indevido. "Nada mais do que uma desafortunada idéia que acabou provocando enorme celeuma, atingindo o sentimento de pessoas amigas que a levaram a sério, como não podia deixar de ser. Peço-lhe perdão, eminente amigo rabino Sobel. Jamais me passou pela cabeça desrespeitar o povo de Israel pelo qual nutro meu maior acatamento e admiração", afirmava.

A carta de desculpas era dirigida a mim, mas, claro, destinava-se a todos os judeus do país. Respondi aceitando sua explicação. "Ficam presentes em meu espírito apenas a grandeza de seu ato de humildade e o fato de que podemos nos irmanar em nossos anseios comuns de paz", eu disse.

Logo depois, o então presidente nacional do PT e coordenador da campanha de Lula à Presidência, deputado José Dirceu, enviou carta às instituições e lideranças da comunidade judaica no Brasil para relatar o caso e reproduzir a troca de mensagens entre Alencar e eu. Felizmente, desfez-se outro mal-entendido.

Ainda no início do primeiro mandato de Lula, a diretriz governamental de aproximação com os países árabes criaria outros mal-entendidos. Em visita à Síria, em dezembro de 2003, o presidente defendeu à imediata devolução das colinas do Golan, que Israel ocupa desde 1967. Pessoalmente sou favorável à devolução, mas em um contexto de negociação global que assegure a paz definitiva para a região, coisa com a qual o governo sírio jamais concordou. Consultado pela imprensa, porém, critiquei a interferência indevida de Lula na política regional. "Cabe aos líderes israelenses e sírios decidirem sobre este problema. Dificilmente alguém de fora pode opinar sobre o assunto", afirmei.

Em maio de 2005, o Governo Federal promoveu, em Brasília, uma reunião de cúpula entre países árabes e sul-americanos, oficialmente para intensificar as relações comerciais entre os dois blocos. Os dirigentes árabes, muito hábeis, porém, conseguiram tirar proveito político do encontro, obtendo uma declaração contrária a Israel, que, entre outros pontos, justificava o terrorismo cometido por populações submetidas à ocupação estrangeira.

Manifestamos nosso desconforto e insistimos, junto ao Governo Federal, para que o presidente Lula realizasse uma visita a Israel, de forma que equilibrasse um pouco a situação, em coerência com a linha oficial de neutralidade adotada pelo Itamaraty.

Não conseguimos a visita de Lula, mas, no final do mês, o chanceler Celso Amorim partia em visita oficial a Israel. Fui convidado a integrar a comitiva e Amorim reuniu-se com o primeiro-ministro Ehud Olmert, com o presidente Moshe Katzav, com seu colega israelense, Sylvan Shalom, e com o então vice-premier Shimon Peres. Nosso chanceler defendeu uma aproximação maior entre o Brasil e o conjunto do Oriente Médio — países árabes e Israel —, observando que, por conta da tradição de tolerância de nosso país, poderíamos auxiliar na mediação do conflito.

Estou convencido de que nossa reação rápida e firme, que estimulou a visita de Amorim, foi decisiva para acelerar as negociações econômicas entre Israel e o Mercosul, que patinavam há uma década. No finalzinho de 2007, o Mercosul e Israel assinaram um acordo de livre-comércio. Eu ainda estava muito abalado pelo incidente de Palm Beach, mas consegui desfrutar de um raro momento de alegria.

Apoiar a organização de visitas de líderes políticos brasileiros a Israel, como parte de um trabalho cuidadoso e permanente de relações públicas, sempre foi outra de minhas atividades. Levamos para lá o senador Suplicy e Marta, Fernando Henrique Cardoso, quando ainda ocupava uma cadeira no Senado, o prefeito paulistano Gilberto Kassab e, em 2005, o então governador de São Paulo, Geraldo Alckmin, à frente de um grupo de empresários que buscavam negócios bilaterais, entre muitos outros.

Encontro com Arafat

Nunca escondi de quem quer que fosse minha disposição firme de aproveitar cada brecha, cada porta aberta nesse trabalho de aproximação com as grandes lideranças — no Brasil e no exterior — para avançar rumo à maior tolerância religiosa e à paz entre os povos. Assim, em 1996, pedi à representação da Organização pela Libertação da Palestina (OLP) em Brasília uma audiência com Yasser Arafat, recém-eleito *rais* (presidente, em árabe) da Autoridade Palestina, embrião do futuro Estado independente.

O Oriente Médio vivia o momento mais favorável a uma paz definitiva entre Israel e os palestinos, e eu queria aproveitar uma viagem a Israel, onde aconteceria um encontro do Congresso Judaico Mundial para, quem sabe, dar a minha contribuição.

Naqueles tempos, Arafat recebia lideranças judaicas com freqüência. Mesmo assim, fiquei surpreso com a rapidez com que o pedido foi aceito. Na companhia de dois jornalistas brasileiros e de um líder da comunidade judaica na África do Sul, parti de carro desde Jerusalém ao encontro de Arafat, que havia se instalado na Faixa de Gaza.

Sair de uma cidade deslumbrante como Jerusalém e entrar em Gaza foi um choque terrível. A cidade onde, na tradição bíblica, nasceu Sansão, vivia em uma tremenda miséria. Não havia trabalho para quase ninguém; vi centenas de homens nas ruas, tomando café turco, fumando seus narguilés, os cachimbos d'água, ou jogando gamão. Nem a paisagem maravilhosa do Mediterrâneo podia ser aproveitada — não havia praias aterradas. "Queira Deus que a paz venha logo e a situação deste povo possa melhorar", pensei.

Baixinho, peito inflado pelo colete à prova de balas, cercado de parrudos guarda-costas, Arafat (todos, indefectivelmente, usando grossos bigodes) irradiava simpatia e me recebeu com um sorriso largo, semita. Falou durante quarenta minutos, tendo ao fundo uma grande foto da Mesquita de Omar, em Jerusalém. Muito didático, expôs seu ponto de vista a respeito do conflito no Oriente Médio em um ótimo inglês, ainda que com muito sotaque. Insistiu na necessidade de haver empatia entre os povos. "Israel precisa se colocar no lugar dos palestinos", disse.

Respondi afirmando que a paz é coisa séria demais para ser deixada apenas por conta dos políticos. E que, se quiséssemos uma paz consistente, teríamos de educar as crianças, as novas gerações israelenses e palestinas, para a convivência. Teríamos de preparar para a paz as escolas, os centros religiosos e outras instituições educativas.

Também disse àquele velho combatente que acreditava ser o fundamentalismo religioso o maior obstáculo na direção da convivência. Isso porque o radicalismo de uma religião alimenta o radicalismo da outra. "Para que a paz seja definitiva, a sinagoga, a mesquita e a igreja devem se dar as mãos", disse. Arafat concordou.

À saída, ele me deu uma caixa feita em artesanato típico de Jerusalém, de madrepérola. "É para que sua esposa guarde as jóias", explicou.

Ao apertar sua mão, já na porta, li em seus olhos brilhantes o desejo incontido de, finalmente, chefiar o Estado Palestino. E fiquei muito impressionado com seu carisma. Era chocante o contraste entre a imagem de Arafat, cercado por guarda-costas em seu "palácio" de dois andares, e uma cidade semidestruída lá fora.

Infelizmente, em pouco tempo me decepcionaria de forma definitiva com Yasser Arafat.

Meu encontro com o líder palestino foi recebido como algo normal pela liderança do Congresso Judaico Mundial. Mas não para alguns dirigentes da Conib, que se sentiram enciumados. Afinal, quem aquele rabino achava que era?

22

Às portas do Planalto

O PRIMEIRO PRESIDENTE BRASILEIRO COM QUE ESTIVE, NA QUALIDADE DE rabino e representante da comunidade judaica, foi Ernesto Geisel, em 1975, ainda antes do caso Vladimir Herzog. O motivo não era nada festivo. O Brasil, muito envolvido em negócios com o mundo árabe, especialmente com o Iraque de Saddam Hussein, havia votado favoravelmente, nas Nações Unidas, a uma resolução que equiparava o sionismo ao racismo. Benno Milnitzky, então presidente da Conib, resolveu ir sozinho a Brasília para um encontro com o presidente.

Benno não se intimidou com o jeitão duro de Geisel. "Presidente, vou lhe dizer uma coisa, sou brasileiro, judeu e sionista." O presidente ouviu, disse compreender nossa posição, mas nada mudou. Saímos, pelo menos, com o sinal verde para a continuidade da atuação, no Brasil, da

Organização Sionista Unificada. À saída do encontro, falando à imprensa, Benno disparou outra vez: "Sou brasileiro, judeu e sionista". Para mim, ainda novo em política, foi uma boa lição.

O tal voto anti-sionista do Brasil na ONU também foi o motivo de outro encontro de que participei com um presidente do Brasil, desta vez José Sarney, em 1987. Elie Wiesel havia ganho o Prêmio Nobel da Paz pouco tempo antes e aproveitamos sua notoriedade. Ele fez uma visita à CIP que decidimos "esticar", pedindo um encontro de dirigentes da Congregação com Sarney. Como os dois são escritores, achávamos que um bate-papo talvez pudesse gerar a empatia necessária para reabrir a discussão sobre o voto do Brasil na ONU.

A conversa foi excelente, Sarney é um homem muito simpático e culto. Ele e Wiesel conversaram muito, sobre vários assuntos, com destaque para a literatura. O presidente disse até simpatizar com nossa posição, contudo localizou o voto do Brasil em um contexto histórico. Não haveria mudança da posição do Brasil tanto tempo depois.

Sempre um cafezinho

Porém, foi nos dois mandatos de Fernando Henrique Cardoso, entre 1994 e 2002, que mantive um contato mais próximo com o Planalto. Eu o conhecia há muito tempo, do movimento pela redemocratização do país e das lutas contra o desrespeito dos direitos humanos. Isso foi gerando uma amizade sólida, com encontros freqüentes — somos vizinhos em São Paulo —, estivesse ele ocupando uma cadeira no Senado, um ministério ou o Palácio do Planalto.

A sintonia política também sempre foi grande. Em São Paulo, embora as entidades judaicas sejam apartidárias, a simpatia da maior parte da comunidade recaiu sobre FHC, em suas duas vitórias contra o petista Lula, em 1994 e 1998. Sobre FHC e sobre outros líderes tucanos, como Mário Covas, Geraldo Alckmin e José Serra. Pessoalmente, engajei-me — guardando a distância que meu posto religioso exigia — em diversas

Às portas do Planalto

campanhas dos tucanos. Considero-me, até hoje, uma espécie de tucano honorário com sotaque ianque...

Foram muitos os encontros com FHC no Planalto, às vezes, sem hora marcada, apenas para tomar um cafezinho e discutir um tema importante. Diversos problemas da Congregação e da comunidade eram resolvidos por telefone.

Fernando Henrique visitou a CIP em duas oportunidades. A primeira, em 1996, marcando o 60.º aniversário da Congregação. Junto, recebemos o então governador Mário Covas, um grande amigo da Congregação, e o prefeito Paulo Maluf.

A segunda visita do presidente aconteceria cinco anos depois, em meio a uma confusão que quase se transformou em incidente diplomático.

Certa vez, conversando com o presidente em Brasília, perguntei-lhe o que achava de convidarmos o ex-secretário de Estado dos Estados Unidos, Henry Kissinger, para uma palestra em São Paulo, comemorando o 65.º aniversário da CIP, em 2001.

Ele adorou a idéia. Imediatamente pediu a seu *staff* que localizasse Kissinger, judeu nascido na Alemanha que chefiou a diplomacia norte-americana nos governos de Richard Nixon e foi co-ganhador do Prêmio Nobel da Paz com o vietnamita Le Duc Tho, pelo papel que ambos desempenharam nas negociações responsáveis pelo fim da Guerra do Vietnã.

A origem judaica de Kissinger, aliás, gerou um momento engraçado na diplomacia internacional. Em um de seus encontros com a legendária primeira-ministra de Israel, Golda Meir*, no qual provavelmente iria lhe pedir alguma coisa, ele disse logo de saída, para evitar qualquer confusão:

— Dona Golda, sou norte-americano, secretário de Estado e judeu, nessa ordem.

— Não faz mal, sr. Kissinger. Em Israel nós lemos da direita para a esquerda...

Pouco tempo depois que lhe fiz a proposta, FHC estava falando com Henry Kissinger ao telefone. Ele então tapou o bocal, virou-se para mim e perguntou:

— Quando você quer que ele venha?

Disse que ia mandar logo algumas sugestões de datas.

Voltei animadíssimo para São Paulo e montei uma equipe dentro da CIP para organizarmos o evento. Muito rápido, acertamos as datas, o jantar em um grande bufê e começamos a mandar as informações para a mídia. As notinhas em colunas de jornais começaram a se multiplicar.

Só havia um problema. A biografia brilhante de Henry Kissinger tinha, também, um lado sombrio: o comprometimento dos Estados Unidos com o apoio a diversos ditadores latino-americanos, em especial com o sanguinário Augusto Pinochet, do Chile. Em meu entusiasmo característico, esqueci completamente esse "detalhe". Eu e Fernando Henrique Cardoso, que fora recebido como exilado no Chile pelo governo de Salvador Allende, a quem Pinochet derrubou em um golpe sangrento.

Entidades de defesa dos direitos humanos souberam da visita anunciada de Kissinger e, furiosas, foram pedir explicações ao Governo Federal. O então chanceler Celso Lafer nos alertou que corríamos o risco de criar um grave incidente político.

O governo voltou atrás. Entretanto, o que fazer se o evento já estava anunciado, se tudo estava pronto? Graças ao empenho de Celso Lafer e à boa vontade do presidente, encontramos uma ótima solução. O próprio Fernando Henrique Cardoso seria o astro do evento de 65.º aniversário da Congregação.

Foi um encontro maravilhoso que trouxe também o então governador paulista Geraldo Alckmin, a prefeita Marta Suplicy e o senador José Serra, além de um bombeiro que havia se destacado no auxílio às vítimas do ataque terrorista da Al Qaeda contra as torres gêmeas do World Trade Center, em Nova York, em 11 de setembro de 2001. FHC falou sobre a situação política mundial, homenageou o bombeiro e, bem-humorado como sempre, até cantou comigo, em hebraico, a canção *Lê Dór Va Dor*, "de geração em geração", que a CIP havia adotado nos últimos anos como síntese de sua missão.

Para variar, ou melhor, para não variar nada, o encontro com o presidente acirrou as futricas na liderança comunitária judaica. Jayme Blay, então presidente da Federação Israelita do Estado de São Paulo, ficou muito irritado — e veio reclamar comigo — por não ficar na mesa do presidente no jantar. Mas o que eu podia fazer se a mesa tinha de alojar o presidente, o governador e a prefeita, com seus cônjuges, mais os ministros de Estado e o presidente da CIP? Enfim, mais uma fricção; mais uma onda de ciumeira...

Lula lá

A eleição do petista Luiz Inácio Lula da Silva para a Presidência, em 2002, foi encarada com desconfiança por grande parte dos líderes da comunidade judaica brasileira, além da própria comunidade. Eles lembravam a ligação histórica entre o PT e a resistência palestina, principalmente no que se referia à OLP de Yasser Arafat. Houve também o incidente com o vice-presidente José Alencar. Outros temiam a origem socialista do PT que, convenhamos, a qualquer observador razoavelmente informado, ficara para trás havia muito tempo. E havia ainda o preconceito com relação à origem social e à educação formal de Lula. Alguns dirigentes foram além, manifestando à mídia, de maneira desastrada, o temor de uma onda antijudaica e anti-Israel, em razão da proximidade entre o PT e a OLP.

Engajei-me desde o início na campanha do tucano José Serra — o que alguns criticaram porque "esse não é papel de um rabino" —, que Lula derrotou. Contudo, nunca concordei com o preconceito e o temor sobre o futuro. (Veja artigo no capítulo final do livro). Cheguei a declarar o seguinte: "Que eu saiba, o PT é pró-palestino, mas não é anti-Israel". O PT e Lula, eu acreditava, haviam se comprometido firmemente, há décadas, com a democracia e a economia de mercado. E, afinal, a alternância de poder é a parte mais interessante da democracia.

Sem esquecer que Lula contava com vários judeus em seu círculo mais próximo de colaboradores: o ministro do Trabalho, Jaques Wagner, depois eleito governador da Bahia, o porta-voz presidencial, André Singer, e seu pai, Paul Singer, um importante assessor econômico, a chefe de gabinete adjunta Clara Ant e o então presidente do BNDES, Guido Mantega, que depois seria alçado ao comando da política econômica de Lula. Mantega, aliás, é casado com a psicóloga Eliane Berger, antiga *chaverá*[35] da Chazit Hanoar e integrante do Grupo de Teatro da CIP.

A análise estava correta. É verdade que, com Lula, não tivemos acesso tão direto e informal ao Planalto. Mas ele sempre nos tratou com enorme carinho e respeito. Minha admiração por Lula crescera em um momento triste, a morte do papa João Paulo II, amigo dos judeus e de Israel, em 2005, após um longo sofrimento.

Lula, que enfrentava um momento de grave desgaste político, deu um exemplo de grandeza ao convidar para a viagem aos funerais do papa dois de seus antecessores, José Sarney e Fernando Henrique Cardoso, este um adversário tenaz. Esse ato de estadista tornou-se ainda mais completo porque ele convidou para viajar no Aerolula, o avião novinho em folha que o governo estreava, líderes de várias religiões: o secretário-geral da CNBB, D. Odilo Scherer, depois cardeal-arcebispo de São Paulo, o pastor luterano Rolf Schünemann, o xeque Armando Salem Saleh, eu e a mãe-de-santo Areonilthes Conceição Chagas — que, aliás, não viajou. Por conta do trânsito no Rio de Janeiro, ela perdeu o vôo até Brasília...

O presidente convidou cada um de nós pessoalmente. Cheguei a Brasília na noite anterior ao embarque e, às seis da manhã, pontualmente, estava na Base Aérea. Fui o segundo a chegar, depois do então presidente do Supremo Tribunal Federal, meu amigo Nelson Jobim. Conosco, embarcaram ainda os presidentes do Senado, Renan Calheiros, e da Câmara Federal, Severino Cavalcanti, e o chanceler Celso Amorim.

Os temas religiosos estavam em ebulição naquele momento. Dias antes, o cardeal-arcebispo do Rio de Janeiro, D. Eugênio Scheid, dera

---

[35] Em hebraico, "companheira" (masculino: *chaver*). Tratamento usado entre os integrantes dos movimentos juvenis sionistas.

Às portas do Planalto

uma declaração desastrada, dizendo que Lula não era católico, mas, sim, "caótico". O presidente saiu-se bem, respondendo que não precisava provar a ninguém que era católico.

Todavia ele é católico, sim, de forma sincera e se interessa bastante pelas outras religiões. Na própria Base Aérea, houve um ato ecumênico, com direito a orações em árabe e hebraico.

A viagem foi muito descontraída. O presidente mostrou as dependências do avião e, então, nos sentamos já sem os paletós. Logo depois da decolagem, quando os garçons serviam um prato de lulas fritas, FHC disparou: "Não, lulas fritas eu não quero. Não fica bem..." para a gargalhada de todos, até mesmo de Lula e de dona Marisa, ambos muito bem-humorados.

Não comi os canapés, todos à base de carne. O cardápio das refeições servidas durante as onze horas de vôo, aliás, foi dos mais ecléticos, incluindo camarão, frango, guisado de bode e sorvete de tapioca.

O presidente pediu-me que fizesse uma exposição das regras da *kashrut*. Mais tarde, pediu a cada um que falasse um pouco sobre o significado pessoal dessa viagem. Na minha vez, lembrei-me do trabalho sério de João Paulo II em prol do diálogo entre o catolicismo e as outras religiões.

Enquanto estive à frente do rabinato da CIP, o presidente visitou a Congregação em duas oportunidades. A primeira, em 2006. Não o conhecia bem; seu estilo é completamente diferente do de FHC. Fernando Henrique é mais discreto, *low profile* e algo circunspecto, apesar do bom humor; Lula é esfuziante. Carismático, adorou o contato com os sócios e convidados da Congregação e curtiu cada momento do *schwantz*, a fila de pessoas que queriam conhecê-lo, abraçar ele e dona Marisa, tirar uma fotografia para o álbum de família...

A segunda visita aconteceu em fevereiro de 2007, marcando o Dia Internacional de Recordação do Holocausto, data instituída pela ONU. A presença de Lula no ato religioso foi um gesto marcante porque, pouco antes, o governo do Irã havia organizado um encontro de "pesquisadores" que negavam o Holocausto.

O presidente denunciou com firmeza os negadores do Holocausto, assim como toda perseguição religiosa, étnica ou política, em qualquer país do mundo. Na sinagoga, ao meu lado, muito rápido e inteligente, ele fez várias perguntas sobre cada aspecto da liturgia judaica: "O que é isso?", "E aquilo?".

Dei a Lula uma *hamsa*, um amuleto em forma de mão espalmada que, acho, tem origem árabe, mas também é considerado pelos judeus, principalmente os sefardim como um símbolo de sorte. Lula quis saber de tudo; é um homem muito curioso e inteligente, que aprende rápido. Expliquei-lhe o que era a *hamsa*, para que servia e o significado cabalístico de cada dedo.

Não, ele não tinha nada de antiIsrael. Muito menos de antijudeus.

23

Intrigas na comunidade

As polêmicas com os ortodoxos (em particular, com o movimento Beit Chabad, muito agressivo), que nunca aceitaram minhas posições liberais e meu envolvimento com temas sociais e políticos de maior dimensão, sempre geraram fortes repercussões. Dado o meu passado e o engajamento no diálogo com outras religiões e na defesa dos direitos humanos, a tendência da opinião pública e da mídia era identificar meu posicionamento com a tolerância e a moderação, o que freqüentemente colocava quem estava "do outro lado" em uma situação incômoda.

Em agosto de 1994, por exemplo, a Federação Israelita de São Paulo (Fisesp) decidiu organizar um ato de repúdio ao pavoroso atentado que, no ano anterior, matara 89 pessoas na sede da Asociación Mutual Israelita Argentina (Amia), em Buenos Aires. O ato foi importante: reuniu cerca de 1.800 pessoas, contando com a presença do então governador Luiz Antonio Fleury Filho e do prefeito paulistano Paulo Maluf.

Na Presidência da Fisesp estava Israel Levin, um homem dedicado, mas que vivia sob forte influência dos ortodoxos e seus benfeitores, grandes empresários. Assim, na organização do ato "em nome da tolerância", apenas rabinos ortodoxos foram destacados para oficiar a cerimônia religiosa. E eu fui proibido de falar.

Cheguei de mansinho, sentei-me atrás do prefeito Maluf e contei-lhe o caso aos cochichos. Ele virou a cabeça, abriu seu sorriso característico e apenas ergueu o polegar, em sinal de "positivo". Na hora de seu discurso, Maluf destacou meu trabalho "sempre presente em atos ecumênicos e de solidariedade a outros povos".

Ao final, depois de agradecer a gentileza de Maluf, declarei aos jornalistas que procuravam entender o caso: "Fui proibido de falar porque os dirigentes da Fisesp se curvaram às exigências dos rabinos ortodoxos. É um paradoxo que justamente num ato contra a intolerância, contra a discriminação, se manifeste tanta intolerância e discriminação por parte de uma entidade que se diz representativa. O mais triste é que entre as vítimas do atentado em Buenos Aires havia judeus de todas as correntes. Os criminosos que explodiram a bomba não fizeram distinção entre judeus ortodoxos e liberais".

Já a Fisesp declarou que eu não pude falar por conta dos limites do protocolo e que quando um rabino fala, todos devem sentir-se representados. Não pegou bem.

Ciumeira

A repercussão negativa de fatos como esse junto à opinião pública irritava profundamente boa parte dos dirigentes de entidades judaicas. O problema quase sempre era o mesmo. Eu não havia sido eleito para dirigir a Confederação Brasileira ou a Federação Israelita de São Paulo. Então, para muitos dirigentes, eu não tinha o direito de representar ninguém.

Porém, o fato é que as circunstâncias pós-década de 1970 haviam me transformado em um interlocutor reconhecido pela sociedade brasileira como representante do judaísmo. E nunca houve solução para essa dicotomia.

Muito pelo contrário, o assunto transbordaria de fora para dentro, transformando-se em plataforma eleitoral das próprias entidades judaicas. Aqui, cabe uma explicação. Embora não haja estatísticas precisas, calcula-se que a comunidade judaica no Brasil some cerca de cem mil pessoas. Desse total, 65 mil vivem em São Paulo. Assim, a Federação Paulista é a entidade regional mais importante, que quase sempre determinou quem comandaria a Conib.

Por muitos anos, Benno Milnitzky e seu grupo dominaram, nos bastidores, a política das entidades judaicas em São Paulo e no país. No fim dos anos 1980, o fortalecimento de diversas instituições sociais (como o Hospital Albert Einstein e o Clube Hebraica, ambos de São Paulo) e o crescimento das entidades ortodoxas, sempre com o apoio de potentados econômicos, como o banqueiro José Safra, alteraram essa microgeopolítica comunitária.

Em 1992, uma articulação entre o Clube Hebraica, o Beit Chabad e a família Safra tentou levar o empresário Marcos Arbaitman à Presidência da Confederação Israelita do Brasil, a Conib. Arbaitman, que depois seria secretário de Estado do Turismo em São Paulo, era muito respeitado dentro e fora da comunidade. Seria um candidato fortíssimo, capaz de "cabalar" os votos de muitas pequenas comunidades (apenas entidades votam na eleição para a Conib).

Benno, então, operou uma manobra engenhosa da qual fiz parte. Lançou o nome do carioca Alberto Nasser, que logo recebeu o apoio da Federação de seu estado. Como ele era um judeu sefaradi de origem oriental, também ganhou força nos estados em que as comunidades sefaradim são majoritárias, como o Pará e o Amazonas. E o grupo de Benno conseguiu outros votos em estados menos importantes. Isso selou a vitória de Nasser, até então quase um desconhecido.

No entanto Nasser tinha projetos próprios, apesar de quase nenhuma experiência política. Para começar, revelou-se muito mais conservador do que se imaginava, com posições bem mais próximas do Beit Chabad do que de nosso grupo. Marcos Arbaitman, por outro lado, era um liberal.

Alberto Nasser também se incomodava demais com minha independência. Era o presidente da Conib e queria aparecer como tal. As alfinetadas, críticas e desgastes se sucediam. E a gota d'água veio após meu encontro com Yasser Arafat em 1996. Na edição de dezembro daquele ano de seu boletim *Integração*, a Conib publicava o seguinte texto:

Resolve o Executivo da Conib:
Desligar do Conselho Superior, na qualidade de membro, a partir de 16 de dezembro de 1996, o rabino Henry Sobel, pelos motivos abaixo citados:

1. O encontro do rabino Sobel com Yasser Arafat por ocasião de uma reunião do Congresso Judaico Mundial, realizado em janeiro de 1996, em Jerusalém, apresentando-se como representante da comunidade judaica do Brasil, sem prévia autorização do presidente da Conib, que estava chefiando a delegação brasileira no mesmo Congresso.

2. A entrevista do rabino Sobel em jornais, criticando o Estado de Israel por ter atacado o sul do Líbano, enquanto jovens soldados israelenses perdiam suas vidas em defesa do Estado de Israel.

3. A entrevista do rabino Sobel concedida ao *Correio Braziliense* em 5/10/96 com o título "Rabino critica profanação israelense", que mereceu severas críticas do Embaixador de Israel no Brasil, Yaacov Keinan.

4. A intromissão do rabino Sobel no assunto referente ao ouro nazista no Brasil, dirigindo-se diretamente ao presidente Fernando Henrique Cardoso sem a devida autorização da alta cúpula representativa do judaísmo brasileiro, tendo em vista já encontrar-se em andamento a discussão de tal assunto, através do senador Bernardo Cabral, presidente do Grupo Parlamentar Brasil–Israel.

5. Considerando que certos assuntos são incompatíveis com a figura de um rabino religioso que insistentemente interfere no que não é de competência de um membro isolado da comunidade judaica brasileira.

A iniciativa de Nasser teve um ponto positivo: ele expressou exatamente o que muitos dirigentes pensavam a propósito de minhas iniciativas, mas que nunca foram capazes de dizer com transparência. No texto que me expulsava do Conselho Superior, termos como "sem prévia autorização do presidente da Conib" e "sem a devida autorização da alta cúpula (sic) representativa do judaísmo brasileiro" deixam bem claro qual era o problema: orgulho ferido.

Entretanto a atitude de Nasser transformou-se em um rotundo desastre. A começar pelos argumentos que ele usou para justificar minha expulsão. Ninguém com um mínimo de visão política pode aceitar "críticas do embaixador de Israel" como motivo para afastar alguém de uma entidade brasileira. Assim como críticas a uma determinada posição do Estado de Israel não podem constituir "delito de opinião" a ser punido com o afastamento de uma entidade que representa os judeus do Brasil. Essas críticas, aliás, eram assumidas por parte considerável da população israelense e veiculadas o tempo todo pela mídia daquele país.

Sem contar um aspecto *naïf* do texto: Alberto Nasser não gostou de meu contato com FHC, que o levou a constituir uma comissão de busca dos valores roubados dos judeus pelos nazistas. Preferia, como diz o texto, um encaminhamento mais, digamos, protocolar, por meio de um senador que, aliás, havia perdido grande parte de sua influência ao ocupar o Ministério da Justiça no confuso governo Collor de Mello.

O tiro, então, saiu pela culatra. Minha expulsão do Conselho Superior da Conib soou, para a maioria dos dirigentes de entidades judaicas do país (até mesmo de muitos que não gostavam de mim), como uma bravata de alguém ferido em seu ego.

Em março de 1997, a mídia judaica publicava dois novos textos. Uma Nota de Esclarecimento da Federação Israelita de São Paulo afirmava: "O convite à participação, assim como a exoneração do rabino Henry Sobel da Conib, foram atos de alçada exclusiva da direção da entidade". A Federação tinha como presidente Vera Bobrow, que não tinha simpatia alguma por mim. Ao contrário, era muito próxima do Beit Chabad e da família Safra. Só se manifestou porque não havia mesmo como concordar com a atitude atabalhoada de Alberto Nasser. O texto da Fisesp considerava "... desrespeitosa e não-apropriada a forma como foi conduzido o processo de afastamento". E concluía, em uma farpa com endereço certo: "Legitimidade e poder de representação são atributos conferidos através de desempenho responsável e pela sanção majoritária de uma comunidade, e neste sentido é vital a participação maciça e democrática dos integrantes desta em processos eleitorais transparentes, que conduzam a uma elevação crescente na qualidade de nossa representação".

Um segundo texto, assinado por nove entidades judaicas — entre elas a CIP, o clube A Hebraica e o Hospital Albert Einstein, dizia:

> As entidades abaixo-assinadas, componentes da comunidade judaica brasileira, expressam seu repúdio em relação à insólita atitude adotada pela Conib, em relação ao rabino Henry Sobel.
>
> O rabino tem, nos últimos 26 anos, pautado todas as suas manifestações de forma a defender não só a verdade, a cultura, a religião e a ética, como também os anseios do povo judeu.
>
> Atitudes como essa da Conib não favorecem nem a coesão de nossa comunidade, nem sua imagem junto à grande sociedade brasileira.
>
> Urge que o equilíbrio, bom senso, razão e visão de grandeza voltem a caracterizar a atuação de nossa liderança comunitária nacional.

Apenas com a publicação de um texto, Alberto Nasser conseguiu reunificar as maiores entidades judaicas do país, principalmente as de São Paulo, em torno de um personagem que muitas delas não toleravam: o rabino Henry Sobel.

Nas eleições seguintes para a Presidência da Conib, Nasser foi afastado sem nenhum problema. E Jack Terpins assumiu a Presidência, com o apoio de Benno Milnitzky.

Terpins, aliás, em seu depoimento para a confecção deste livro, sintetizou:

> Muitos de nossos dirigentes, quando assumem cargos, acham que são os reis da comunidade. Acontece que o rabino Sobel é, talvez, o maior líder judaico em mais de quinhentos anos de história do Brasil. Com todos os erros que cometeu — e não foram poucos —, é um fenômeno, o melhor relações públicas que a comunidade já teve. Conquistou essa posição e deve ser respeitado.

24

Um rabino na *Playboy*

"RABINO, QUAL FOI O SEU MAIOR ERRO EM TODO ESSE TEMPO NO BRASIL?" Ouvi essa pergunta em 2006 do jornalista que editava uma publicação comemorativa dos 70 anos da CIP. Não precisei nem pensar para responder, até porque isso aconteceu muito tempo antes do incidente das gravatas...

— Sem dúvida, a entrevista que dei à revista *Playboy* em 1993. Foi uma ingenuidade; alimentei meus adversários à toa.

O fato é que fui procurado pela revista para a 209.ª de suas "grandes entrevistas". Fiquei lisonjeado: essas páginas, as mais nobres (entre aquelas que não exibem fotos, claro...) da revista sempre foram reservadas a personalidades de destaque. Eram tempos em que eu enfrentava poucas turbulências internas na Congregação e não vi problemas.

A entrevista, em si, não teve grandes novidades — foi uma excelente oportunidade para expor meu ponto de vista sobre o judaísmo liberal. Mas as repercussões...

Confira você mesmo os principais trechos da entrevista.

Playboy ENTREVISTA HENRY SOBEL

Uma conversa franca com o rabino mais cabeludo da América Latina

Ele não é nenhum Ricardo Amaral, mas participa semanalmente de dezenas de festas, casamentos e jantares. Ele não é nenhum Antonio Ermírio de Moraes, mas tem uma agenda lotadíssima de reuniões, palestras e compromissos, alem de já ter três livros e muitos artigos publicados. Ele não é nem o Leandro nem o Leonardo, mas recebe, e faz questão de responder pessoalmente, 30 cartas por mês. Ele é o rabino Henry Isaac Sobel, presidente do Rabinato da Congregação Israelita Paulista (CIP), a maior congregação da América Latina. É também o coordenador da representação judaica da Comissão Nacional de Diálogo Religioso Católico-Judaico, órgão da Conferência Nacional dos Bispos do Brasil, a CNBB. Tem em São Paulo projeção semelhante ao cardeal dos católicos, dom Paulo Evaristo Arns.

Henry Sobel é alto, louro e americano. Aparenta ter menos que os seus 49 anos, completados em janeiro, e, se não fosse pelo uso do kipá, o solidéu de uso obrigatório para os homens dentro de uma sinagoga, ele passaria tranqüilamente por um executivo de terno e gravata, cabelos compridos, carismático e conversador inveterado. O fato de ter nascido em Lisboa talvez explique, por linhas tortas, a sua adoração pelo Brasil, onde vive desde abril de 1970 e do qual se diz cidadão permanente. Para Sobel, a circunstância fortuita de ser lisboeta — seus pais, belgas, estavam a caminho dos Estados Unidos, fugindo da Segunda Guerra Mundial — tem outra vantagem, diz ele num tom irônico e brincalhão: a de explicar seu forte e persistente sotaque americano, depois de quase 23 anos de Brasil. Seu lado americano aconteceu aos 11 meses de idade, quando sua família se instalou em Nova York. O lado belga explica seu francês perfeito e o uso, freqüente, de palavras e expressões nessa língua, de mistura com vocábulos ingleses. A mãe do rabino Sobel já morreu e, sempre que é citada, ele se emociona às lágrimas e a descreve como uma mulher linda, alegre e jovial. O pai, provavelmente a sua maior influência, é um judeu-ortodoxo que aceitou com muito amor a opção liberal do filho. Sim, porque ele é um rabino liberal que em nada lembra as figuras barbadas e de roupas escuras da religião judaica. Mais do que ser liberal, Sobel é um homem equilibrado. Equilíbrio: essa é a palavra-chave de um homem que não gosta de dogmas nem de extremos, sejam eles religiosos, espirituais, materiais ou políticos.

Política, eis aí outra de suas grandes áreas de atuação. Democrata fervoroso, eleitor do vitorioso Bill Clinton nas últimas eleições presidenciais americanas, em novembro passado, foi exatamente por uma tomada de posição política — ou de justiça social, como ele prefere — que em outubro de 1975 o rabino Sobel se tornou nacionalmente conhecido. Em plena ditadura militar, o jornalista judeu Vladimir Herzog morreu no DOI-Codi, em São Paulo. Sua morte foi oficialmente apresentada como suicídio — ato que, segundo a religião judaica, contraria a vontade de Deus. Os suicidas, por isso, são enterrados numa ala a eles reservada nos cemitérios israelitas. Certo de que Herzog havia sido morto sob tortura, Sobel não só determinou que fosse enterrado na ala dos não-suicidas como também, em novo desafio ao regime militar, participou, junto com D. Paulo Evaristo Arns, de memorável ato ecumênico realizado na Catedral da Sé, assistido por 8 000 pessoas, cerimônia que, com certeza, contribuiu para mudar os rumos da ditadura e das perseguições políticas no Brasil.

Sua fé no ecumenismo transparece até nos porta-retratos da sua biblioteca. Ao lado de fotografias dos pais e de sua filha única, Alisha, de nove anos, duas fotos do papa João Paulo II têm lugar de destaque. Aliás, as estantes muito recheadas de sua biblioteca são também bastante ecléticas. Livros de arte e de ficção convivem com textos religiosos e obras de Marx — não aquele em que fatalmente se pensa em primeiro lugar, e, sim, o notável comediante americano Groucho. Nem poderia ser diferente: como para todo bom judeu, o humor tem espaço garantido na biblioteca do rabino Sobel. Já quando o assunto é dinheiro, contudo, ele se mostra menos explícito. Não revela quanto ganha. Mas não faz segredo de seu gosto por morar bem. Seu

Um rabino na *Playboy*

apartamento, em Higienópolis, bairro paulistano de forte presença judaica, é muito bem montado e mais parece uma casa, com dois andares, jardim, terraço todo envidraçado e muitos quadros, tapetes e objetos de arte. Nesse cenário é que a editora de *Playboy*, Márcia Naspitz, foi recebida pela mulher do rabino, Amanda, que vestia apenas um conjunto de *short* e camiseta brancos. Alta, loura, Amanda é americana, mas faz um ótimo cafezinho brasileiro, combustível para a entrevista que se segue. Uma conversa franca com um homem que faz questão de deixar claro que não pretende dar lição de moral a ninguém, nem quer ser modelo de nada, porque se considera apenas um ser humano como qualquer outro, com qualidades e defeitos.

Como é seu dia-a-dia de rabino?
É bastante intenso. As manhãs eu passo no meu escritório particular, onde escrevo muito — artigos, palestras, prédicas. Respondo todas as cartas que recebo. À tarde, estou sempre na CIP, atendendo pessoas, agendando casamentos, *bar-mitzvot*, um *brit-milá*, tantas coisas... No meu dia-a-dia, o que conta não é a quantidade de situações, mas a qualidade delas, as alegrias, tristezas que elas propiciam, e poder viver cada momento intensamente.

E há também as obrigações sociais, casamentos, festas...
São compromissos inevitáveis. O segredo é que eu vibro muito com a profissão que escolhi e me sinto muito realizado. Não encaro como sacrifício ter que negligenciar minha vida particular em razão desses compromissos. Além das obrigações sociais, tenho muitas reuniões, à noite, com diversas entidades judaicas e não-judaicas. Aliás, sinto o maior orgulho do meu trabalho de aproximação com a Igreja Católica.

Seu grande parceiro nesse trabalho é o cardeal D. Paulo Evaristo Arns, não?
Ele é, sem dúvida nenhuma, o catalisador número um desse processo. Desde a época da ditadura militar estivemos juntos, sofremos juntos. O caso trágico do Vladimir Herzog foi apenas um entre tantos outros. Mas foi aquele momento que nos aproximou. Depois veio a colaboração magnífica da CNBB com D. Ivo Lorscheiter, D. Celso de Queiroz... Pessoas iluminadas!

O sr. leu o romance Evangelho segundo Jesus Cristo, do escritor português José Saramago, uma visão comunista de Jesus, que ainda por cima aparece como amante de Maria Madalena?
Li alguns trechos e não cabe a mim opinar. É um assunto polêmico que fere algumas sensibilidades.

Falando em assuntos polêmicos, como o sr. vê a questão palestina?
Se nós temos o Estado de Israel, por acaso somos melhores ou superiores aos outros? Nada disso. Os palestinos têm os mesmos direitos. Somos todos filhos de um único Deus. Por outro lado, a *intifada* (o levante palestino nos territórios ocupados por Israel) é inaceitável, por seu caráter violento. Mas a repressão a esse levante não é menos violenta, sendo, portanto, igualmente condenável.

Mas o sr. defende o sionismo?
Defendo, sim. Sionismo, para mim, é a centralidade do Estado de Israel no inconsciente coletivo dos judeus... Não vejo nenhum conflito entre o sionismo e o nacionalismo. O patriotismo de um judeu em relação ao Brasil não diminui seu amor por Israel, e vice-versa. Uma criança tem dois amores e duas lealdades: para com a mãe e para com o pai — e nenhuma delas diminui a outra. Brasil e Israel são dois amores e sou fiel a eles. Sionismo não implica necessariamente imigrar para Israel, mas sim garantir sua existência e manter a unidade do povo judeu.

Faz 23 anos que o sr. está aqui. Pretende ficar para sempre?
Sim, me considero um americano residindo permanentemente no Brasil. Mas ter um passaporte americano ajuda. Durante a ditadura militar, por exemplo, meus adversários me criticavam muito, dizendo que eu falava alto porque tinha um passaporte americano. Não era bem assim. O fato é que eu tinha de aproveitar todas as vantagens.

Quem eram esses adversários? Os militares?
Não, não. Adversários dentro da comunidade judaica que achavam melhor o rabino ficar quieto, não se meter naquilo tudo.

Não incomodar para não ser incomodado, é isso?
É isso mesmo. Uma vez eu disse a D. Paulo algo que aprendi com meu pai: o líder religioso não deve só confortar os aflitos, deve também

afligir os confortáveis. Não sei se em português a frase tem o mesmo impacto que em inglês, mas eu acredito nisso.

Se Vladimir Herzog não fosse judeu, o sr. acha que a sua atuação política, naquela época, teria sido a mesma?
Sem dúvida, o fato de ele ser judeu foi mais uma motivação para a participação do rabino, mas eu teria feito exatamente a mesma coisa por qualquer outro ser humano. E não é por ser corajoso, é que ninguém tem o direito de se omitir diante da injustiça, e isso transcende a religião. Quero deixar algo muito claro: o fato de Herzog ser judeu, em última análise, não tinha nada a ver com o problema. Um homem cujos direitos humanos foram violados, que foi torturado! Um filho entre outros filhos de Deus. Então, nada a ver com judaísmo e tudo a ver com justiça, ou, no caso, com a injustiça.

Pelo tamanho de seus cabelos o senhor dá a impressão de estar acabando de chegar de Woodstock (o festival de rock realizado em 1969 em Bethel, no Estado de Nova York, que reuniu 400 mil jovens). Woodstock marcou sua juventude?
Claro que sim! Eu estive lá, é parte da minha cultura e a gente deve viver todos os momentos.

E o senhor viveu todo aquele clima de paz e amor?
(Rindo) Não até o ponto em que você está pensando. Pude viver e sentir os anseios da minha geração, dos meus amigos.

O sr. experimentou drogas por lá?
Não. Honestamente, não.

Por falta de curiosidade ou por moralismo?
Por moralismo, não. Talvez por medo de criar uma dependência. Mas sobretudo por falta de necessidade. As músicas dos Beatles e de Simon & Garfunkel já me faziam viajar. E isso não é conversa mole. Tenho todos os discos deles e uso muitas de suas frases nas minhas prédicas.

O sr. pode dar um exemplo?
Numa cerimônia de casamento, certa vez, falando aos noivos, citei uma canção dos Beatles: "All we need is love" — precisamos apenas de amor.

De fato, a maior parte das desgraças do mundo são conseqüências de doses insuficientes de amor. Precisamos apenas de amor, *all we need is love.*

O sr. é vaidoso?
Não sei, acho que sou vaidoso como a maioria das pessoas. Ser vaidoso não é se ter em alta conta. É pensar pouco dos outros. Neste sentido, eu não sou uma pessoa vaidosa.

O sr. gosta de se vestir bem?
Gosto, gosto de roupa bonita. Mas não uso grifes nem roupas caras.

O sr. mesmo compra suas roupas?
Sim, eu mesmo. Não tenho muita paciência, mas compro. Gosto de estar apresentável e admiro pessoas bem-vestidas. Acredito na ética e na estética, acho que as duas coisas se complementam.

Então o sr. se cuida — ginástica, alimentação etc.?
Não, sou totalmente desligado de tudo isso. Às vezes eu janto às duas da manhã. Não faço exercícios, só vou ao dentista ou ao médico quando sinto dor. Não me orgulho disso, é questão de temperamento. Eu sou tão apaixonado pelo que faço — rabinato, comunidade, política — que o resto fica menos importante. Trabalho, trabalho e trabalho. Mesmo contrariando toda a lógica e os bons amigos, que me aconselham uma vida mais disciplinada.

E sua mulher e a sua filha, como elas reagem a toda essa dedicação ao trabalho?
Tenho muita sorte. Elas são muito compreensivas. A Amanda, antes de nos casarmos, esteve aqui no Brasil alguma vezes e percebeu bem como era a minha vida.

O judaísmo aceita o divórcio?
Aceitamos, claro. Manter um casamento não é uma virtude, e, se houver desamor ou desrespeito, manter o casamento é uma hipocrisia. Um divórcio é triste, mas um casamento mantido só pelas aparências é muito mais triste.

O sr. se divorciaria?
Sem dúvida alguma. Um divórcio honesto é melhor do que um casamento falso.

Estas e outras posições não dificultam seu trabalho de aproximação com a Igreja Católica?
Não. Assim como existem divergências teológicas, existem muitas causas e valores comuns.

Por exemplo?
Tudo o que está acontecendo hoje no Brasil e no mundo. A falta de ética, de moral, desrespeito aos direitos humanos. Eu acredito muito no trabalho ecumênico quando há uma consolidação na parte interna de cada comunidade, por meio de suas idéias, ideais e valores. Não gosto dos "ecumeníacos", aqueles que sabem tudo sobre a religião dos outros e nada sobre a deles. Acreditamos e levamos a sério o pluralismo religioso e cultural para a essência da democracia.

Se houvesse apenas uma religião, o mundo seria melhor?
Acho que não. Rejeito o conceito de superioridade dos povos ou credos, mas afirmo o conceito de singularidade. Meu ponto de referência é o esperanto, aquela experiência de criar uma linguagem universal e que não deu certo. Por que será? Acho que cada tradição precisa de um contexto histórico para ser autêntica. Não podemos criar uma religião nova no Brasil, ou onde for. Para ter legitimidade, ela tem de ter credibilidade histórica. O ponto de partida, para mim, é a singularidade — *uniqueness*, em inglês. Quer dizer, tem que ser de dentro para fora, do singular para o universal, e não o contrário.

O sr. acha que o Holocausto da Segunda Guerra, o extermínio de 6 milhões de judeus, se repetiria hoje?
Gostaria de acreditar que não. Acho que há duas diferenças: hoje, as autoridades estão trabalhando conosco, com as minorias, como os judeus, e não contra; e, antes, foi preciso haver um Hitler para que se avaliasse o tamanho do horror que um louco é capaz de criar. Nunca houve monstro igual na história da civilização. Quero ressaltar que na tragédia que foi a Segunda Guerra morreram muito mais não-

judeus do que judeus. Porém, embora nem todas as vítimas fossem judeus, todos os judeus foram vítimas, e isso fez do Holocausto uma singularidade judaica. Ser judeu era uma garantia de morte. E hoje, o que acontece na Bósnia-Herzegovina (n.r., com os muçulmanos) não é muito diferente. Então, mesmo que a natureza humana não tenha mudado, hoje sabemos que o preço da indiferença foi muito alto.

Para os judeus, a criação do Estado de Israel mudou um pouco esse panorama, não?
Sem dúvida, foi uma verdadeira reviravolta. Sabe, há 55 anos, quando a escalada do anti-semitismo já fazia vítimas, era muito difícil, para um judeu, ser universalista. Quando corremos o risco de perder nossas vidas, fica muito difícil preocupar-se com a vida dos outros. Hoje, com o Estado de Israel, os judeus podem retomar seu papel na vida da sociedade e seu papel histórico e universal. Existe um porto seguro que nos permite participar da vida social e política do lugar onde vivemos.

O que explicaria a força do famoso humor judaico?
Acho que o humor é uma forma de sobreviver, é a capacidade de olhar para dentro e tentar tirar coisas boas e leves para poder agüentar as dificuldades. Acho, também, que a nossa sobrevivência é a nossa maior vingança. Nós não desistimos.

Qual é a sua piada de judeu preferida?
É uma piada bem inocente: o rabino convida um cardeal para assistir a uma linda cerimônia de *bar-mitzvá*, e ele traz uma linda Bíblia toda encadernada de couro para dar de presente ao menino. Já o rabino dá um guarda-chuva, o que faz o cardeal perguntar: "Mas, rabino, este é um presente digno de uma ocasião tão importante?". Ao que o rabino responde: "Cardeal, amigo, pelo menos este presente eu tenho certeza de que o menino vai abrir".

Quais são as pessoas que o sr. admira?
David Ben Gurion, o fundador do Estado de Israel, que sonhava ver o deserto florescer e acreditava na justiça social. O papa João XXIII, que declarou o anti-semitismo pecado. Martin Luther King, pela sua luta por direitos iguais, e Gandhi, para mim um grande modelo pacifista.

E todos eles já morreram...
É verdade. É triste ver que hoje não existem muitos modelos. Mas há uma exceção importante.

Quem é?
O Gorbachev, que considero o maior estadista dos últimos tempos.

O seu trabalho faz do sr., muitas vezes, uma espécie de psicólogo e conselheiro. O sr. faz terapia?
Nunca fiz e não seria capaz, pela minha falta de disciplina. Recarrego minhas baterias com meus poucos amigos e com a minha solidão.

O sr. é uma pessoa solitária?
Talvez. Lazer, para mim, é ir ao encontro de mim mesmo. Encontramos muita força interior na solidão. Eu sou um *workaholic*, tiro poucas férias e gosto de ficar em casa, longe das pessoas e do telefone.

Olhando pelo lado mais conservador da comunidade, o judaísmo condena o homossexualismo?
Condena o ato homossexual por motivos óbvios: procriação, instituição da família... Agora, eu, como rabino, embora seguidor fiel da tradição, não condeno o homossexual como ser humano. Por acaso ele é menos filho de Deus? Por isso, eu o abraço como a qualquer outro ser humano. Graças a Deus não me considero fechado nem preconceituoso.

Como o sr. reagiria se, algum dia, sua filha se apaixonasse e quisesse casar com um não-judeu?
Provavelmente reagiria como meu pai ao aceitar minha decisão de entrar para um seminário rabínico liberal. Não sei... é tão fácil falar teoricamente! Conhecendo minha cabeça e meu coração, seria difícil aceitar, mas eu aceitaria. Afinal, meu amor por ela é incondicional. De filho se aceita tudo.

O sr. condena o aborto?
O feto não pode ser sustentado fora do abrigo materno, embora o embrião seja uma vida em potencial. Ele não pode ser levianamente eliminado, mas acho o aborto aceitável em caso de estupro, para

salvar a vida da mãe, ou mesmo quando a família não tem condições de sustentar, alimentar e criar a criança com dignidade. Acho que o aborto deveria ser legalmente viável e moralmente restrito.

Que valor o sr. dá ao sexo?
É fundamental ter uma vida sexual sadia. Levo o sexo muito a sério e ele deve ser sempre cultivado numa situação de amor. Nada mais vazio do que sexo vazio. Não falo como moralizador ou como rabino, mas com conhecimento de causa. Eu sei como o sexo pode ser divino e como pode ser feio. A palavra para sexo em hebraico é muito sugestiva, é conhecer. Adão conheceu Eva, conheceu a pessoa como um todo. O órgão sexual mais importante é a cabeça.

Como o sr. vê a obrigação do celibato entre os padres da Igreja Católica?
Acho irreal, contra a natureza humana. Mas é problema deles, não meu. Respeito a linha deles, como eles respeitam a minha. Mas, para mim, sexo faz parte da vida. Como é que Deus pode criar alguma coisa que não seja aproveitada, cultivada? Enfim, cada um na sua.

E se o celibato fosse uma exigência do rabinato?
É bem provável que eu teria escolhido outra profissão. Um dos motivos da minha paixão pelo judaísmo é justamente o fato de ele ser uma religião equilibrada.

A obrigatoriedade da circuncisão não é uma arbitrariedade?
Acho que vou me revelar mais antiquado e menos liberal do que me imagino. Embora eu concorde que a criança, com oito dias, momento em que é circuncidada, não tem nenhuma opção. Mas tem coisas que a gente não escolhe. Faz parte da condição de pertencer a um povo.

E quanto às teses de que a circuncisão atrapalha o desempenho sexual?
Esta eu deixo para os *experts*. Pessoalmente, não tenho nenhuma queixa da minha vida sexual, nem da minha circuncisão, feita em Lisboa, por sinal.

E fidelidade no casamento, é fundamental?
Acho que sim. A qualidade mais importante do ser humano é ser fiel em todos os contextos.

O sr. foi um grande namorador?
Ah, sim. Fui um grande namorador, a partir dos 17, 18 anos. Conforme fui amadurecendo, o amor, a paixão e o sexo foram muito importantes para meu desenvolvimento humano. Deus sabia o que estava fazendo quando criou o homem e a mulher. Acho que namorar é uma coisa linda quando é sério.

O sr. teve alguma grande paixão que marcou sua vida?
Cada namorada foi uma grande paixão. Tive muitas grandes paixões e fui fiel a cada uma delas.

O contato profissional com a dor — velórios, enterros, doenças, não acaba endurecendo um pouco?
Não. Felizmente não perdi minha essência — sofro com a dor dos outros, sim.

O que significa, para o sr. ser um bom judeu?
Significa manter as tradições judaicas nos dias de hoje, viver *com* o passado e não *no* passado. E ressaltar, não com palavras, mas com atitudes, que a ética e a dignidade são a essência do judaísmo. Como eu já disse, a missão de um bom judeu não é tornar o mundo mais judaico, mas sim mais humano.

Como o sr. vê o feminismo?
As mulheres são absolutamente iguais aos homens em todos os sentidos. Iguais em valor e diferentes em algumas funções — *vive la différence!* Temos todos os mesmos direitos.

E uma mulher como rabina, o sr. aceita?
Sim. Ela deve ter as mesmas chances que um homem. Para tanto, deve procurar uma comunidade aberta e receptiva.

Poderia ser na sua congregação, a CIP?
Não, a CIP ainda não está preparada para isso. Mas eu digo orgulhosamente que tenho uma amiga carioca que está cursando o rabinato em Nova York e a estou ajudando a achar uma comunidade que a aceite no Brasil. Acho que se a mulher quer se realizar fora do lar — pessoalmente, profissionalmente ou religiosamente —, ela deve

poder fazê-lo. A última palavra é a da mulher. Ela tem todo direito de resolver o que fazer com a vida dela.

Algumas pessoas dizem que os judeus são segregados porque segregam. O sr. concorda?
Acho que às vezes isso acontece. Sempre digo que mais difícil que tirar o judeu do gueto é tirar o gueto do judeu. Não justifico qualquer tipo de isolamento, devemos nos integrar totalmente na sociedade em que vivemos, mas não à custa da assimilação. Como já disse, acredito que cada religião tem sua contribuição a fazer.

O judaísmo admite a doação de órgãos depois da morte?
Sim. Para salvar uma vida ou para devolver a visão. Para pesquisa, não.

A repercussão

Exatas cinco horas depois de concluir a entrevista, percebi que ela poderia me gerar grandes dores de cabeça. O problema não era o que eu disse, mas, sim, o fato de ela ser publicada por uma revista que, convenhamos, não tem nas entrevistas seu *filé mignon*. Conversei com o editor-chefe da *Playboy*, Juca Kfouri, meu amigo, pedindo que ele esquecesse a entrevista. Kfouri entendeu o apelo, mas disse que não derrubaria a pauta: lógico, percebeu que tinha um material *quente* nas mãos.

Passei dias de muito nervosismo, até que a revista chegasse às bancas. E às mãos do comando da Congregação. O então presidente da CIP, Jayme Blay, ficou furioso. Onde já se viu, dizia ele, um rabino falar a uma revista de mulheres nuas? A CIP decidiu, então, encartar no jornal *Resenha Judaica*, que tinha seu apoio, uma carta, dizendo, em síntese:

Comunicado à comunidade judaica
A CIP, através de sua Diretoria e Assembléia dos Representantes, vem a público demonstrar a sua indignação à entrevista concedida pelo rabino Henry Sobel, que chefia o Rabinato desta instituição religiosa, publicada na edição de fevereiro de 1993 da revista *Playboy*, nos termos que seguem:

1. O veículo através do qual se fez publicar a entrevista acima mencionada, embora de respeitável editora, foi considerado inadequado para a transmissão de opiniões de um líder religioso de nossa Congregação.

2. O conjunto da entrevista, em si, contém graves equívocos, contrários à linha de pensamento de nossa Congregação.

   As críticas ao celibato, além de ferirem princípios ecumênicos caríssimos à nossa comunidade, constituem intromissão inadmissível nos assuntos da Igreja e comunidades católicas.

Ao mesmo tempo, a CIP enviou uma advertência por escrito, a ser anexada a meu prontuário de funcionário. Rebelei-me e terminei não assinando a advertência. Blay não sossegou: pediu minha demissão à Diretoria da CIP e à Assembléia de Representantes. Acho que, para ele, o maior problema não era sequer a entrevista, mas minha independência. Meu *high profile* chocou-se com o *high profile* dele: uma batalha de egos.

Acontece que o assunto rapidamente saltou os muros da Rua Antonio Carlos, sede da CIP. A começar por meu pai, que, de Nova York, também não gostou de ver o filho na *Playboy*.

— *Far wus?* Por quê? — ele me perguntou, em *idish*.

O banqueiro José Safra também ficou irado. Uma de suas secretárias não teve como escapar: constrangidíssima, foi até a banca mais próxima e pediu quatro exemplares da *Playboy*.

Ocorre que a tentativa de censura chocou as parcelas mais liberais da comunidade judaica e, principalmente, a sociedade civil organizada em todo o Brasil. Telefonemas e cartas de apoio se sucederam nos principais jornais e revistas — houve até um abaixo-assinado em apoio às minhas posições, do qual tomaram parte intelectuais importantes, como os escritores Inácio de Loyola Brandão, Ligia Fagundes Telles, o então deputado federal Fabio Feldmann, o maestro Julio Medaglia e o presidente da Anistia Internacional no Brasil, Carlos Idoeta.

Juca Kfouri publicou um artigo memorável no jornal *O Estado de S. Paulo*, dizendo: "Por ironia, a CIP apenas reproduz velhos preconceitos".

Nos Estados Unidos, o presidente do The Jewish Theological Seminary of America, Ismar Schorch, ao receber uma carta de uma certa judia brasileira de nome Helena Nasser — que ninguém conhecia — pedindo uma posição pública da instituição (que é liberal) contra a entrevista, respondeu: "Acho que o rabino Sobel conseguiu uma ação de relações públicas de grande porte com a entrevista à *Playboy*".

A manifestação mais aguda de repúdio à iniciativa da CIP, no entanto, veio com uma carta de D. Paulo Evaristo à própria revista *Playboy*. Nela, o cardeal desmentia a tese de Blay, de que eu havia me imiscuído em assuntos internos da Igreja, para concluir: "O rabino deveria receber apoio por seu empenho na defesa de princípios ecumênicos".

E se o protesto de D. Paulo foi o mais contundente, o mais bem-humorado certamente veio de meu amigo Benno Milnitzky, então presidente do Congresso Judaico Latino-americano. "A própria Bíblia tem passagens muito sensuais no livro *Cântico dos Cânticos*. Não acredito que haja um judeu que não goste de ver mulher pelada", brincou.

A pressão social fez efeito e tanto a Diretoria como a Assembléia dos Representantes da CIP derrotaram a tentativa de Blay, de conseguir minha demissão. Todavia acumulei novos adversários — e não precisava disso. Seja como for, a vitória foi festejada como uma derrota das posições mais obscuras em benefício da iluminação.

25

A CIP rachada

EMBORA RESOLVIDA A MEU FAVOR, A CRISE PÓS-ENTREVISTA NA *PLAYBOY* deixou feridas não cicatrizadas. Alguns dirigentes, integrantes de famílias pioneiras da CIP, não se conformavam com minha independência. Nos últimos anos da década de 1990, cada iniciativa que eu tomava tornava-se mais difícil. Uma viagem, um encontro, pouco a pouco, tudo ia se transformando em motivo para discussões.

É verdade que meu relacionamento com o sucessor de Jayme Blay na Presidência, Mário Adler, foi muito mais fácil. Homem mais aberto ao diálogo, ele respeitava minha independência. Adler era um industrial de sucesso. Sua família havia criado a fábrica de brinquedos Estrela, que ele vendera. Ele e a mulher, Renata, também eram muito ativos nas obras sociais da CIP, como a Chevra Kadisha e o Lar das Crianças.

Mas um dos novos vice-presidentes, o banqueiro Roberto Moritz, fazia muitas críticas a meu trabalho. Moritz integra uma das famílias que fundaram a CIP. Seu pai e sua mãe ocuparam vários postos de responsabilidade. Ele é irmão da historiadora Lilia Schwarcz e cunhado de Luiz Schwarcz, fundador da editora Companhia das Letras. Todos eles faziam parte da linha de frente da juventude da Congregação quando cheguei ao Brasil, e estiveram entre meus primeiros amigos no país.

O tempo passou e Moritz assumiu outra posição. Dizia que eu me dedicava pouco às atividades espirituais, no fundo, o centro do projeto da CIP. E que também não participava como deveria das atividades internas da Congregação, em todos os níveis. Minha agenda própria, afirmava, era diferente — e, às vezes, oposta — às prioridades da CIP. Finalizava afirmando que eu agia como líder político, muito preocupado com os direitos humanos no Brasil e com o judaísmo no mundo, pouco afeito à função de líder espiritual que o posto de presidente do rabinato exige. Para Moritz, eu deveria me candidatar à Presidência da Confederação Israelita do Brasil, a Conib, deixando o cargo que ocupava. E pelo qual era remunerado, é claro.

Na verdade, tratava-se de mais um *round* da polêmica entre uma CIP mais "política", voltada "para fora", e uma entidade concentrada em atender às necessidades espirituais e materiais de seus associados. O predomínio da atitude mais, digamos, "isolacionista" levou a CIP a permanecer distante das demais entidades judaicas por mais de duas décadas, até os anos 1950. Já a reação — interna e externa — ao caso *Playboy* assinalou a vitória, ainda que momentânea, da concepção de uma entidade mais aberta ao Brasil e ao diálogo inter-religioso.

Como eu, de fato, me ausentava bastante da Congregação, envolvido em assuntos internacionais, na política nacional e no relacionamento com outras religiões, posições como a de Moritz foram, passo a passo, conquistando apoio no comando da CIP. Tais posicionamentos ganharam o respaldo, por exemplo, de Michael Perlman, filho do já falecido ex-presidente Max Perlman. E do então 1.º vice-presidente da Assembléia de Representantes, o Conselho da CIP, Stefan Hamburger. Finalmente, acabaram convencendo o próprio Mário Adler.

Em março de 1998, quando eu estava completamente envolvido com o caso do pagamento de reparações dos bancos suíços aos sobreviventes do Holocausto, recebi uma carta da Diretoria da CIP reclamando, em tom veemente, de meu engajamento no caso sem a permissão da Congregação. A carta apresentava as seguintes conclusões:

> Considerando que fatos similares já aconteceram em outras ocasiões e que muito prejudicam o funcionamento e a dignidade de nossa Congregação, vimos informá-lo, por meio da presente, e considerando ser V. Sa. funcionário, em tempo integral e exclusivo da CIP, para nela prestar serviços religiosos e de assistência aos nossos sócios, que:

> 1. V. Sa. não deverá executar, participar ou estar presente a qualquer atividade de entidade internacional, remunerada ou não, sem a prévia aprovação escrita de diretores encarregados para tal. Qualquer pedido deve ser encaminhado com pelo menos uma semana de antecedência.

> 2. V. Sa. não poderá, sem autorização prévia da Diretoria, enviar substitutos, funcionários da CIP ou não, para representá-lo em qualquer atividade para a qual for convidado, seja de que tipo for (oficial, da coletividade, familiar de sócios ou não-sócios).

> 3. V. Sa. deverá, pelo menos quatro vezes por mês, realizar, sozinho ou em conjunto com outros ativistas da CIP, visitas para angariações de fundos em prol de nossas atividades, bem como para fazer frente às nossas despesas.

> 4. V. Sa. deverá se empenhar no "*front* interno" da nossa entidade com muito mais empenho, ajudando em todos os setores, dentro de sua qualificação de rabino e presidente do rabinato.

> 5. V. Sa. deverá atentar que as festividades de sócios ou não a que for convidado a oficiar (casamentos etc.) sejam realizadas na CIP e não fora dela. Quanto às bar, bat-mitzvot, estas, impreterivelmente, deverão sempre ser realizadas em nossa sinagoga, devido à importância religiosa das mesmas. Exceções somente serão válidas com prévia autorização escrita da Diretoria.

A carta era assinada por toda a Diretoria, com destaque para o presidente, Mario Adler, o 1.º vice, Stefan Hamburger, o 1.º secretário, Roberto Moritz, e o presidente da Assembléia de Representantes, Michael Perlman.

Não tiro parte da razão da Diretoria. Eu, realmente, me ausentava bastante, resolvendo as coisas, às vezes, de forma atabalhoada. Mas a linha assumida na carta era de enfrentamento entre duas concepções de trabalho. Não poderia aceitar a castração de minhas atividades externas. Assim, mandei uma resposta sinuosa e não assinei o "de acordo" pedido pela Diretoria.

A direção da Congregação ficou ainda mais furiosa porque, diante dos rumores que cresciam, sobre uma eventual rescisão de meu contrato, decidi contratar o escritório de advocacia Pinheiro Neto, um dos mais respeitados do país. *Just in case.*

Com muito jeito e graças à ação de diversos intermediários, a briga foi apaziguada. Porém a trégua duraria pouco tempo. No início de 2000, o mesmo grupo decidiu pedir minha demissão à Diretoria e à Assembléia. A ofensiva contou, claro, com o apoio entusiástico dos dirigentes que haviam se afastado anteriormente da CIP e dos setores da comunidade que não toleravam meu trabalho, como o banqueiro José Safra.

Reação da sociedade

A notícia logo se espalhou entre os sócios da CIP e, mais uma vez, chegou rapidamente à imprensa. Os jornais de São Paulo e do Rio de Janeiro começaram a publicar matérias, dando conta de que o comando da Congregação tentava livrar-se do rabino-chefe. Mas, se algumas feridas do caso *Playboy* ficaram abertas do lado de lá, também deixaram seqüelas entre meus aliados, dentro e fora da comunidade judaica.

A ofensiva da direção da CIP gerou uma forte reação. Personalidades de todas as áreas começaram a despachar cartas aos meios de comunicação, em apoio a mim e, acima de tudo, ao que minha posição representava:

A CIP rachada

uma abertura maior do judaísmo à sociedade brasileira e aos temas do humanismo universal. Um abaixo-assinado organizado por jornalistas reuniu o apoio de centenas de personalidades e foi reproduzido nos principais meios de comunicação do país.

O mesmo aconteceu dentro da Congregação. Os sócios faziam rodinhas pelos cantos discutindo a situação. Em uma cerimônia de shabat, um sócio se levantou, sem combinar nada com ninguém, e gritou: "Vamos dar apoio ao nosso rabino. Convoco todos a um ato de desobediência civil". Fiquei muito comovido. Era mais um daqueles associados discretos da CIP, que sempre estiveram ao meu lado.

Um grupo de sócios foi além e distribuiu fitinhas amarelas àqueles que estavam dispostos a me apoiar. Era impossível não associar o ato — e a cor — ao movimento pelas eleições diretas, em 1984, que acelerou o fim do regime militar no país. Creio que essa, aliás, era a finalidade da iniciativa.

Mais uma vez, revelou-se precioso o capital político e de credibilidade que eu havia acumulado em décadas de trabalho em defesa do diálogo, da tolerância e dos direitos humanos. A imprensa foi generosa comigo e o embate pareceu, mais uma vez, opor as forças da iluminação democrática à pequenez do gueto auto-imposto.

Mário Adler e seu grupo não conseguiram obter minha demissão nas instâncias decisórias da CIP e foi necessário convocar um plebiscito. O debate, então, passava para um campo muito mais favorável ao nosso lado — o conjunto de sócios, e não apenas um pequeno núcleo dirigente.

O plebiscito aconteceu sob intensa pressão da opinião pública. O resultado foi esclarecedor: o "não" à demissão ganhou com folga. Muita festa. Mais uma vez eu havia sobrevivido — quase por milagre — a uma tentativa de demissão dirigida pelo próprio comando da CIP. Tenha a certeza, leitor ou leitora, que isso não é muito comum em nenhuma congregação religiosa, seja qual for o credo.

Vitória, é verdade. Contudo uma vitória que nos deixou um gosto amargo na boca. Saíam do cotidiano da CIP famílias tradicionais. Adler,

Moritz e vários outros passariam a participar da Comunidade Shalom, de tendência reformista.

Muito tempo depois, em 2006, em depoimento ao livro *Um judaísmo para os nossos dias*, publicação da CIP, lamentei profundamente a radicalização de posições e a cisão. E apontei como uma das prioridades de meu trabalho "reunificar a família cipiana".

Lamentavelmente não conseguiria realizar este sonho.

26

Uma nova fase

A VITÓRIA NO PLEBISCITO INTERNO DA CIP FOI MUITO IMPORTANTE PARA mim. Ela demonstrou que a maioria silenciosa dos sócios da Congregação apoiava minha filosofia, de participar ativamente da vida social e política do país, com destaque para o diálogo inter-religioso. E também reafirmou a importância do respeito que eu havia acumulado junto à sociedade civil brasileira nas últimas décadas.

Os presidentes que assumiram a Congregação dali por diante — Ronaldo Heilbut, Lena Strumpf, Dora Lucia Brenner — estariam afinados com essa orientação. E, talvez pela primeira vez em quase setenta anos de CIP, as decisões mais importantes eram transferidas das mãos de um pequeno grupo para um colegiado mais amplo.

No entanto o êxito no plebiscito também me trouxe uma nova atribuição de grande relevância: a de *fund raiser*, empenhado em buscar fontes de recursos para a Congregação. Sim, porque o afastamento do grupo de Mário Adler privou a CIP de fundos essenciais à sua sobrevivência, assim como de contatos fundamentais no mundo empresarial.

Se esse era o preço a pagar, então estava certo. Nunca me vi como *fund raiser*; só que havia assumido esse compromisso diante de muitos sócios que me apoiaram na disputa interna. Pouco depois, pasta debaixo do braço, eu começava a bater às portas de bancos, empresas e de pessoas físicas.

A responsabilidade era grande, uma vez que a CIP tem uma estrutura muito ampla, que não pode ser mantida apenas com as contribuições dos sócios. Há o movimento juvenil Chazit Hanoar, os escoteiros do grupo Avanhandava, o Clube das Vovós, a Chevra Kadisha, Lar das Crianças, Bolsa de Empregos... enfim, uma grande obra social.

Nossa principal opção, para garantir a captação de fundos, foi acelerar a realização de grandes eventos culturais. Esse caminho, na verdade, havia ganhado força nas décadas de 1980 e 1990, quando a Congregação trouxe ao país artistas do porte do maestro Zubin Mehta, à frente da Filarmônica de Israel, os violinistas Shlomo Mintz, Pinchas Zukerman e Dimitri Sitkovetsky, todos astros mundiais de primeira grandeza, sem esquecer grandes artistas brasileiros — Toquinho, Baden Powell, Arthur Moreira Lima...

As iniciativas então se multiplicaram na virada do século XXI. Trouxemos ao Brasil o violoncelista Yo Yo Ma, o violinista Itzhak Perlman, o pianista Vladimir Ashkenazi... mas não ficamos só no mundo da música. Criamos encontros com grandes personalidades de várias áreas — os escritores Paulo Coelho e Moacyr Scliar, os jornalistas Boris Casoy, Heródoto Barbeiro e Thomas Friedman, este vindo dos Estados Unidos. E também estrelas "globais", como os apresentadores Luciano Huck e Serginho Groisman, grandes nomes do mundo da medicina e genética — Roger Abdelmassih e Mayana Zatz —, o ator Paulo Autran, Viviane Senna e dona Zilda Arns, personagens de proa do terceiro setor no Brasil, entre muitos outros.

Uma nova fase

Acho que não exagero em dizer que tudo isso consolidou o papel da CIP como uma grande referência cultural para a cidade de São Paulo — e não apenas para a comunidade judaica. Ao final de cada ano judaico, publicávamos uma grande revista de prestação de contas, onde os doadores eram devidamente homenageados.

Cada megaevento proporcionava à Congregação uma entrada de R$ 1,5 milhão a R$ 2 milhões. Creio que, em meu período de caixeiro viajante da CIP, consegui trazer mais de R$ 10 milhões para o trabalho social da entidade. Lembro que fiz isso não apenas pela Congregação, mas para assegurar minha própria sobrevivência política, uma vez que eu havia me transformado, de vez, na maior referência da CIP, agora alinhado com a Diretoria e sem a sombra de dirigentes hostis (ou ciumentos. Ou os dois...). A verdade é que a polêmica gerada pela tentativa de me demitir da Congregação e a reação que se seguiu geraram a simpatia de muitos patrocinadores em potencial.

Corriam fofocas de que o rabino tirava sua comissão na atividade de *fund raising*. Mentira: há muitos anos a CIP havia elevado consideravelmente meu salário. Em troca, eu não poderia cobrar um tostão por atividade alguma da qual participasse. Muito menos da arrecadação de fundos. Honrei totalmente esse compromisso — como a Congregação honrou os seus.

Buscando kavod

Em 2006, planejamos trazer ao Brasil o estadista israelense Shimon Peres, que dividiu o Prêmio Nobel da Paz de 1994 com o líder palestino Yasser Arafat e Itzhak Rabin. Peres talvez fosse o mais experiente entre os dirigentes israelenses contemporâneos; ocupou quase todas as pastas em sucessivos gabinetes de orientações diferentes. Até ministro da Religião ele foi. E acabou sendo eleito presidente de Israel, um cargo mais diplomático que político, em 2007.

Peres, lamentavelmente, permaneceu talvez como a última referência do trabalhismo moderado, já que a sociedade israelense deu uma guinada à direita após o fracasso do acordo de paz com os palestinos, no início da década de 1990. De acordo com nossos planos, viria ao Brasil, com ele, Saeb Erekat, então negociador-chefe palestino nas conversações de paz com Israel. Erekat era ligado à Al Fatah, facção de Yasser Arafat, e conhecido pela moderação e pelo compromisso com a paz. Achei que os dois fariam uma boa dupla. E sabia do impacto do encontro, em função, também, das dimensões da diáspora palestina no Brasil.

Na época, as negociações entre Israel e a Autoridade Palestina estavam quase paralisadas. Quem sabe um novo encontro no Brasil, país conhecido pela hospitalidade e pela capacidade de absorver imigrantes das mais distintas culturas, pudesse gerar maior empatia, talvez um olho no olho que até então não existira... não custava sonhar. E fosse como fosse, o encontro garantiria à CIP um respeito ainda maior junto a toda a sociedade brasileira.

Teve início, então, uma verdadeira romaria pelos gabinetes diplomáticos. Pedi uma audiência ao presidente Luiz Inácio Lula da Silva, na qual apresentei o projeto em busca do apoio do Itamaraty.

Era o início do primeiro mandato de Lula e ele ficou entusiasmado.

— Rabino Sobel, vá em frente. Você tem minha bênção.

Em seguida, conversei com o representante da OLP em Brasília. Ele não se mostrou muito animado, mas não vetou a idéia. Muito pelo contrário.

O projeto envolvia esforços enormes e muito dinheiro. Organização, contatos... Montamos uma comissão dentro da CIP, formada por pessoas criativas, inteligentes e com muita energia. Em cinco semanas de trabalho duro conseguimos ultrapassar todas as dificuldades: vistos, recursos, segurança, tudo... Não havia problema que não conseguíssemos solucionar em dois tempos.

Um belo dia, recebi um telefonema urgente do chanceler Celso Amorim.

— Rabino, temos um problema muito sério em relação ao projeto. Precisamos conversar pessoalmente.

No dia seguinte, viajei a Brasília. Lá, consternado, Amorim revelou-me que a liderança palestina no Brasil se mostrara muito radical. Não gostou da idéia, argumentava que a Autoridade Palestina estava se confrontando com Israel por algum motivo... Enfim, eles pressionaram Lula, que cedeu. Saeb Erekat não viria e o diálogo fora abortado. Tentei de tudo: persuasão, telefonemas a amigos, apelos dramáticos... Simplesmente não havia o que fazer.

Um golpe duro: ainda que o encontro entre Peres e Erekat não fosse formal, não envolvendo nenhuma negociação de fato, havia gerado muita expectativa entre os sócios da CIP, na imprensa e nos meios políticos. Sem contar que eu já havia arrecadado um volume significativo de fundos entre os patrocinadores para a realização do evento.

Não havia como lutar com a realidade. "Bem", pensei, "pelo menos ainda teremos Shimon Peres conosco". Já estava tudo acertado com a secretária do homem.

Estava acertado ou eu pensava que estava? Começaram a surgir problemas de última hora. De repente, passei a não conseguir falar com o *staff* de Peres, a confirmação final era adiada dia após dia... não sabíamos o que acontecia.

Foi então que uma funcionária de Peres, de quem eu havia me tornado amigo, contou a verdade. O banqueiro José Safra, doador generoso para as causas de Israel e do judaísmo, exercia uma forte pressão sobre o estadista. Safra só admitia a vinda de Peres se ele fosse o primeiro a recebê-lo logo ao chegar ao aeroporto.

Não quis acreditar... Há um termo em hebraico para o qual não encontro tradução exata: é *kavod*. Quer dizer algo como "reconhecimento". Você dar *kavod* a uma pessoa é reconhecer algo bom que ela realizou. E quem busca *kavod* busca reconhecimento. Às vezes para lustrar a vaidade.

O que José Safra queria era *kavod*? Pois não. Ele teria toda a *kavod* do mundo.

Mandei o recado imediatamente.

Nossas garantias não foram suficientes. Ao que tudo indica, o banqueiro não acreditou na promessa, as pressões sobre Shimon Peres falaram mais alto e ele terminou não vindo.

Nova decepção. E novamente a conclusão: não podemos lutar contra a realidade. Fizemos nossa publicação de final de ano de qualquer forma, prosseguimos a programação cultural e quase todos os patrocinadores, gentilmente, honraram suas promessas. Conseguimos fazer frente às nossas necessidades financeiras. Com ou sem Peres e Erekat. Com ou sem *kavod*.

27

Reação de pai

UM DOS MOMENTOS MAIS DRAMÁTICOS EM TODO ESSE TEMPO NO BRASIL — e no qual, claramente, as emoções do homem Henry Sobel sobrepujaram o compromisso do rabino na defesa dos direitos humanos, aconteceu em outubro de 2003.

Recebi a notícia na França, quando visitava meu pai. Liana Friedembach, 15 anos, fora barbaramente violentada e assassinada junto com o namorado, Felipe Caffé, pouco mais velho. Os dois faziam uma travessura típica, daquelas que todo adolescente faz uma vez ou outra. Liana disse aos pais que ia a uma *machané*, uma excursão da CIP, e foi acampar com o namorado em um sítio abandonado, no meio do mato, na Grande São Paulo.

Quando soube, peguei o primeiro vôo de volta ao Brasil. Liana era filha de Ari e Márcia. Fiz o *bar-mitzvá* de seu pai, o casamento com Márcia, o *bar-mitzvá* do filho e, claro, o *bat-mitzvá* de Liana, que também foi minha aluna. Eram todos meus meninos! Tudo soava ainda mais forte porque Liana tinha poucos anos a menos que minha filha, Alisha.

Somei-me à onda de indignação que varreu São Paulo. Era um momento em que o país inteiro debatia o tema da violência, sob o impacto de episódios dramáticos nas maiores cidades. Cidadãos de todos os credos, chocados, escreviam cartas aos jornais, davam entrevistas... A indignação cresceu quando a polícia apresentou os assassinos, menores de idade, que assumiram os crimes com imensa frieza. A sociedade tentava sacudir a letargia e reassumir o controle sobre si própria — houve mesmo uma manifestação contra a violência na Avenida Paulista, com Ari Friedembach à frente.

Embarquei na onda e, pela primeira vez, falando à imprensa, dei declarações favoráveis à pena de morte. Raciocinava como pai — afinal, não poderia ter sido Alisha? Estava emocionado, é verdade, mas tomei a decisão com absoluta consciência; sabia que minhas declarações consternariam milhares de companheiros de tantos anos de luta contra a tortura, a violência e a impunidade.

E foi o que aconteceu. Dessa vez, em um traço de triste ironia, meu posicionamento foi bem recebido dentro da comunidade judaica em geral — e da CIP, em particular —, que estava muito abalada pela violência gratuita contra uma de suas crianças indefesas.

Choveram críticas de personalidades e lideranças que, habitualmente, apoiavam minhas opiniões, muitas vezes contrárias às de dirigentes comunitários ou da maioria da própria coletividade judaica no Brasil.

Uma das críticas mais duras veio do então deputado federal Luiz Eduardo Greenhalgh, presidente da Comissão de Direitos Humanos da Câmara Federal e veteraníssimo combatente da tortura.

— O rabino Sobel é uma liderança respeitada, um formador de opinião importante e creio que não se deu conta de que seu posicionamento pró-pena de morte pode ter várias implicações — dizia Greenhalgh.

Eu estava sendo honesto, fiel a meus sentimentos — coisa que meu pai sempre defendera como condição essencial ao exercício do rabinato. Mas estava errado.

Reação de pai

Como justificar o injustificável? Como defender a morte de alguém que matou alguém, se sustentamos que o ato de matar é injustificável?

Poucos dias depois de apoiar publicamente a pena de morte, voltei atrás. "Confesso que estava sob um estresse emocional muito forte quando fiquei sabendo dessa última tragédia para tomar uma posição realmente objetiva", afirmei a um jornal paulista.

Em todas as entrevistas que dei a partir de então, revia minha posição e pedia desculpas pelo erro. Aqueles que até então me criticavam entenderam o problema e aceitaram minhas desculpas como o protesto de um pai aterrorizado pela violência moderna.

Em um belo artigo intitulado *Bandeira Rota*, o sociólogo Paulo Sérgio Pinheiro, também um veterano defensor dos direitos dos homens e mulheres em todo o mundo, saudou minha volta à sua "tribo". Ele começava o texto se dirigindo ao "querido irmão" (um termo que uso muito e que se tornou uma espécie de marca registrada) Henry Sobel.

Tirei uma lição desse episódio horrível. Temas como a pena de morte, que são tão delicados e que mexem tanto com a vida das pessoas, têm demasiada importância para serem tratados com a emoção, em detrimento da razão.

28

Uma foto que não era para a capa

Os primeiros meses de 2006 foram muito difíceis para mim. O dia-a-dia na CIP sempre havia sido muito forte, tenso. Só que, agora, eu não conseguia tocá-lo da mesma forma, com tranqüilidade. Enfrentava, também, dificuldades na organização de meus assuntos particulares, com a saída anunciada de Paquita, minha secretária por 29 anos, que me abandonou no dia em que mais precisava dela: no dia em que a imprensa noticiou o episódio de Miami. Jamais serei capaz de me esquecer disso. Isso desorganizaria três décadas de arquivos, documentos...

Meu humor oscilava demais. Tinha momentos de grave depressão — quando sempre me lembrava da perda recente de meu pai, e sentia falta da presença alegre de minha mãe — alternados com estados de quase euforia. Muita gente me advertiu de que eu estava, como se diz, operando no limite de minhas forças. Amanda e Alisha preocupavam-se comigo e reclamavam da irritação constante. Mesmo a presidente da CIP, Dora Brenner, meu melhor amigo, o advogado Décio Milnitzky, e também Celso Lafer pediam que eu reduzisse o ritmo, tentasse controlar o estresse...

Nessa situação, eu não conseguia conciliar o sono. Na verdade, como sempre fui um pouco ansioso, tomava remédios para dormir há vários anos. Só que, nesses meses, aumentei a dose por minha conta, sem acompanhamento médico — dois ou três comprimidos de Rohypnol em vez de um, a dose indicada anos antes. E o remédio é muito forte.

Recebi, então, um convite para ir a uma reunião do Congresso Judaico Latino-americano no final de março, em Caracas, Venezuela. Seria um encontro muito importante, por conta da discussão do posicionamento da comunidade judaica venezuelana diante do governo de Hugo Chávez, sobre o qual já nos referimos. Havia quem o denunciasse como ditador, reproduzindo a posição da Casa Branca, enquanto outros lembravam que ele havia sido eleito. Uns intuíam perseguições contra a comunidade judaica e outros participavam do regime. O debate prometia ser quente.

Entretanto minha cabeça fervia. Decidi viajar sozinho e, sem avisar ninguém, mudei de idéia. Fiquei na escala em Miami: tiraria uns dias de folga. Tomei um vôo para Miami, onde aluguei um carro. Iria para Palm Beach, um dos meus locais favoritos de descanso. Lá, consegui um apartamento no Ocean Tower Resort.

Fiquei ali por quatro dias descansando. Não dei sinal de vida nem para minha família, nem para a CIP. Aos poucos, parecia estar reduzindo a tensão. Mesmo assim, continuava a tomar altas doses do remédio para dormir. Não queria correr o risco de ter o sono interrompido por uma crise de ansiedade. Na noite de 19 de março de 2007, tomei três comprimidos de Rohypnol.

Na manhã seguinte, decidi dar uma volta em Palm Beach. Estacionei o carro junto ao centro comercial e fui olhar as lojas. Era meu último dia por lá e pensei em, talvez, comprar algo para Alisha ou para Amanda...

Lembro-me de que entrei em uma loja, saí... entrei na segunda loja e não me recordo de mais nada. Apenas de uma policial, de bicicleta, que me abordou depois na avenida. A gravação da câmera de segurança, que mais tarde foi exibida pela TV, revelou que eu apanhei quatro gravatas sobre o mostrador, pus no bolso e saí andando em direção ao carro. No total, as gravatas custavam perto de setecentos dólares, bem menos do que eu tinha comigo, três mil dólares que tirei do banco para pagar uma dívida com um amigo.

Minha reação foi automática: levei a policial até o estacionamento e mostrei, no porta-luvas, as quatro gravatas. Não faço a menor idéia de quando coloquei as gravatas no carro. Na verdade, só começaria a entender o que aconteceu muito tempo depois, já no Brasil.
Naquele momento, quando a policial me pediu para acompanhá-la à delegacia, tinha início o maior drama de minha vida.

Pesadelo

Na delegacia, passei pelo ritual típico. Fui fichado, com direito a "tocar piano", a impressão de minhas digitais em uma ficha. Quando me perguntaram minha profissão, eu disse; "professor" (não usava a conhecida kipá de cor vinho...). Estava muito confuso, é claro, mas acho que era uma forma quase inconsciente de me proteger — e de proteger a CIP.

Foi então que o policial tirou a famosa foto — cabelos desalinhados, sem óculos, olhos perdidos em algum lugar, boca aberta... Olhando para trás, é impossível não lembrar de uma canção de Chico Buarque de Hollanda, em que ele fala de uma foto tirada quando foi detido em uma molecagem de juventude, por roubar um carro.

É uma foto que não era para capa

Era a mera contracara, a face obscura

O retrato da paúra quando o cara

Se prepara para dar a cara a tapa

E como eu daria a cara a tapa...

Passei a noite na delegacia. O clima de uma dependência policial, seja ela nos Estados Unidos, no Brasil ou em qualquer outro lugar, não era dos mais agradáveis. Fui tratado com respeito e nenhum dos outros presos que estavam por ali criou qualquer problema. Só não preguei o olho um minuto. A ficha começava a cair.

O delegado chamou-me pela manhã. Eu poderia sair mediante o pagamento de uma fiança de três mil dólares. Exatamente o que trazia no bolso. Acredite se quiser.

Paguei a fiança, assinei todos os papéis — até mesmo aqueles que davam conta de que eu seria chamado mais adiante para prestar declarações a um juiz — e fui correndo ao aeroporto. Com a prisão, perdi meu vôo e chegaria um dia atrasado em São Paulo. Estava completamente atordoado.

Enquanto isso, Amanda e Alisha não sabiam o que havia acontecido comigo. Como eu não avisara ninguém, um motorista de táxi que de vez em quando presta serviços à nossa família foi me buscar no Aeroporto de Guarulhos. Voltou sozinho. A família não se preocupou tanto, uma vez que era comum eu mudar de plano. O vôo de Caracas fazia escala em Miami, então eu poderia apanhar outro avião, algumas horas mais tarde. Só que também não estava em nenhum outro vôo vindo de Miami naquele dia.

Mãe e filha ficaram apreensivas. Eu nunca havia ficado tanto tempo sem dar notícias. Alisha conseguiu, então, localizar um amigo que foi ao encontro na Venezuela. Ele disse que não havia me visto por lá ao longo de toda a reunião. Era um domingo. Por meio do agente de viagens, mãe e filha conseguiram confirmar que eu havia ficado em Miami, não em Caracas. Elas e minha secretária, Paquita, estavam a ponto de procurar a Polícia Federal para denunciar um desaparecimento ou seqüestro, quando telefonei às três da tarde do domingo. Alisha atendeu aos gritos:

— O que aconteceu? Você foi seqüestrado? Por que você não ligou para a gente?

Eu estava muito abatido, ainda meio anestesiado pela experiência do dia anterior. Tranqüilizei Alisha e Amanda e pedi-lhes que fossem me buscar na manhã seguinte em Guarulhos.

O horário do vôo era muito cedo e elas pediram ao motorista que fosse me apanhar. Quando cheguei à nossa casa, as duas já estavam acordadas, assustadíssimas.

Entrei quase cambaleando, sentei na cama de nosso quarto e estendi o documento da Corte para Amanda. Enquanto ela lia, caí em um choro convulsivo. Alisha não sabia o que fazer; nunca havia me visto tão transtornado.

Amanda então leu o documento e tentou tranqüilizar a filha. Observou que não se tratava de um crime, mas de uma contravenção. E que tudo estaria resolvido, desde que me comprometesse a prestar serviços comunitários.

Contei a elas toda a história, frisando que não me lembrava de alguns detalhes. Mais uma vez, Maria Rebouças, a Maria de nossas vidas, teria um papel fundamental para acalmar a todos, com conselhos da gente sábia do povo.

Todos tentavam me tranqüilizar. Mas não adiantava. Eu sabia que tinha cometido um erro grave. "Não há mais remédio senão esperar e ver o que acontece", pensei.

Reassumi meu posto na CIP e retomei os compromissos. Não disse nada a ninguém. Contudo os funcionários comentavam, nos corredores, que eu andava muito nervoso e estranhamente quieto.

Nos dias seguintes ao retorno de Miami, fui até Mogi das Cruzes visitar um possível patrocinador de mais um espetáculo artístico da CIP, recebi pessoas... nada ainda. "Quem sabe o assunto não chegará até o Brasil", sonhava ingenuamente.

Chegou. E rápido. Na quinta-feira, 29, o colunista Cláudio Humberto telefonava à Congregação para confirmar informações recebidas de um leitor, que vira a notícia sobre a prisão de "um brasileiro de nome Henry Isaac Sobel" em um jornal de Palm Beach. Ninguém na CIP sabia de nada, mas Cláudio Humberto conseguiu confirmar a informação, logo colocada em seu *site* na internet. Minutos depois estava no ar, em todos os informativos *on-line*, a foto, a famosa foto do rabino assustado, sem óculos e sem kipá...

A partir daí tudo aconteceu em uma velocidade vertiginosa. Eu estava dando uma palestra às voluntárias de uma organização voluntária judaica. Quando saí, ouvi do motorista:

— Rabino, há um repórter da Globo querendo falar com o senhor.

Era um jornalista do G1, o noticioso *on-line* da Globo. Atendi ao telefone e dei a primeira de uma série de declarações contraditórias, em absoluta coerência com a incoerência de minha situação física e emocional. Sem saber o que fazer, disse ao rapaz que não era eu; que tudo não passava de uma armação a ser desfeita em poucas horas.

Lá dentro, olhando para a minha alma, sabia que não era nada daquilo.

A mesma imprensa que sempre esteve a meu lado, que se acostumou a me ver como fonte confiável dentro — e fora — do judaísmo, agora corria atrás da notícia explosiva. O rabino Henry Sobel havia sido preso roubando gravatas.

Voltei correndo para casa. Todos os telefones soavam ao mesmo tempo. O número de casa, meu celular, o telefone da CIP, de meu escritório particular, o celular de Amanda e até o de Alisha, que não conseguiu mais trabalhar naquele dia.

Amanda, sempre apoiada por Maria, decidiu desligar todos os telefones. Só assim é que conseguimos um pouco de paz. Todos estávamos extenuados.

Problema ético ou de saúde?

No silêncio da sala de casa, comecei a ganhar consciência sobre o tamanho do problema que iria enfrentar. Se um rabino que dedicou boa parte de sua vida à defesa dos direitos humanos e ao diálogo entre as religiões é apanhado roubando gravatas, por que não imaginar em danos à credibilidade dessas próprias causas? E no fortalecimento dos segmentos ultraconservadores, que talvez agora pudessem falar: "Nós dissemos; vejam quem está do outro lado". E a credibilidade da CIP? Sem esquecer a exposição negativa a que estaria sujeita a minha família...

Esses pensamentos apenas fizeram aumentar a minha ansiedade. Na própria sexta-feira, sem conversar com ninguém, enviei uma nota à imprensa anunciando meu afastamento do posto de presidente do rabinato da CIP. A Diretoria da Congregação reagiu afirmando que aceitava a decisão, mas que esperava minha recuperação total para uma conversa definitiva.

Eu não podia esperar; não cabia dentro de minha própria ansiedade. Convoquei para aquela mesma noite uma reunião no escritório de meu advogado, Décio Milnitzky. Também estava presente outro advogado, Celso Mori, amigo meu e de Décio. Eles ouviram minha história e concluíram que eu tinha um problema de saúde; não um problema moral ou ético. Eu não era um ladrão de gravatas. Fui convencido, então, a ir até o Hospital Albert Einstein. Lá, fomos recebidos por um grupo de médicos, incluindo o presidente do hospital, Cláudio Lottemberg. O grupo convocou o neurologista Fernando Huck. E a decisão dos médicos foi taxativa: eu deveria me internar para desintoxicação.

Aceitei, a contragosto. Queria esclarecer à opinião pública: eu não sou um criminoso... Obcecado por essa idéia, deixei que repórteres dos principais jornais do país entrassem em meu quarto no 10.º andar do hospital logo nos primeiros dias da internação. Disse que voltaria logo a minhas funções, que já estava curado... tudo muito precipitado.

Amanda e Alisha não saíram do meu lado nos nove dias em que permaneci no hospital. Também recebi várias mensagens de alento dos mais diferentes setores da sociedade brasileira. Até mesmo da presidente da CIP, Dora Brenner, e do ex-presidente, Mário Adler.

Voltei para casa, sob orientação de manter um rigoroso isolamento. Enfermeiros cuidavam de mim 24 horas por dia. Pedi à CIP uma licença de dois meses, que acabou sendo renovada por mais dois meses.

Os recados eram anotados e eu recebia pouquíssimos amigos mais próximos. Claro, muita gente desapareceu — acho que isso sempre acontece quando você ocupa uma posição de algum destaque e enfrenta problemas...

Pouco a pouco ficava menos ansioso, o efeito dos remédios desaparecia lentamente. Porém enfrentava uma depressão profunda. O jornalista que me ajudou na confecção deste livro, em uma das entrevistas lançou, à queima-roupa, a pergunta:

— Você pensou em suicídio?

— Nem por um momento. Estava envergonhado, sentia uma necessidade premente de me explicar e pedir desculpas à comunidade judaica e à sociedade brasileira, mas suicídio nunca passou pela minha cabeça.

Alguns dos elementos mais fortes para que eu começasse a superar a depressão, além da solidariedade de Amanda e Alisha, foram as mensagens de apoio que eu recebia de todos os setores da sociedade. De judeus e, até mais freqüentemente, de não-judeus. O primeiro a me telefonar foi o já ministro da Defesa Nelson Jobim.

O presidente Luiz Inácio Lula da Silva enviou dois recadinhos de solidariedade, por telefone, assim como o fez meu amigo Fernando Henrique Cardoso. Também recebi palavras de encorajamento do governador de São Paulo, José Serra, e do ex-ministro da Justiça e meu amigo de todas as horas, José Gregori, entre tantos outros. Um rabino ortodoxo, Mendel Begun, do movimento Beit Chabad, veio me visitar com uma palavra de compreensão.

Mas o momento de maior calor humano — aquele calor que senti logo na primeira visita ao Brasil em 1970 — talvez tenha sido protagonizado por D. Cláudio Hummes, ex-cardeal-arcebispo de São Paulo, hoje prefeito da Sagrada Congregação do Vaticano, e pela CNBB, todos os meus companheiros de militância pró-diálogo entre as religiões. "Espero que seus correligionários sejam generosos com o senhor", disse-me D. Cláudio. Ele não ficou só nas palavras: sua voz foi decisiva e a CNBB manteve o convite para que eu estivesse entre os líderes de outras religiões a participarem de um encontro com o novo papa, Bento XVI, durante sua primeira visita ao Brasil, em maio. Não importava que, menos de dois meses antes, eu houvesse sido fotografado em uma delegacia de Palm Beach. E olhe que houve pressões de parte dos setores da liderança comunitária judaica para que meu convite fosse cancelado.

No dia 10 de maio eu estava lá, no encontro que aconteceu no Mosteiro de São Bento, em São Paulo. Pensei em pedir desculpas ao papa, como forma simbólica de me desculpar diante de toda a sociedade. Porém contive a ansiedade. Nos poucos minutos que o encontro durou, pedi a Bento XVI uma bênção, assim como a gentileza de fazer-lhe uma bênção judaica. Ele aceitou.

No entanto, ao contrário do que externou D. Cláudio Hummes, nem todos os meus correligionários foram tão generosos como a CNBB. A Confederação Israelita do Brasil (Conib) achou por bem me excluir da delegação de 22 rabinos que foram a Brasília saudar o presidente Lula pela passagem do Ano-Novo judaico. No dia seguinte, um jornal de Brasília publicava uma nota com o título: "Sobel, *persona non grata*". Abalado, liguei para um dirigente da Conib e reclamei.

— Não fomos nós que vetamos; foi a assessoria do presidente Lula, por causa das gravatas.

Não confirmei a informação com o presidente ou seus assessores. Ainda estava muito fragilizado. Mas dada a nossa relação anterior e a solidariedade de Lula no momento mais difícil da minha crise, acho pouco provável que ele tivesse vetado o meu nome.

O mergulho

Nesses quatro meses, a depressão e a tristeza foram, pouco a pouco, dando lugar a um "mergulho" interno, facilitado pelo apoio psiquiátrico — que eu aceitara pela primeira vez na vida. Em seu laudo sobre o caso, o psiquiatra e psicoterapeuta Martinus Theodorus van de Bilt identifica meu problema como transtorno bipolar, caracterizado, principalmente, por alterações bruscas de humor. Isso foi agravado, pouco antes do incidente de Palm Beach, pela troca dos medicamentos que eu tomava para me tranqüilizar — de compostos à base de lítio para carbodiazepina.

O laudo afirma, ainda:

Em que pese o momento atual, o prognóstico da doença do Sr. Sobel é bom; o Sr. Sobel é portador dessa condição há décadas, e, apesar dela, ele logrou grande êxito durante toda sua trajetória profissional. Atravessa um momento de vida muito difícil: exclusivamente em função de sua doença psiquiátrica, teve a infelicidade de ter um comportamento moralmente condenável, sendo ele mesmo uma autoridade moral.

Justamente a condição de autoridade moral do Sr. Sobel levou a que a contradição entre seu discurso e seu comportamento, naquele episódio (somente explicável, não nos cansamos de frisar, pela existência da moléstia), levasse a tantos prejuízos à sua atividade profissional, à sua imagem pública e à sua saúde emocional nos meses que se sucederam. Porém a mesma autoridade moral do Sr. Sobel, construída ao longo de sua carreira e atributo marcante de sua personalidade, será, a nosso ver, a origem dos novos desafios profissionais e pessoais que o Sr. Henry saberá perseguir no futuro próximo.

Fui encaixando as peças, uma por uma. Sempre fui um sujeito muito organizado, metódico com meu trabalho. Mas bastante descuidado com detalhes — e, também, com a minha saúde. Nunca fiz exercícios físicos e, embora não tolere cigarro ou álcool, não dou atenção especial à alimentação. Médico? Só se estiver doente — e bastante. Nem pensar em prevenção de doenças.

Nas semanas que antecederam o caso das gravatas, não só Alisha e Amanda, mas também funcionários da CIP, José, o motorista, e Paquita vinham reclamando de minhas alterações súbitas de humor. Eu reagia a qualquer probleminha, por menor que fosse, com irritação; até gritava, o que não costumo fazer. Pouco depois, esquecia tudo.

Alisha ficava furiosa comigo. Brigava com ela por uma bobagem qualquer, ela ficava dois ou três dias sem falar comigo e eu não sabia o porquê disso.

Esse mergulho — fundamental para entender melhor meu comportamento — se torna ainda mais difícil porque tenho de admitir publicamente que o caso de Palm Beach teve um antecedente. Em 1985, na mesma cidade da Flórida, no mesmo centro comercial, apanhei uma gravata e saí sem pagar. Fui barrado por um segurança na porta, paguei a gravata e não houve conseqüências — nem fotografias.

Não dei maior importância naquela época, quando, aliás, também enfrentava graves tensões internas na CIP. Agora vejo que era uma peça, talvez a primeira, do mesmo quebra-cabeça.

Este é, então, um dos *leitmotiven* deste livro. Para concluir minha recuperação, tenho de reconhecer a existência de um problema de saúde, que se manifestou em momentos de grave tensão. Um problema que, apesar da aparência moral, não está no campo da ética. E não afeta os 37 anos de trabalho pastoral na Congregação Israelita Paulista. Nem destrói sequer um milímetro do caminho que, dentro de meus limites, ajudei a construir rumo à maior tolerância religiosa, à redemocratização e ao respeito dos direitos humanos no Brasil. Muito menos ainda o caminho da justiça dessas causas.

Com este "mergulho" público em minha alma e na história de minha vida, sob o pano de fundo da reconstrução de uma sociedade democrática no Brasil, proponho, então, apresentar todos os elementos — de forma transparente, sem táticas ou meias-verdades — para que o leitor e a leitora, judeus e não-judeus, façam seu próprio julgamento.

29

A saída da CIP

Depois de quatro meses sem deixar meu apartamento, por ordem médica, retornei ao trabalho na CIP. E logo me dei conta de que havia cometido vários erros *depois* do episódio das gravatas. Por exemplo, ao dar um monte de entrevistas à imprensa — contra todas as orientações e ainda sob intenso impacto emocional, sem condição alguma de emitir um juízo totalmente equilibrado.

É só consultar os jornais do período posterior aos nove dias de internação para constatar que apresentei declarações desencontradas — dizia que já estava perfeitamente bem, que retornaria em breve às minhas atividades como presidente do rabinato da CIP... Declarações como essas me colocaram, na mídia, em posição de confronto com o comando da Congregação. Um comando que ajudei a formar e do qual fazia parte. Afinal, fui eu que articulei uma reunião com mais de cinqüenta empresários de peso, na casa de Celso Lafer, para convencer Dora Brenner a deixar um trabalho assistencial de grande êxito na Unibes e assumir o desafio de presidir a CIP.

Não, eu não estava bem. E os quatro meses em casa deixaram isso muito claro. Só então é que começava a recobrar as condições de voltar ao trabalho. Retornei à minha velha sala no 4.º andar do prédio da Rua Antonio Carlos como se nada houvesse acontecido. Os funcionários me saudaram, havia recados, cartas, *e-mails*, tudo parecia estar voltando ao normal. Não estava.

O clima era terrível; o ar parecia de chumbo. Parecia que havia um cadáver no meio da sala e todos nos comportávamos como se ele não existisse. Colocávamos vasos de flores, enfeites sobre ele para disfarçar o que não podia ser disfarçado.

Não tomei a iniciativa de procurar a direção da CIP. Eles também pouco me procuravam. Fiquei um pouco sentido. Depois de 37 anos como rabino da Congregação e de 20 anos como presidente do rabinato, poderiam ser um pouco mais sensíveis.

O silêncio que mais me entristeceu foi o do rabino Michel Schlesinger.

Na entrevista que dei em 2006 para o livro *Um judaísmo para os nossos dias*, que comemorava o 70.ª aniversário da CIP, o editor me perguntou:

— Rabino, qual foi o seu maior acerto nesse tempo todo trabalhando na Congregação?

Minha resposta literal foi: "Escolher o rabino Michel Schlesinger como meu sucessor, um privilégio que agradeço à Diretoria da Congregação. Ele tem solidez teológica, dimensão exata do trabalho pastoral e carinho pelas pessoas, que garantem a continuidade de nosso trabalho".

Não me arrependo de uma letra. Michel é um jovem de muito talento e, creio, fará uma carreira de grande sucesso na CIP.

Em entrevista a uma revista semanal, Michel disse que tentou me procurar, por telefone, e não recebeu resposta. Acredito nele. No entanto acho que eu merecia um pouco mais de insistência. E tudo reforçou a sensação de que eu recebia maior solidariedade de fora do que de dentro da comunidade judaica.

Depois de algum tempo, a presidente da CIP, Dora Brenner, muito amável, perguntou-me o que eu queria.

— Eu gostaria de voltar atrás, como se nada tivesse acontecido. Mas já que não é possível, prefiro ver o tempo resolver a situação, o meu dia-a-dia. Quero voltar e avaliar como as pessoas estão reagindo, o que estão sentindo...

Não posso negar que fiquei bastante chateado ao saber que a presidente da CIP tinha transferido para outros rabinos casamentos que seriam de minha responsabilidade e que estavam marcados havia muito tempo.

Foi assim, também, que percebi que meu tempo na Congregação chegara ao final.

Procurei meus advogados, Décio Milnitzky e Celso Mori, pedindo que eles entrassem em contato com a direção da CIP para iniciar as negociações de meu desligamento.

A Diretoria da CIP logo aceitou a idéia. Chamei um velho amigo, o ex-chanceler Celso Lafer, para que auxiliasse os dois advogados me representando nas conversações. E como o meu trabalho envolvia muita coisa externa à Congregação, a negociação logo envolveu outras pessoas, como Jack Terpins, o presidente da Conib, e o médico Cláudio Lottemberg, presidente do Hospital Albert Einstein.

Seqüelas

Enquanto isso, eu prosseguia com o tratamento médico. Ainda acordava às cinco horas da manhã muito assustado, muitas vezes sonhando com o caso das gravatas. E lembrando daquela fotografia, olhar assustado, a boca aberta em um protesto mudo de quem não entendia bem o que acontecia naquela noite quente de Palm Beach.

Começava o longo caminho de superação da ansiedade e de reconstrução pessoal.

Na área jurídica, meu advogado nos Estados Unidos, Mark Shiner, chegara a um acordo com o Ministério Público da Flórida. Para que o inquérito fosse arquivado, sem chegar à Justiça, eu deveria prestar cem horas de serviços comunitários no Brasil. Isso, na verdade, tem sido parte de meu dia-a-dia há décadas. Seria apenas questão de formalizar algo que não precisaria ser imposto. Esses serviços foram prestados em instituições beneficentes não-judaicas, paralelamente ao trabalho costumeiro nas entidades comunitárias. Assim continuo a visitar, uma vez por semana, os doentes no Hospital Albert Einstein. Converso um pouco, tento transmitir uma mensagem de otimismo que ajude em sua recuperação. São pacientes judeus e não-judeus. E é muito comum alguém, invariavelmente um não-judeu, pedir que eu me desloque para visitá-lo em outra ala do hospital, quando sabe que estou lá. Nos momentos em que estou com eles ouço, ouço muito, ouço sempre. Esse trabalho tem sido muito revigorante. Sinto que estou voltando um pouco mais às raízes do trabalho pastoral.

O caso das gravatas, além de representar o maior drama pessoal pelo qual já passei e de gerar impasses dentro da CIP, também passou ao anedotário brasileiro. Uma jornalista carioca chegou a dizer que "rabino roubando gravatas é coisa de Woody Allen". Acho que não é por acaso que ele é meu cineasta favorito... Creio que uma parte importante da minha recuperação é poder brincar com o problema. Ora, a essência do humor judaico não é a nossa capacidade ancestral de, mesmo em meio às situações mais difíceis, saber rir de nossos problemas?

Fim da negociação

Houve algumas reuniões na CIP e não foi difícil chegar a um acordo; não havia partes em confronto porque todos tinham interesse em uma saída que não abalasse quase quarenta anos de uma construção em comum. Eu receberia uma soma razoável em dinheiro para deixar a Congregação, mais um carro novo e alguns outros benefícios. Meu contrato de trabalho foi rescindido e eu ganharia o título honorífico de rabino emérito, podendo celebrar os serviços religiosos de *Rosh Hashaná*[36] e do *Yom Kipur*. Nessa condição, participaria das iniciativas mais "externas" da Congregação, como a recepção a autoridades.

Em seu depoimento para este livro, a presidente da CIP, Dora Lúcia Brenner, observou:

> Sempre mantive um ótimo relacionamento com o rabino. O caso de Palm Beach foi um grande choque. Mas, nos dias seguintes à divulgação da notícia, foi impressionante o número de telefonemas e *e-mails* e telefonemas de solidariedade que a CIP recebeu. Fizemos mesmo uma cerimônia de *shabat* em solidariedade a Sobel. Claro, há gente que não se conforma. Mas as portas da CIP não se fecharam para ele. O rabino tem que ficar bem para participar de nossas cerimônias. A verdade é que ele, eu e todos os dirigentes passamos, e a CIP tem que ir em frente. Creio que ele ainda tem um grande trabalho a fazer, principalmente no campo do diálogo inter-religioso. Todos torcemos por ele.

Deixei o emprego, mas não o rabinato. Quer dizer que, na qualidade de, digamos, um rabino *free-lancer*, posso celebrar casamentos ou *bnei mitzvá*. Sobre essas cerimônias, depois do episódio das gravatas de Palm Beach, várias famílias que me haviam pedido que oficiasse o casamento de seus filhos mudaram de idéia. Sofri muito ao ver que, meio sem jeito, eles transferiam a cerimônia para outros rabinos.

Contudo o golpe mais sentido, nessa época, veio do Bialik, um dos colégios judaicos de São Paulo. Eu deveria dar uma bênção a mais uma turma de *bnot mitzvá*, ou seja, para meninas de 12 anos de idade. O colégio pediu que eu não celebrasse, alegando pressões dos pais de alunos. A sensação era de que eu estava exilado bem na sala da minha casa.

---

[36] Expressão hebraica que significa "Cabeça do Ano", ou seja, o Ano-Novo judaico.

Esses casos, porém, foram exceções. A maioria dos casamentos e *bnei mitzvá* que eu tinha na agenda foram confirmados. Alguns, como o casamento do maestro John Neschling com Patrícia, do qual já falei, foram reafirmados em tom de apoio a um amigo em dificuldades. As manifestações de solidariedade também foram muito mais comuns do que as críticas.

No dia 19 de outubro de 2007, anunciei que estava deixando a presidência do rabinato da CIP. A divulgação também foi cercada de confusões. Disse à imprensa que minha saída não tinha relação com o caso das gravatas, mas, sim, com o desejo da CIP de contratar rabinos mais jovens. Já a Diretoria da CIP vinculou claramente minha saída ao episódio das gravatas da Flórida.

A CIP estava certa. Não adianta dourar a pílula. Minha saída da Congregação em que trabalhei por 37 anos é fruto direto do caso de Palm Beach.

Carimbada a saída, restava no ar uma dúvida: e agora?

A saída da CIP

30

O futuro

Em uma entrevista para uma publicação da CIP, em 2006, um jornalista me perguntou:

— Rabino, o que o senhor vai fazer depois da aposentadoria?

— Não tenho a menor idéia.

A verdade é que a idéia de aposentadoria nunca me passou pela cabeça. Mesmo depois do incidente de Palm Beach. E além de não querer parar de trabalhar, não *posso* parar de trabalhar. O acordo que fiz com a CIP foi justo, mas não permite que eu pare totalmente.

Como rabino emérito, continuarei a celebrar casamentos e *bnei-mitzvá*, além das Grandes Festas. Confesso que sentirei falta da celebração do *shabat* e do momento da prédica, do púlpito que ocupei por 37 anos, do *schwantz*, a fila de gente querendo falar comigo. Assistirei ao *shabat* do público. Mas assim são as coisas. Também passei a estudar outras propostas — a montagem de um instituto, palestras, aulas... Nos anos 1980, dei um curso no Centro de Estudos Judaicos da USP.

Uma coisa que jamais cogitei foi deixar o Brasil. Posso manter o sotaque e mesmo o passaporte norte-americano — por uma ou outra razão, nunca me naturalizei, nunca dei importância a isso. Mas sou brasileiro. Aqui construí minha vida, criei minha família... aqui conheci um espírito de tolerância com o qual jamais havia travado contato — aquele caldo de cultura de que já falamos...

Meu prato favorito é feijão com arroz (na verdade nem me lembro qual era, antes de eu me mudar para o Brasil...), adoro a música de Chico Buarque (e dos Beatles também, é claro), sinto falta dos jogos de futebol, sou fã das mulheres que Jorge Amado descreve e, todas as vezes que viajo, sinto aquele "banzo" a que Tom Jobim se referia. Quando se está fora do Brasil, o maestro Tom dizia, a gente inventa a falta de alguma coisa — laranja-lima, o canto do sabiá — para querer voltar.

E sejam quais forem os caminhos profissionais que surgirem, uma coisa é certa: quero dedicar mais tempo à minha família. Perdi muito — na verdade, perdemos nós três — com a falta de convivência familiar. Contudo acho que boa parte desse tempo e espaço pode ser recuperada. Ficar um pouco mais com Amanda, jantar mais vezes com Alisha.

Outra prática que pretendo manter é o voluntariado no Hospital Albert Einstein. Aprecio tanto isso quanto o cafezinho que tomo, há décadas, com os mendigos que circulam ao redor da CIP, em um bar na esquina da Rua Antonio Carlos.

As visitas aos doentes têm sido uma fonte importante de força. Vejo, nos olhos deles, judeus e não-judeus, que minhas palavras podem fazer alguma diferença, talvez até ajudar em sua recuperação. E, por falar em recuperação, não vou, em nenhum momento, negligenciar a minha própria recuperação. Alguém um dia me perguntou: "O senhor tem medo de que casos como o das gravatas de Palm Beach aconteçam outra vez?".

— Não, não tenho medo. Tenho verdadeiro pavor. E, por isso mesmo, não posso deixar para segundo plano o cuidado com a minha saúde.

O futuro

Mas, para definir meus caminhos futuros, é preciso formular uma questão. Será que eu ainda sou necessário? Será que minha kipá cor de vinho (confesso, tenho um estoque, comprado em Nova York...) ainda tem lugar no Brasil? Deixando mais claro: será que a comunidade judaica e a sociedade brasileira me enxergam como alguém que pode colaborar para o avanço da tolerância entre as religiões e a defesa dos direitos humanos?

E para responder a essas questões, é preciso fazer outras (afinal, não é voz corrente que um judeu sempre responde a uma pergunta com outra pergunta?). O respeito aos direitos básicos de brancos, negros, índios, judeus, deficientes, presidiários está assegurado em todo o Brasil? A democracia está tão consolidada que, como se diz no Brasil, anda sozinha? Os extremismos religiosos estão sob controle? As religiões cooperam, no Brasil e em todo o mundo, em benefício do bem comum e da convivência civilizada? As desigualdades sociais estão eliminadas?

O leitor e a leitora talvez reajam com irritação: "É claro que não!".

Então, se é assim, não podemos abrir mão de ninguém, seja quem for, seja qual for a posição que ocupa, sua religião, sua filiação política, seja lá quais forem os erros que eventualmente cometeu. Precisamos de cada homem, de cada mulher, de cada criança para construir pontes cada vez mais sólidas. Pontes que não possam ser destruídas por tiranetes momentâneos, por intolerâncias e ódios religiosos que floresçam em momentos de crise econômica e moral.

Encontro, dessa maneira, a resposta para minhas próprias dúvidas a respeito do futuro.

Uma vez, em dezembro de 2007, fui convidado a participar de um ato público de solidariedade ao padre Júlio Lancelotti, campeão da defesa dos meninos de rua, e que também passava por momentos muito difíceis. Ele havia sido envolvido em um caso complicado, que misturava pedofilia, extorsão, enfim, uma confusão.

Lá, disse aos jornalistas presentes que não sabia se Júlio Lancelotti era culpado. Esperava que não. E mesmo que o fosse, mesmo que ele tivesse errado, nada apagaria de sua biografia o fato de que ele se transformou na grande referência nacional na proteção a menores abandonados.

Sei muito bem o tamanho dos erros que cometi e dos problemas que eles geraram para mim, minha família, para a CIP, a comunidade judaica e a própria opinião pública. Sei, também, que é perfeitamente possível aprender com nossos erros e, até, evitar que outros os cometam.

Meu futuro, então, começa exatamente com este livro. Saio de toda esta experiência mais humilde, mais consciente de meus limites e possibilidades, talvez um pouco menos vaidoso. No entanto saio fortalecido, principalmente pela solidariedade que tenho sentido nas ruas, na sinagoga...

Volto à cena inicial deste livro. Ajeito, uma ao lado da outra, fotografias que marcaram minhas (até agora) quatro décadas de vida e trabalho no Brasil. A capa deste livro passará a fazer parte dessa galeria improvisada. Com a sensação de que ainda há tempo e espaço para que muitas outras fotos encontrem seu lugar ao lado destas.

E tento, agora, após a catarse que foi produzir este texto, responder à questão inicial (ah, esses judeus e suas eternas perguntas...), apresentada no primeiro capítulo. Quem é este homem? É o rabino quase adolescente que chegou ao Brasil sem saber o que encontraria? Na verdade, tendo apenas a certeza de que encontraria muito calor humano... Ou é o homem assustado, mais descabelado do que o normal, sem a kipá cor de vinho e os óculos de tartaruga, em um esgar de terror? É o Sobel do caso Herzog? É o amigo e parceiro de D. Paulo Evaristo Arns? É o rebelde que, para o bem e para o mal, ajudou a inserir mais profundamente a CIP e a comunidade judaica na sociedade brasileira? Ou é apenas um homem que foi apanhado botando, furtivamente, quatro gravatas no bolso?

Sou tudo e, provavelmente, um pouco mais. Não creio que seja possível "fatiar" o homem em partes mais ou menos positivas. E não creio que, neste ensaio autobiográfico, deva cair nessa tentação egocêntrica sob o risco de perder a credibilidade ante o leitor. Esse é o único Henry Sobel. E a resultante dessa equação, o "noves fora", a conclusão sobre o conjunto do desempenho, ah, essa é a sua lição de casa, leitor ou leitora.

O futuro

Apêndice 1

Os judeus no Brasil

ESTE NÃO É UM LIVRO DE HISTÓRIA, EMBORA ELE SE REFIRA O TEMPO TODO à história, ao analisar minha trajetória no Brasil. Mesmo assim, creio que para o leitor que não está familiarizado com temas judaicos e relativos a Israel, algumas referências histórico-geográficas, ainda que bastante ligeiras, são importantes para facilitar a compreensão de certos assuntos tratados.

Assim, correndo o risco de provocar uma interrupção brusca no fluxo do texto, pedi aos jornalistas que me ajudaram na confecção do livro que preparassem um capítulo com dados básicos sobre os judeus no mundo e no Brasil.

Hoje há cerca de 16 milhões de judeus em todo o mundo, após a perda de 6 milhões de vidas no Holocausto, durante a Segunda Guerra Mundial

(1939-1945). As maiores comunidades judaicas estão nos Estados Unidos (5,3 milhões), Israel (5 milhões), França (500 mil), Rússia (450 mil), Canadá (370 mil), Grã-Bretanha (300 mil), de acordo com o Congresso Judaico Mundial (CJM).

Na América Latina, a maior comunidade judaica está na Argentina (185 mil). O Brasil vem a seguir, mas os dados sobre a população judaica são parciais. De acordo com o Censo de 2000 do Instituto Brasileiro de Geografia e Estatística (IBGE), havia no país cerca de 86 mil judeus. As entidades judaicas, porém, acreditam que haja subnotificação e falam em cerca de 100 mil pessoas.

São Paulo conta com a maior população judaica do país (45 mil pessoas), seguida pelo Rio de Janeiro (30 mil) e por Porto Alegre. A principal entidade representativa dos judeus brasileiros é a Confederação Israelita do Brasil (Conib), que nucleia instituições nos estados de São Paulo, Rio de Janeiro, Rio Grande do Sul, Santa Catarina, Paraná, Minas Gerais, Brasília, Pará, Amazonas, Rio Grande do Norte, Ceará, Pernambuco e Bahia. As Federações Israelitas de São Paulo (Fisesp), do Rio de Janeiro (Fierj) e do Rio Grande do Sul (Firgs) são as principais entidades regionais.

A maioria dos judeus concentra-se nas capitais — quase não há comunidades em regiões rurais. Em São Paulo, há núcleos judaicos nas maiores cidades do interior e do litoral (Campinas, Santos, Ribeirão Preto, São José dos Campos); o mesmo ocorre no Rio de Janeiro (Petrópolis, Campos) e no Rio Grande (Santa Maria, Pelotas).

A Congregação Israelita Paulista (CIP), fundada por judeus alemães nos anos 1930, é a maior do país, reunindo perto de 2 mil famílias. Estão em São Paulo o maior clube judaico fora de Israel, A Hebraica, e o Hospital Israelita Albert Einstein, o maior do gênero na América Latina.

História

Os judeus chegaram ao Brasil com os primeiros colonizadores portugueses. Pedro Álvares Cabral trazia em sua frota o navegador Gaspar da Gama e o astrônomo e geógrafo Mestre João, ambos judeus. Também eram judeus João Ramalho, um dos pioneiros da colonização portuguesa, e o primeiro dramaturgo brasileiro, Antonio José da Silva.

Em 1502, um grupo de comerciantes de origem judaica, liderados por Fernando de Noronha, propôs à Coroa portuguesa (e obteve) o arrendamento, com exclusividade, da exploração do pau-brasil, que, por muito tempo, foi conhecido como "madeira judaica".

Muitos judeus portugueses vieram ao Brasil nos primeiros anos de presença portuguesa para escapar à Inquisição, que os proibia de praticar livremente sua religião. Isso durou até as últimas décadas do século XVI, quando o longo braço da Inquisição portuguesa os alcançou. Vários núcleos continuaram exercendo o criptojudaísmo — haviam se convertido oficialmente ao catolicismo, mas praticavam a "antiga fé" em segredo.

O cenário mudou com a invasão holandesa, que assegurou a liberdade religiosa no Nordeste brasileiro entre 1630 e 1654. Milhares de judeus portugueses que haviam se refugiado da Inquisição na Holanda vieram ao Brasil com as tropas de Maurício de Nassau, destacando-se na produção de açúcar. Foi em Recife que nasceu a primeira sinagoga das Américas, a Tzur Israel (Rochedo de Israel). A sinagoga foi restaurada recentemente e funciona à Rua do Bom Jesus — antiga Rua dos Judeus, no centro antigo do Recife. Nessa sinagoga oficiou o primeiro rabino das Américas, Isaac Aboab da Fonseca. Durante sua permanência no Brasil, ele escreveu o livro *Miimei Yehuda*, descrevendo os costumes dos judeus em Pernambuco.

A expulsão dos holandeses provocou uma interrupção quase completa da vida judaica no Brasil. Os judeus que vivam aqui foram responsáveis pelo nascimento da produção de açúcar nas Antilhas Holandesas. E 23 deles chegaram a Nova Amsterdam, atual Nova York, onde fundaram a primeira comunidade judaica da América do Norte.

Fim da Inquisição

A primeira comunidade judaica organizada no Brasil pós-expulsão dos holandeses surgiria apenas depois da abolição oficial da Inquisição portuguesa, em 1773. Com a abertura dos portos brasileiros, em 1808, começaram a se estabelecer no Brasil comerciantes *sefaradim*, principalmente do Marrocos. Eles se fixaram no Rio de Janeiro, a capital, mas também no Nordeste, no Pará e no Amazonas, trabalhando com importação. A primeira sinagoga dessa nova fase foi fundada pelos judeus marroquinos em Belém, em 1824. Uma jovem de origem marroquina, da família Amzalak, levaria o apaixonado poeta Castro Alves a compor o célebre *A hebréia*.

A derrota francesa para a Prússia, que levou à perda dos territórios da Alsácia-Lorena, provocou a emigração para o Brasil de um punhado de judeus alsacianos a partir de 1870. Eles se estabeleceram no Rio de Janeiro e em São Paulo, trabalhando principalmente na importação de produtos de luxo. Bernard Wallenstein, por exemplo, tornou-se um dos principais fornecedores da Casa Imperial.

Em 1881, o barão Maurice de Hirsch fundou a Yiddische Kolonizatsye Geselschaft, a Associação de Colonização Judaica, que ficaria conhecida pela sigla ICA, destinada a fomentar a imigração ao Brasil de judeus pobres do Império Russo. A ICA criou os núcleos de Quatro Irmãos e Santa Maria, que se dedicavam à agricultura e à pecuária no interior gaúcho, e que sobreviveram até hoje.

A Revolução Socialista de 1917, na Rússia, e a decomposição dos Impérios Austro-Húngaro e Turco Otomano, após a Primeira Guerra Mundial (1914-1918), com seu saldo de miséria e destruição, levaram à emigração de milhões de judeus. Em especial para os Estados Unidos, mas também para a Argentina, Brasil e Uruguai. Eram judeus russos, ucranianos, romenos, bessarabianos, húngaros, além de gregos, libaneses e sírios, que se fixaram inicialmente nas maiores cidades brasileiras, como São Paulo e Rio de Janeiro. Trabalhavam acima de tudo como *clientelchiks*, um curioso neologismo que designa os mascates embrenhados pelo interior, onde, com os imigrantes árabes, instituíram no país a venda à prestação. Isso gerou a formação de pequenos núcleos judaicos em dezenas de cidades do interior de São Paulo, Rio de Janeiro, Paraná e no Nordeste. Mais adiante, a maior parte desses imigrantes voltaria às capitais em busca do estudo para seus filhos.

Os "yekes"

A ascensão de Adolf Hitler ao poder na Alemanha, em 1933, causou o êxodo de milhares de judeus. E o Brasil foi um dos portos seguros que eles encontraram. Ao contrário dos europeus orientais, os "yekes", como eram chamados pejorativamente os judeus alemães, provinham de famílias de classe média. Muitos tinham até formação universitária, coisa rara naqueles tempos.

O núcleo alemão estabeleceu-se em São Paulo e também em Rolândia, no Paraná. Em 1934, criaram a Sociedade Israelita Paulista (SIP), que, anos depois, seria incorporada pela Congregação Israelita Paulista. Por suas características particulares, a CIP desenvolveu-se, por muito tempo, quase à margem das demais instituições judaicas de São Paulo.

Uma nova leva de imigrantes, sobreviventes do Holocausto, chegaria ao Brasil após o fim da Segunda Guerra Mundial (1939-1945), originária da Polônia, da Romênia e da Hungria, entre outros países. Já nos anos 1950, a onda nacionalista que empolgou os países árabes após a criação do Estado de Israel (1948) causou a expulsão ou a fuga de centenas de milhares de judeus do Marrocos, da Tunísia, do Iêmen e do Iraque. Para o Brasil viriam principalmente imigrantes do Egito, do Líbano e da Síria.

Hoje a comunidade judaica brasileira é majoritariamente *ashkenazi*, com minorias sefardim importantes em São Paulo e no Rio de Janeiro. Os sefardim são maioria no Pará e Amazonas. Não existe, no Brasil, a figura de um rabino-chefe. As congregações são autônomas e várias delas reúnem fiéis de acordo com a origem geográfica (há sinagogas fundadas por imigrantes egípcios, libaneses, alemães, lituanos, húngaros, e assim por diante).

Funcionam no Brasil dezenas de entidades judaicas, muitas das quais são referências nacionais em suas especialidades. É o caso do Lar para Idosos de São Paulo (Lar Golda Meir) e do Rio de Janeiro, do Hospital Albert Einstein, de São Paulo, e da União Brasileiro Israelita do Bem-Estar Social (Unibes), que, fundada no início do século XX, é uma das primeiras ONGs paulistanas. Cada região conta com uma Chevra Kadisha (Sociedade Cemitério). No Rio, funciona o Museu Judaico; São Paulo conta com a Casa de Cultura de Israel, uma referência cultural importante para a cidade, assim como o Arquivo Histórico Judaico.

Existem, ainda, diversos movimentos juvenis sionistas, alguns deles identificados com correntes ideológicas de esquerda e ou de direita. A Chazit Hanoar, que se vincula à CIP, por exemplo, não tem matriz ideológica definida. A Organização Sionista Unificada, de sua parte, promove o intercâmbio de jovens para estudar ou trabalhar em Israel.

Apêndice 2

Textos

AO LONGO DE QUATRO DÉCADAS DE TRABALHO NO BRASIL, ELABOREI CENTENAS de artigos para a imprensa e prédicas destinadas às noites de *shabat* e às festas na CIP. Reproduzo, aqui, alguns textos, que têm relação direta com os temas tratados no livro.

CAPÍTULO 6

CARNAVAL: VIVER E PARTICIPAR
In: Judaísmo é otimismo, de 1979

O Carnaval brasileiro, e mais especificamente o Carnaval carioca, nas suas ruidosas manifestações populares, encerra uma valiosa mensagem para todos nós. Lembro-me perfeitamente do impacto que me causou da primeira vez que tive a ocasião de presenciá-lo de perto: companheirismo, unidade e amor. Todas estas manifestações eu senti de modo muito real, muito tangível, e contagiei-me de um entusiasmo que perdurou por muito tempo. As fantasias, as cores, a alegria, a música e a dança, tudo isso causa uma impressão indelével para quem o presencia ainda que por uma única vez.

Parece-me que é no Carnaval que certas características do povo brasileiro se manifestam com mais intensidade. É notável a unidade do povo — velhos e jovens, ricos e pobres, belos e menos belos, pretos, brancos e mulatos —, todos unidos na alegria carnavalesca. A participação, o relacionamento dinâmico, a sensacional comunhão de euforia das massas, tudo isso foi inesquecível para mim.

São justamente a participação e o relacionamento, duas constantes carnavalescas, que motivaram a presente prédica. O tema é perfeitamente apropriado para qualquer *shabat*, mas adquire mais adequação ainda nesta *shabat zachor*, o *shabat* antes de *Purim*[37], o nosso Carnaval judaico.

Por mais incrível que pareça, enquanto eu assistia ao desfile dos blocos carnavalescos, ocorreu-me uma cena bíblica com o meu herói predileto, o rei David. É a extraordinária cena do Segundo Livro de Samuel, em que o rei David acompanha o cortejo da Arca Santa para Jerusalém. Em poucas palavras, David havia sucedido ao rei Saul e decidira fazer de Jerusalém a capital de Israel. Uma vez tomada esta decisão, David resolveu levar a Arca Santa para a nova capital. A Arca representava o símbolo da fé e muitos preparativos antecederam o transporte propriamente dito. Um carro foi especialmente construído para carregar a Arca e o cortejo foi alegre e festivo com muita música acompanhando o séqüito. A Bíblia conta a respeito deste acontecimento: "David e toda a casa de Israel dançavam

---

[37] A mais festiva das comemorações do calendário judaico, que celebra a vitória da comunidade judaica contra uma tentativa de perseguição, na antiga Pérsia.

diante de Deus com todas as suas forças, com cânticos, e ao som de harpas e saltérios, tambores e pandeiros, e címbalos" (II Samuel, 6:5).

Reinava um ambiente de euforia descontraída com um sobretom de solene festividade, e é interessante que a Bíblia faz questão de ressaltar que, entre dançarinos e foliões, estava o próprio rei David: "David dançava diante de Deus com todas as suas forças" (II Samuel, 6:14).

Quando a Arca chegou finalmente a Jerusalém, Michal, a esposa de David, assistia de uma janela ao desfile festivo e observou seu real esposo pulando e dançando no meio do poço. Quando a festa chegou ao fim, David, ao voltar para casa, foi recebido com severas recriminações. "Isto é modo de se comportar? Afinal de contas, o rei de Israel pulando e dançando com o povo, com as massas? *David Melech Israel!* — David, o rei de Israel. É este o comportamento da nobreza? Que inconveniência". Michal era obviamente muito esnobe.

David, de acordo com o nosso trecho bíblico, ficou muito zangado com sua mulher e respondeu mais ou menos assim às suas críticas: "Minha querida mulher, se eu estava dançando, era perante Deus que me elegeu rei, e quanto ao meu futuro comportamento, continuarei a dançar e sentir-me feliz na presença de Deus". Em hebraico, lê-le: *Vesichati lifnei Adonai*, o que significa — "vou divertir-me e alegrar-me na presença de Deus".

É pertinente perguntarmos qual a analogia entre este texto e o Carnaval. Afinal de contas, o contexto é completamente diferente! Existe uma conexão; ela está na alegria, na participação, no regozijo, na festividade, na dança e na euforia. Será necessário enfatizar que participação, festividade e alegria são aspectos fundamentais do judaísmo? Comemoramos o *shabat* com vinho e uma refeição cuidadosamente preparada. Tudo faz parte do conceito de *oneg*, de prazer. Dançamos e cantamos em Simchat Torá. Em Purim, dançamos e rejubilamo-nos em alegria familiar.

Nosso modo de vida do século XX não sanciona o uso da dança e do canto como expressão do sentimento de felicidade, de euforia na presença de Deus. Tornamo-nos muito sofisticados para isso. No nosso meio, quando isso acontece, rezamos, programamos serviços religiosos, celebramos rituais que começam e terminam pontualmente. Nunca falamos de dança, de expressão corporal, de alegria, nunca falamos de regozijo perante Deus. A dança e os pulos de David, receio eu, constituem um capítulo passado da história religiosa. Bem, talvez não completamente. Ainda há os hassidim. Ah! Aqueles fabulosos hassidim. Eles ainda cantam e dançam; batem palmas, balançam a cabeça, gingam o corpo e cantam suas canções. Medieval? Bizarro? Ultrapassado? Não! Para os hassidim, apesar da sofisticação do século XX, as canções, as danças, as comemorações e a capacidade de participação fazem parte e estão relacionadas com a vida. Para os hassidim, viver é participar.

Meus amigos, acho muito triste que muitos de nós, hoje em dia, tenham perdido a capacidade de participar. Tornamo-nos espectadores em vez de participantes. Setenta mil pessoas enchem um estádio de futebol num domingo e observam 22 homens jogar futebol. Quem pode avaliar quantos milhões mais estão sentados diante de seus televisores, absortos nas emoções do jogo?

Chego ao ponto cruciante, à essência de minha mensagem. Tornamo-nos espectadores não apenas no futebol, mas, o que é mais triste, tornamo-nos espectadores da religião. Tornamo-nos espectadores do judaísmo. Muitos de vocês, tenho certeza, sinto-o, colocam o rabino, o cantor, o coro num palco e comparecem ao serviço religioso como quem vem assistir a um espetáculo. Quantos ainda conseguem participar? Quantos ainda podem se emocionar, quantos ainda podem realmente relacionar-se com Deus, com a sinagoga, com o judaísmo? Quantos ainda reagirão se o órgão parar de tocar durante o serviço religioso ou se o coro emudecer durante a liturgia? Quantos assim mesmo ainda elevarão suas vozes e cantarão as orações em constrangimento? Quantos ainda se deixarão levar de uma maneira judaica, completa, linda e total?

O que aprecio sobremaneira na experiência religiosa no Muro das Lamentações em Jerusalém não é tanto a santidade, e naturalmente ela é sagrada. É básica e essencialmente o relacionamento, a participação total, o espetáculo de homens como o rei David, plenamente dedicados, física e espiritualmente ao serviço de Deus. Admiro as pessoas que podem libertar todas as suas emoções interiores através da dança, do canto, da euforia na presença de Deus.

Parece-me que podemos aprender uma verdadeira lição do Carnaval carioca. Não senti o desfile nas ruas como um espetáculo encenado. As massas nas arquibancadas relacionavam-se, envolviam-se e estavam compenetradas em alegria carnavalesca. Dançavam, cantavam e pulavam com os sambistas, com os líderes. É isto que precisamos aplicar em nossa consciência religiosa hoje em dia: mais entrosamento, mais participação sincera, mais compromisso interior — congregação com rabino, rabino com cantor, cantor com coro, coro com público. Faz falta a libertação de nossas emoções interiores por meio de uma canção, uma dança, um gesto autêntico. É muito saudável, psicologicamente, a livre extroversão dos sentimentos. Precisamos ser mais *freilich*, mais capazes de festejar a alegria sincera, mais generosos com nossas emoções, mais calor humano, mais participação, mais relacionamento. Vivam o Carnaval 365 dias por ano, entregando-se totalmente, com devoção global à *idishkait*, cantando, dançando e pulando *lifnei Adonai*, na presença de Deus.

CAPÍTULO 7

FOFOCAS: UM PECADO MODERNO
In: Judaísmo é otimismo, de 1979

O meu objetivo não são as mais ou menos inocentes fofocas tais como "o vestido extravagante da dona Fulana na festa" ou "que espécie de coquetel o sr. Sicrano dará amanhã". Refiro-me à fofoca da calúnia, do assassinato de caráter, do sórdido, corrupto e revoltante pecado da difamação. Escolhi este tema porque é um costume muito corriqueiro as pessoas falarem mal umas das outras.

Aos olhos de nossos rabinos, o pecado da calúnia é um dos piores pecados e está equiparado ao assassinato. Em ambos os casos, a pessoa culpada é acusada de *shefichas dam*, derramamento de sangue. De acordo com a lei judaica, é preferível que a pessoa se atire numa fornalha ardente do que destrua o nome de outra pessoa. A calúnia é pior do que o assassinato porque a vítima continua viva para sofrer a vergonha.

A palavra é a mais importante e ao mesmo tempo a mais comum das atividades humanas. Existem muitas espécies de comunicação pela palavra: explicação, exortação, denúncia e súplica. Mas, de todas as expressões da palavra, a fofoca, no sentido da calúnia, é a pior. A fofoca é a expressão de uma mentalidade mesquinha.

Freqüentemente descubro que os fofoqueiros são os que falharam como seres humanos; os que nunca conseguiram a satisfação do ego por métodos normais. Desta maneira, o fofoqueiro tenta enaltecer-se pela destruição dos outros. Carl Jung, o grande psiquiatra, escreveu que tudo o que reprimimos dentro de nós mesmos, descobrimos em nosso próximo, e assim o tratamos. O que combatemos nele é a nossa própria inferioridade.

O que o fofoqueiro não percebe é que, ao mesmo tempo que as pessoas estão prontas e mesmo ansiosas por ouvir suas palavras maliciosas, elas perdem a confiança nele. Nietzsche comentou com muita sabedoria: "Cuidado com o homem que se odeia; você poderá ser sua próxima vítima".

Na *Ética dos pais* achamos uma receita para a doença espiritual da fofoca. Joshua, filho de Perachya, disse: "Julguem todos os homens pela escala do mérito" (Pirkei Avot, 1:6). Em todo o homem acha-se o bem e o mal. Por que não olhar para o bem? O que nos custa ver o bem e falar do bem em vez do mal? Quanto mais procuramos a dignidade em potencial em outras pessoas, menor será nossa tendência em difamá-las.

Sempre que atravesso uma grande ponte fico impressionado com a perfeição da obra de engenharia de que os homens são capazes. É formidável aproximar duas cidades ou duas margens de um rio, muito distantes uma da outra. Por que não podemos construir pontes unindo pessoas como o fazemos com extensões de terra?

Apêndice 2 — Textos

Conta-se a história de um turista que estava pernoitando numa pequena cidade. Sozinho e buscando companhia, decidiu juntar-se a um grupo de homens sentados na varanda do hotel. Havia silêncio, não se ouvia conversa. Depois de várias tentativas para entabular conversação, o turista ficou aborrecido e finalmente perguntou: "Existe alguma lei que proíbe falar nesta cidade?". Um dos homens do grupo respondeu-lhe: "Não existe lei alguma que proíba falar, porém combinamos que ninguém falaria a menos que pudesse aperfeiçoar o silêncio".

Estas são as duas receitas que lhes deixo contra a calúnia. Ressaltemos primeiro as qualidades positivas quando falarmos de outra pessoa; olhemos o ativo e esqueçamos o passivo. Sejamos liberais com os elogios. Caso seja impossível, escolhamos então a sabedoria do silêncio.

CAPÍTULO 8

GERAÇÕES: APELO À UNIÃO
In: Judaísmo é otimismo, de 1979

Assistindo a uma reunião, entre os vários assuntos em pauta estava a questão de se os mais jovens devem ou não fazer parte de uma determinada comissão. Ouvi as palavras "jovem" e "velho" citadas muitas vezes, não apenas para descrever dois grupos diferentes de idade, mas também para descrever duas forças separadas, trabalhando em direta oposição uma à outra. Não me surpreendi; afinal de contas, todo mundo, hoje em dia, fala do "abismo entre as gerações" — jovens contra velhos e vice-versa.

Sabemos que aproximadamente 50% da população mundial tem idade abaixo de 30 anos. Com o aumento de conhecimento científico, a média do ciclo de vida do adulto também está aumentando no que se refere à outra metade da população.

A idade de 30 anos como linha divisória vem da expressão popular "Não confie em ninguém com mais de 30 anos". A implicação é que uma vez que a pessoa chega aos 30, ela não aceita mais novas idéias.

Por outro lado, as pessoas mais maduras parecem ver os jovens como um tanto irresponsáveis e também têm os seus *slogans* favoritos: "A experiência é o melhor mestre", ou o clássico dito de Bernard Shaw: "A juventude é desperdiçada com os jovens". Aqui, a implicação é que a juventude deve ser considerada inferior à voz da experiência que vem automaticamente com a idade.

Deixem-me examinar estas duas posições antagônicas, recordando o que o sábio diretor de uma escola me ensinou certa vez.

Esse diretor de uma grande escola judaica em Nova York tinha que fazer uma escolha para contratar um entre dois candidatos a professor: um que havia lecionado durante 15 anos e o outro que havia lecionado durante somente cinco anos. Interessante! Ele escolheu o segundo e, quando lhe perguntei o porquê, ele me mostrou as pastas com os relatórios sobre a experiência anterior dos dois candidatos. O homem mais idoso havia lecionado os mesmos anos escolares em seis escolas diferentes durante os 15 anos. O mais jovem havia lecionado na mesma escola os cinco anos escolares completos e mostrou evidente desenvolvimento e progresso. O diretor, então, comentou sabiamente: "O homem mais jovem tem cinco anos de experiência de ensino, enquanto o mais velho tem um ano de experiência, 15 vezes".

Às pessoas mais velhas, eu gostaria de lembrar que a experiência não vem automaticamente com a idade cronológica. Ela é o resultado de uma abertura dentro de nós, uma disponibilidade e disposição para estar sempre alerta, para aprender a respeito dos homens e da vida. Uma prestação de serviço por 10, 15 ou mesmo 25 anos não confere necessariamente mais perícia.

Aos mais jovens, eu digo que há uma grande diferença entre conhecimento e sabedoria, duas palavras usadas indistintamente. É verdade que hoje mais jovens freqüentam mais universidades do que nunca antes. É verdade que a quantidade de conhecimentos que uma pessoa de 25 anos possui muitas vezes excede a de seu pai ou sua mãe, mas o acúmulo de conhecimentos em si não é equivalente à aquisição de sabedoria. A sabedoria representa o refinamento, o tempero do conhecimento dos fatos com a idade, com a experiência e a maturidade. É a sabedoria — não o conhecimento — a verdadeira meta na vida e na prática judaica. Nossos rabinos definem o *zaken*, o mais velho, como "aquele que adquiriu sabedoria".

Esse, então, é o nosso desafio: para a geração adulta, um apelo para ampliar os horizontes, a necessidade constante de procura, um compromisso, com a vida, de crescer, de nunca ficar estáticos, sempre abertos para mudanças. Para a geração jovem, um chamado para um compromisso mais profundo: respeito e aceitação da experiência e sabedoria.

Rav Avraham Kook, de abençoada memória, o antigo rabino-mor de Israel, ao enfrentar tal desafio, uma vez, respondeu: "Renovem o velho e santifiquem o novo".

Nem o velho nem o jovem têm o direito de se considerarem os únicos porta-vozes do judaísmo. *Bineareinu uviskeineinu neilech* é o apelo de Moisés ao faraó, pedindo liberdade para o povo de Israel: "Nós iremos adiante com nossos jovens e nossos velhos" (Êxodo 10:9).

Que todos nós possamos abrir caminho para mais juventude nas comissões e nos cargos de responsabilidade de nossas instituições e que, juntos, possamos ir adiante para o bem de nossas comunidades e para o bem da *idishkait*.

O FUTURO DO JUDAÍSMO NO BRASIL

Artigo publicado na edição de maio/junho de 1981 da revista norte-americana Conservative Judaism

O futuro do judaísmo no Brasil é incerto. Ainda mais incerto, a meu ver, do que o futuro do judaísmo nos países comunistas. Não por causa do anti-semitismo, que não constitui no Brasil um problema tão real quanto em outros países latino-americanos, nem por causa do caráter revolucionário dos atuais processos socioeconômicos, que, caso sejam bem-sucedidos, poderão destruir a classe média, à qual pertence a grande maioria dos judeus na América do Sul.

O perigo provém de um fator histórico mais amplo. Como explica Nahum Goldmann*, antes da Emancipação, no século XIX, os judeus viviam à margem do sistema político e social. Eram, na melhor das hipóteses, uma minoria tolerada, e não tinham voz ativa. Dependiam da vontade da maioria que estabelecera esse sistema, mas não eram realmente afetados por ele, não estavam integrados. Tinham uma "pátria portátil", usando as palavras de Heine*, em seu próprio *shtetl*[38], em seu próprio modo de vida. Estavam por acaso na Polônia, na Rússia, na Alemanha, na França, e assim por diante, mas não faziam realmente parte da sociedade.

Com a Emancipação Judaica, os judeus tornaram-se parte do sistema. Importante: eles foram emancipados por países onde o sistema já estava estabelecido de forma mais ou menos estável. Os judeus não ajudaram a criar o sistema. Quando foram emancipados na Alemanha, esta já era uma monarquia com certo grau de democracia. Quando foram emancipados na Rússia comunista, entraram numa sociedade já estabelecida, que os próprios comunistas haviam criado. Integraram-se em sociedades já existentes e sentiam-se parte destas. Não importava se votavam nos republicanos ou democratas nos Estados Unidos, para os conservadores ou liberais na Alemanha, para os conservadores ou trabalhistas na Inglaterra, eles constituíam parte integrante de um único sistema.

A América Latina é o primeiro caso em que os judeus entraram em sociedades não-judaicas que não tinham estabilizado sua estrutura sociopolítica e que ainda não o fizeram até hoje. A maioria das nações latino-americanas ainda não resolveu se deve continuar como regime militar, autocracia fascista ou democracia parlamentar, se todas as parcelas da sociedade devem participar ou apenas certos grupos. Os judeus que imigraram para o Brasil no começo do século XX encontraram uma sociedade feudal, que logo se tornou um complexo industrial — uma

---

[38] Significa, em *idish*, aldeia.

Apêndice 2 — Textos

forma de democracia que mais tarde se tornou uma ditadura militar. E hoje falamos novamente no Brasil de uma "abertura política", um retorno muito vago e descomprometido às liberdades democráticas.

Não creio que a comunidade judaica consiga manter sua coesão e unidade em tal situação. E é por isso que considero tão incerto o futuro do judaísmo no Brasil, em particular, e na América Latina, em geral. No Brasil do século XX, os judeus fazem parte da sociedade e precisam posicionar-se dentro dela. Aqui, como em outros países latino-americanos, não existe um sistema claramente definido para a totalidade do povo; a escolha ainda não foi feita. Portanto, a comunidade judaica terá eventualmente que tomar uma decisão. E os judeus têm medo de fazê-lo, e com boas razões.

Os judeus vivem prosperamente no Brasil. Pertencem à classe média alta e suas realizações econômicas e culturais trouxeram-lhes uma aceitação pelas camadas de elite da sociedade brasileira. A maioria dos judeus, portanto, está satisfeita com o *status quo* e se identifica politicamente com o regime. Este é o *establishment* judaico, que é conservador. Em contraste, existe uma geração mais nova que está rejeitando cada vez mais o *status quo*, uma juventude judaica com aspirações progressistas, democráticas e liberais. Os judeus que hoje aprovam a ditadura militar provavelmente aprovarão amanhã um regime bem diferente, mas não contarão com o apoio de toda a comunidade, como foi o caso dos judeus emancipados na Alemanha, na França, na Inglaterra e mesmo dos judeus nos países comunistas, tais como a Iugoslávia e a Romênia, que viviam uma vida judaica integrada no sistema comunista. Quando chegar o momento de os judeus brasileiros tomarem uma decisão, receio que ela enfraquecerá ainda mais a união, que é a condição *sine qua non* da sobrevivência judaica.

Existe outro problema: os judeus vivem hoje no Brasil como se nada estivesse acontecendo nesse país! Eles reagem muito superficialmente ao que está ocorrendo, aos grandes processos sociais que estão se realizando. Têm medo de assumir uma posição. Isto, a meu ver, é perigoso para o judaísmo. Judaísmo é desenvolvimento, é crescimento; o judaísmo está enraizado no passado, mas não pode perder a abertura e a atualização que tornam possível sua sobrevivência; o judaísmo não pode sobreviver se não encontrar uma aplicação na arena social. No Brasil, onde ainda há um alto índice de analfabetismo e de mortalidade infantil, onde grande parte da população vive num nível de mera subsistência, não existe um posicionamento judaico a respeito. Há uma atitude evasiva, um não-comprometimento. Os judeus brasileiros não querem tomar o partido errado. Essa relutância, esse medo de assumir uma posição, mostra o judeu emancipado agindo como se na verdade ainda não fosse emancipado! Creio que essa situação, essa atitude de não tomar nenhuma decisão, de não fazer nenhuma escolha, não pode continuar por muito tempo. Quanto mais o desenvolvimento social do Brasil forçá-lo a se definir e se estabilizar, mais difícil será para os judeus permanecerem à margem dos acontecimentos, se quiserem continuar a fazer parte da sociedade, e mais atingida e ameaçada será nossa união e coesão como comunidade.

Há mais um problema, o problema de uma segunda e terceira geração de jovens afastados do judaísmo. O *boom* econômico, no final da década de 1960, tornou a vida judaica bastante confortável. Como mencionei anteriormente, a maior parte dos judeus pertence à aristocracia econômica do país. Não existe uma ameaça externa à existência judaica. O anti-semitismo ainda não constitui motivo de preocupação para os judeus, em nível nacional. Os judeus ocupam posições de destaque no governo, no Congresso e nas Assembléias Legislativas. Alguns chegaram até ao cargo de general nas Forças Armadas. Em tal sociedade, onde os judeus estão totalmente integrados dentro da estrutura de poder dominante, é certamente mais difícil preocupar-se existencialmente com o que significa ser judeu. Seguramente, o que é bom para os judeus nem sempre é bom para o judaísmo! Os jovens discutem a pergunta "quem é judeu?" em debates e grupos de estudo, mas a discussão fica restrita ao nível teórico e às implicações internacionais. No fundo, não há uma verdadeira preocupação existencial. A juventude está judaicamente marginalizada no contexto de uma sociedade judaica próspera.

O que considero indispensável para o futuro dos judeus que vivem no Brasil e para o futuro do judaísmo na América Latina é uma liderança judaica forte, que hoje infelizmente não existe. Uma liderança de rabinos e leigos que saibam formular o judaísmo de uma maneira aberta e significativa. É essencial uma liderança religiosa capaz de dialogar com uma juventude afastada da religião, um movimento judaico capaz de atrair a nova geração que vive num deserto espiritual.

Mais de 80% dos jovens judeus entre 18 e 24 anos estão matriculados em faculdades brasileiras, preparando-se para uma carreira nos negócios ou nas profissões liberais. Da população judaica no Brasil, 22,4% trabalham na indústria; 27% são empresários, gerentes e pessoal altamente qualificado; e 20% são profissionais liberais. Entre os judeus no Brasil, apenas uma insignificante parcela de 0,3% está registrada como operária. Tudo isso indica que existe uma juventude intelectual esclarecida, aberta a idéias liberais, mas há poucas pessoas disponíveis para liderá-la e comunicar-se com ela. Nossa juventude é receptiva a um conteúdo judaico liberal, mas não existem suficientes líderes jovens e dinâmicos para transmiti-lo. Quaisquer empenhos no sentido de atrair e treinar tais líderes devem receber uma prioridade máxima.

Os judeus que vivem no Brasil precisam desesperadamente de uma liderança capaz de formular alternativas válidas para a ação judaica, uma liderança rabínica capaz de oferecer um meio-termo entre um *establishment* conservador e uma juventude revolucionária, porta-vozes que possam fazer com que o judeu na *galut*[39] compreenda que sua vida judaica ainda é válida. Tantos dos nossos jovens optam hoje entre os extremos de *aliá* ou revolução. Os que escolhem esta última são perdidos pela comunidade judaica. Acredito que somente uma abordagem liberal, com valores judaicos atualizados, tem chance de alcançar essa juventude. É exatamente isso que faz tanta falta hoje: uma liderança judaica que ofereça um meio-termo judaico.

---

[39] Diáspora judaica, em hebraico.

O mais importante de tudo, a meu ver, é a necessidade não só de acompanhar, mas principalmente de estar na vanguarda das novas mudanças que se estão processando na sociedade brasileira. Certamente, uma onda de transformações se anuncia no Brasil e nós precisamos estar aqui para trazer vida nova, para injetar sangue novo, para reconciliar a juventude judaica com a comunidade judaica. O governo de João Figueiredo está traçando novas linhas de ação, que indicam tendências à reforma social. A política econômica começa agora a se voltar para as necessidades dos pobres, visando tornar as massas mais alfabetizadas, mais saudáveis, mais felizes. E os judeus precisarão, de uma vez por todas, tomar uma posição como comunidade. Esta é, em minha opinião, a maior responsabilidade e o maior desafio para um rabino no Brasil. A tendência de concentrar grande poder econômico nas mãos de uma minoria parece estar lentamente se invertendo. A classe trabalhadora está fazendo greves; os metalúrgicos estão exigindo melhores salários, em confronto com a política governamental. E o judeu deve levantar-se e aplicar os ideais proféticos do judaísmo no contexto da reforma social. Precisamos atingir a juventude brasileira e ensinar a ela o verdadeiro significado de um posicionamento firme na conjuntura da vida judaica na Diáspora. Isso não é um programa para hoje; isto, no meu entender, é o futuro do Brasil e o futuro do judaísmo na América Latina. Vejo duas possibilidades para o futuro: ou o *status quo* continua e teremos que criar um meio-termo funcional, ou então, o que é mais provável, a reforma social virá e, nesse caso, teremos que estar na vanguarda para assegurar a relevância do judaísmo dentro da nova estrutura social.

Há um trabalho a ser feito em prol da vida judaica no Brasil. Precisamos de rabinos de primeira ordem. Homens de segunda, terceira, quarta categoria podem ser enviados para comunidades judaicas mais estáveis. Na América do Sul, precisamos de pioneiros, homens altamente capazes, inteligentes e comunicativos, que tenham uma mensagem a transmitir. Não conheço nenhuma parte do mundo onde a *mitzvá* possa ser maior, onde o desafio possa ser mais estimulante ou a realização mais gratificante. Só posso dizer, da minha experiência pessoal e profissional, que a missão em São Paulo tem sido e continua a ser real. As possibilidades são grandes; as esperanças, ilimitadas. Com boa vontade e ação, podemos assegurar o futuro do judaísmo em um país onde as condições externas são favoráveis, mas onde ainda existem problemas internos a serem resolvidos. A própria sobrevivência da vida judaica está em jogo.

Capítulo 9

REFUGIADOS VIETNAMITAS: UM HOLOCAUSTO CONTEMPORÂNEO
Prédica de janeiro de 1980

Janeiro de 1973. Henry Kissinger e Le Duc Tho assinavam o tão esperado acordo de paz que deveria pôr fim à longa Guerra do Vietnã. Rapidamente o mundo descobriria, entretanto, que a retirada dos Estados Unidos não trouxe a paz, nem o final da tragédia vietnamita. A perseguição das populações do Vietnã do Sul pelo novo regime levou à dramática saga dos *boat people*, com milhares de fugitivos à deriva no mar em busca de asilo. Muitos deles foram obrigados a voltar para o inferno no Vietnã e morreram abandonados em seus barcos, enquanto o mundo assistia indiferente.

Em outubro de 1978, uma pequena embarcação na qual se amontoavam 35 refugiados sul-vietnamitas — todos subnutridos, sem uma gota de água potável a bordo — foi avistada por um navio tanque da Petrobras. Recolhidos pelo petroleiro, foram levados para Cingapura, onde enfrentaram uma espera de meses, enquanto seu destino estava sendo discutido pelas autoridades brasileiras. Depois de alguma relutância, o governo resolveu conceder-lhes asilo. Em 12 de fevereiro de 1979, 140 dias após deixarem sua terra natal, o grupo de 12 homens, 8 mulheres e 15 crianças chegou finalmente ao Rio de Janeiro. Em setembro do mesmo ano, o Brasil acolheu um segundo grupo de 26 vietnamitas.

Atualmente, todos esses refugiados se encontram em São Paulo, mas seu drama ainda não terminou. Teoricamente, estão sob os cuidados da Igreja e do Sine (Serviço Nacional de Empregos), que recebem uma verba da ONU especialmente destinada para este fim. Na prática, entretanto, a situação é deprimente: os vietnamitas estão vivendo em alojamentos "provisórios", em condições subumanas, sofrendo maus-tratos físicos e psíquicos. Seu passado foi trágico, seu presente é desesperador, seu futuro é incerto.

Nós judeus, já sofremos na própria carne a dor de ser um *boat people* abandonado por um mundo apático e impassível. Em 1939, novecentos judeus europeus, tentando escapar da violenta onda nazista, embarcaram no St. Louis com destino a Havana. Eles acreditavam ter vistos válidos para Cuba, mas, ao chegarem lá, as autoridades lhes negaram a entrada. Vários países sul-americanos também lhes recusaram asilo. Mas o golpe final foi quando os Estados Unidos impiedosamente despacharam o St. Louis, com a sua "carga humana", de volta à tortura e à morte na Alemanha.

Hoje a história se repete. Não com judeus, mas com refugiados vietnamitas. E nós, judeus, vítimas de um Holocausto, não temos o direito de permanecer insensíveis a este Holocausto contemporâneo. Precisamos agir!

Neste contexto, proponho que a comunidade judaica empreenda um projeto de assistência a uma das famílias vietnamitas que aqui estão. Sabemos perfeitamente que isto não é uma solução global, mas pelo menos estaremos contribuindo com o nosso quinhão para aliviar o sofrimento de uma família. Assim fazendo, estaremos dando ao mundo uma lição judaica de sensibilidade e fraternidade.

O projeto consiste em "adotar" uma família vietnamita pelo prazo de um ano, ajudando-a a adaptar-se à vida no Brasil e a integrar-se efetiva-mente à sociedade brasileira. A família que temos em mente é constituída de um casal com um filhinho de um ano e meio, que chegou ao Brasil em setembro de 1979. O marido chama-se Trung Tran, tem 23 anos, cursou um ano da faculdade de contabilidade no Vietnã e tem algumas noções na área de computação; a esposa, Hue Ngoc Thi Lê, tem 21 anos e ins-trução ginasial; o bebê chama-se Ching Gung Lê Tran. No Vietnã, eles moravam numa casinha própria; Trung trabalhava num banco e Hue cuidava do bebê. Apesar das péssimas condições em que estão vivendo agora, pode-se notar seu asseio e até uma certa fineza. São muito delicados e amáveis.

Do ponto de vista prático, a "adoção" consistiria de um pequeno apartamento com alguma mobília e utensílios básicos, aulas de português para o casal, um emprego para Trung, assistência médica e uma ajuda financeira mensal para alimentação e outras despesas.

A duração do projeto foi estipulada em 12 meses, pois acredito que, após esse prazo, Trung terá condições de sustentar sua família sem ajuda externa. A idéia não é dar o peixe à "nossa" família, mas sim ensiná-la a pescar.

Meus amigos: seu apoio a esta campanha será profundamente apreciado. Faço-lhes um apelo no contexto da sensibilidade judaica. A *mitzvá* é nossa.

O apelo do rabino Sobel foi atendido. Trung foi contratado para o setor de computação de uma fábrica de componentes eletrônicos. Decorrido o prazo de um ano, ele tinha conseguido economizar o suficiente para alugar com seus próprios recursos um pequeno sobrado. Hoje a família Tran está feliz e praticamente integrada em sua nova pátria. (N. do Ed.)

Capítulo 10

Religião e tortura: a perspectiva judaica
Manifestação em ato da Anistia Internacional contra a tortura, de maio de 1984

A tortura não é um fenômeno isolado, não é um ato praticado impulsivamente por um indivíduo sádico. De acordo com um estudo divulgado recentemente pela Anistia Internacional, trata-se de uma verdadeira epidemia, uma prática adotada hoje, oficialmente ou extra-oficialmente, pelos governos de 98 países.

A tortura pode ser abolida. O que falta é a determinação política dos governos, de não mais torturarem as pessoas.

Eu iria ainda além: não basta um grupo relativamente pequeno, como este, tentar pressionar as autoridades a se tornarem mais flexíveis. Nossa responsabilidade principal é tentar conscientizar a população sobre a tortura que é praticada dentro de seu próprio país. E fazer com que as massas pressionem o governo. O caso Vladimir Herzog, em 1975, ilustra bem este ponto. Foi a enorme repercussão do culto ecumênico na Praça da Sé que levou à substituição do radical comandante do 2.º Exército por outro mais moderado.

Em última análise, os cidadãos da nação têm que responder pelos atos do seu governo.

Com relação aos presos políticos, que são torturados unicamente por causa de suas opiniões ideológicas, é uma violação tão brutal dos direitos fundamentais do homem, que nenhum protesto verbal da minha parte, por mais veemente que fosse, seria suficiente. Porém, mesmo no caso de criminosos comuns, não pode haver justificativa para maus-tratos na prisão. A finalidade do encarceramento, a meu ver, não é punir o indivíduo, mas sim afastá-lo temporariamente do convívio social, a fim de impedir que ele cause danos a outros indivíduos. Entretanto, esse afastamento de nada adiantará se não for acompanhado de um processo de reabilitação. Espancamentos e torturas certamente não curam ninguém.

Se existe algo que justifique nossos empenhos em prol do movimento ecumênico, é essa campanha da Anistia Internacional. Isto porque a tortura não é problema exclusivo de uma determinada religião. É uma questão que afeta todos os homens. Foi isto que eu frisei quando tive a honra de ser recebido, no último mês de julho, pelo primeiro-ministro, Menahem Begin, em Jerusalém: que o governo de Israel não devia protestar em prol dos judeus desaparecidos na Argentina, mas sim em prol de todos os indivíduos de todos os credos que eram vítimas daquele regime opressor. Limitar o enfoque à "questão judaica", como algumas organizações internacionais judaicas estavam tentando, seria uma abordagem extremamente paroquial, indigna da nossa tradição.

Apêndice 2 — Textos

Capítulo 11

Diretrizes para a Igreja Católica no Brasil em suas relações com os judeus (trechos escolhidos)
CNBB — Comissão Nacional de Diálogo Religioso, de março de 1982

- Uma das funções do diálogo inter-religioso é permitir que cada participante apresente aos outros uma descrição de seu credo, em seus próprios termos. Este é um ponto essencial para a compreensão mútua, pois suposições falsas e incorretas sobre a fé alheia são uma das origens do preconceito e dos estereótipos negativos.

- Esta regra básica assume uma importância fundamental no diálogo judaico-católico. Os cristãos devem procurar conhecer melhor os componentes básicos da tradição religiosa do judaísmo e tentar compreender os traços essenciais pelos quais os judeus se definem a si mesmos no contexto de sua própria vivência.

- Muitos católicos esclarecidos desconhecem totalmente a história do povo judeu após a destruição do Templo de Jerusalém, no ano 70 da Era Comum. Conseqüentemente, prevalece entre eles a sensação de que o judaísmo decaiu quando o cristianismo entrou no cenário da História.

- As *Orientações* do Vaticano (1975) indicam claramente a permanência do judaísmo: "Serão feitos esforços no sentido de compreender melhor aquilo do *Antigo Testamento* que mantém um valor próprio e perpétuo, visto que tal valor não foi anulado pela posterior interpretação do *Novo Testamento*".

- O judaísmo não deve ser apresentado como uma espécie de anacronismo depois da vinda de Jesus. Deve-se ressaltar o dinâmico desenvolvimento religioso, filosófico e espiritual do povo judeu ao longo da História. Os católicos devem ver no judaísmo não um mero monumento ao seu passado, mas uma realidade que continua viva através dos tempos.

- O judaísmo, portanto, não representa apenas um fator importante no estudo das origens cristãs. Permanece uma realidade viva e presente, que toda a humanidade precisa reconhecer e com a qual todos os católicos deveriam dialogar.

- A liderança católica precisa conscientizar os menos esclarecidos de que Jesus era judeu, nascido de mãe judia. Mais ainda, ele se considerava um judeu fiel às suas origens. Seus ensinamentos derivam das leis e das tradições judaicas com as quais ele se criou e que jamais negou. Jesus era chamado de "rabino" e freqüentava o Templo de Jerusalém, junto com os seus discípulos.

- A imagem negativa dos fariseus, encontrada em muitos textos cristãos, produziu entre os católicos uma visão gravemente distorcida do judaísmo. O debate de Jesus com os fariseus é um sinal de que ele os levava a sério. A eles Jesus dirigiu suas críticas ao *establishment* religioso; foi com eles que Jesus aprendeu a "regra de ouro" e deles vem a crença na ressurreição.

- Portanto, os conflitos e controvérsias relatados no *Novo Testamento* devem ser vistos como discussões entre irmãos e não como disputas entre inimigos. Ao serem mal-interpretadas, as críticas de Jesus aos fariseus tornaram-se armas nas polêmicas antijudaicas e sua intenção original foi deturpada.

- Os católicos não podem iniciar o diálogo com os judeus sem estar conscientes da longa e trágica história do anti-semitismo, uma trajetória que inclui as Cruzadas, a Inquisição e o Holocausto. Somente através de um confronto honesto com estes eventos é que os católicos podem entender a desconfiança arraigada com que alguns judeus vêem a Igreja.

- Embora o anti-semitismo nazista não tenha derivado diretamente do pensamento cristão, a ideologia nazista aproveitou-se de muitos conceitos antijudaicos da teologia cristã para conquistar o apoio das massas.

- O Conselho Mundial de Igrejas, por ocasião de sua fundação, em 1948, condenou o anti-semitismo como "totalmente incompatível com a profissão e a prática da fé cristã [...], um pecado contra Deus e o homem".

- Uma maneira tangível de mostrar à comunidade judaica que um novo espírito está emergindo seria incluir no calendário litúrgico da Igreja um serviço anual em memória das vítimas do Holocausto. Tal evento seria também uma oportunidade para conscientizar os católicos sobre os trágicos acontecimentos em Auschwitz, Treblinka e outros campos de concentração.

- Na mesma ocasião, deveria ser ressaltado o fato de que alguns cristãos arriscaram a própria vida para salvar os judeus. Estes atos precisam ser divulgados, se não para compensar a suposta inação do Vaticano durante a época nazista, pelo menos para mostrar aos judeus e cristãos contemporâneos que tais atividades são atualmente valorizadas pela Igreja.

- A resposta cristã ao Holocausto deve ser uma firme resolução de que ele jamais se repetirá. A Igreja precisa estar na vanguarda de todo e qualquer movimento que tenha por objetivo impedir outro massacre do povo com o qual Deus fez Sua sagrada aliança.

- Uma reconciliação autêntica exige o reconhecimento dos erros do passado. Determinadas afirmações de São João Crisóstomo, São Justino, São Cipriano, São Hipólito, São Bernardo de Clervaux precisam ser pública e oficialmente impugnadas — nos púlpitos, nos boletins paroquiais, nos jornais diocesanos — para que toda a população saiba que a atual liderança católica brasileira repudia tais ensinamentos anti-semitas.

- A acusação de deicídio pesa sobre o povo judeu até hoje, alimentando o sentimento de ódio contra os judeus, principalmente entre as camadas menos esclarecidas da população. No Brasil, dada sua própria estrutura sócio-religiosa, a grande maioria destas pessoas "menos esclarecidas" é formada por católicos devotos que freqüentam assiduamente a Igreja. A liderança católica brasileira tem, portanto, condições para desfazer esta calúnia tão prejudicial.

- Conforme recomenda *Nostra Aetate*, a Igreja deve condenar categoricamente a noção de que o sofrimento dos judeus através dos séculos é um castigo divino por terem rejeitado Jesus. Tal idéia de um "povo amaldiçoado" é incompatível com o próprio espírito cristão, que prega a infinita misericórdia de Deus.
- A liturgia é um poderoso instrumento educativo, que tanto pode transmitir fé como preconceito. Trechos do *Evangelho*, tais como Mateus 27, que tendem a gerar sentimentos anti-semitas ou reforçar uma imagem estereotipada dos judeus, devem ser evitados na medida do possível. E quando forem lidos, será conveniente que o celebrante ofereça paralelamente um comentário sobre as causas da hostilidade cristã para com os judeus na época e o despropósito de tal hostilidade em nossos dias.
- Analogamente, os hinos sacros a serem cantados devem ser criteriosamente selecionados pelos oficiantes, evitando-se aqueles que tenham uma conotação triunfalista ou uma mensagem desfavorável aos judeus.
- Noções básicas do judaísmo devem ser ministradas paralelamente às aulas de catolicismo em todas as escolas e faculdades brasileiras que incluem Religião em seu currículo — não com a finalidade de atender aos interesses de uma minoria judaica, mas sim para conscientizar a maioria católica das origens de seu credo e, acima de tudo, para erradicar falsos preconceitos.
- Os textos de catecismo devem ser cuidadosa e sistematicamente revistos, a fim de garantir que sejam eliminadas quaisquer referências pejorativas aos judeus. Ao mesmo tempo, os textos devem ressaltar os laços espirituais entre os católicos e judeus e o patrimônio moral compartilhado entre os dois credos.
- [...] É fundamental que os professores de Religião, sejam eles do clero sejam leigos, recebam orientação adequada e estejam plenamente conscientes da sua enorme responsabilidade.
- É lamentável que ambos os documentos do Vaticano, *Nostra Aetate* e as *Orientações* tenham se abstido de mencionar o Estado

de Israel. Tal omissão é delicada e séria, uma vez que não leva em conta a centralidade da Terra Prometida na vida judaica e, em particular, na vivência atual do judaísmo.

- O vínculo indissolúvel entre o povo judeu e a Terra de Israel provém desde os tempos bíblicos, e a esperança de retornar a Sion tem sido expressa pelos judeus durante milênios em suas preces diárias, bem como na liturgia das Grandes Festas e da Páscoa judaica.

- Por ser o lugar onde Jesus nasceu, viveu, pregou, sofreu, morreu e ressuscitou, a Terra de Israel tem um caráter muito sagrado também para os cristãos. O governo israelense está perfeitamente consciente deste fato. Sob sua administração, todos os grupos religiosos têm plena liberdade de acesso aos lugares santos, o que não ocorria antes de 1967, quando o setor oriental de Jerusalém estava sob domínio árabe.

- Uma condição *sine qua non* para dialogar com os judeus é reconhecer o seu direito inalienável de viver em paz, em segurança e independência na Terra Santa. Reconhecer tal direito não implica negar os legítimos direitos de outros grupos no Oriente Médio; implica apenas ter sempre em mente as palavras do famoso teólogo católico Jacques Maritain: "O povo de Israel é um povo singular, diferente de todos os outros povos do mundo porque a sua terra, a Terra de Canaã, lhes foi dada pelo Deus Único, criador de todo o universo e da raça humana... e aquilo que é dado por Deus é dado para sempre".

- O mundo em que vivemos é um mundo de pluralismo religioso. O proselitismo deve ser categoricamente rejeitado, por ser uma forma de coerção religiosa. Os adeptos de cada credo devem respeitar a integridade e identidade das outras comunidades, assegurando assim a liberdade religiosa de todos.

- Este princípio é fundamental no relacionamento entre judeus e católicos. Tendo sido submetidos, em muitas épocas passadas, a conversões e batismos passados, os judeus naturalmente se ressentem de quaisquer tentativas missionárias no presente, por mais sutis que sejam. A Igreja deve reconhecer que, apesar de não aceitarem Jesus como Salvador, os judeus também são um instrumento de Deus, parceiros fiéis na sagrada missão de trazer a redenção a toda a humanidade.

- Nós, judeus e católicos, compartilhamos nossa fé em Deus e nossa convicção de que todos os homens, independentemente de raça, nacionalidade ou credo, trazem dentro de si uma centelha da luz divina do Criador.

- Compartilhamos também o sonho de que um dia será feita a vontade de Deus e a humanidade viverá como uma família unida — em harmonia, em justiça, em amor.

OS BAHAIS E OS JUDEUS

Artigo publicado na revista O Hebreu, de julho de 1984

Existem diversas razões pelas quais os judeus devem se preocupar com o destino dos trezentos mil adeptos do Bahai que vivem no Irã.

Embora o bahaísmo seja um ramo do islamismo, muitas de suas crenças e ensinamentos derivam do judaísmo.

Embora a seita tenha nascido na Pérsia, sua cidade santa é Haifa, em Israel. A abóbada dourada do templo bahai, na encosta do Monte Carmel, é o cartão de visita da cidade e uma de suas mais famosas atrações turísticas.

Embora El Bab, precursor do Bahai, tenha sido assassinado na Pérsia, seus restos mortais foram trasladados para Haifa, onde estão sepultados.

O fundador e profeta do movimento, Baha'u'llah, passou os últimos 25 anos de sua vida em Akko, Israel, onde escreveu dezenas de livros contendo seus ensinamentos, e onde morreu e foi enterrado.

Existe, entretanto, um outro motivo ainda mais significativo para que os judeus, em geral, e os israelenses, em particular, se preocupem com o que está acontecendo aos bahais no Irã.

Uma civilização, um povo, uma nação podem ser julgados pela forma como tratam suas minorias, principalmente suas minorias religiosas. Nada ilustra melhor a diferença entre Israel e o Irã do que o tratamento que recebem os adeptos do bahaísmo nestes dois países onde constituem minorias.

O Estado de Israel não só incentivou os bahais a estabelecerem em Haifa o seu quartel-general (denominado por eles "Casa Universal da Justiça"), como também lhes proporcionou todas as facilidades para praticarem sua religião. Os santuários bahais estão isentos de impostos. Seus fiéis têm plena liberdade de entrar e sair do país, sem serem jamais importunados. Guias turísticos israelenses, judeus, acompanham grupos de visitantes ao templo no Monte Carmel, descrevendo com todo respeito as crenças religiosas da seita.

Em contraste, o regime do aiatolá Khomeini tachou o bahaísmo de "uma seita desviada do islamismo", cujos membros precisam ser trazidos de volta ao caminho da ortodoxia, ou, senão, aniquilados. Os bahais no Irã são considerados "hipócritas que compactuam com o diabo". Qualquer pessoa que ofereça emprego a um membro da seita é severamente punida. Hospitais estão proibidos de atender pacientes bahais. Seus bens são confiscados, suas aldeias, incendiadas, seus líderes, presos e torturados. Milhares de adeptos desta fé — que prega a igualdade de todos os homens, independente de raça, cor, nacionalidade ou religião — foram executados.

Quantos dos trezentos mil ainda estão vivos, ninguém sabe.

O genocídio é definido no dicionário como "o aniquilamento planejado e sistemático de um grupo racial, político, religioso ou cultural". O que Khomeini está fazendo com os bahais é, portanto, genocídio. Tanto quanto aquilo que Hitler fez com os judeus.

É por esta razão que todos os homens, de todos os credos, e especialmente os judeus devem se conscientizar do que está acontecendo aos bahais.

Alguns meses atrás, faleceu o pastor Martin Niemöller. É dele uma frase célebre, que deve ficar gravada para a posteridade: "Primeiro, eles levaram os judeus, mas eu não era judeu, portanto não protestei. Depois, levaram os comunistas, mas eu não era comunista, portanto não protestei. Depois, levaram os católicos, mas eu não era católico, portanto não protestei. Depois, vieram me buscar e não havia sobrado ninguém para protestar".

Profeta e sacerdote
Prédica de setembro de 1972

Rosh Hashaná e *Yom Kipur* representam dois grandes e eternos temas. Rosh Hashaná é *Yom Ha'Din*, o Dia do Julgamento e da Justiça; *Yom Kipur* é *Yom Ha' Rachamim*, o Dia do Perdão e da Compaixão. A justiça, *din*, é severa e exigente; a compaixão, *rachamim*, é meiga e paciente. Ambas são atributos de Deus e ambas devem estar presentes na vida humana.

Assim como essas qualidades relacionam-se com duas datas distintas, também caracterizam dois tipos de personalidade na História judaica: o *navi*, o profeta, e o *kohen*, o sacerdote.

Embora tivessem às vezes a mesma função, o profeta e o sacerdote eram essencialmente diferentes um do outro. O profeta, sendo o homem de *din*, era radical. Assim como Moisés, o maior dos profetas, ele se atinha firmemente aos seus ideais e insistia intransigentemente na aplicação completa e imediata de seus princípios. O sacerdote, como homem de *rachamim*, era mais realista. Assim como Aarão, o primeiro Sumo Sacerdote, ele conhecia as condições de sua época, estava consciente da dificuldade das circunstâncias e aceitava as fraquezas e as limitações da natureza humana. O profeta era o crítico implacável, ao passo que o sacerdote era o mestre tolerante. O profeta intimava o homem a obedecer a Deus; o sacerdote suplicava a Deus que fosse paciente com o homem. Moisés apresentou ao seu povo o desafio divino da Lei; Aarão praticou o amor, a misericórdia e a compaixão, mesmo enquanto seu povo dançava ao redor do bezerro de ouro. Em sua paixão pela justiça, Moisés despedaçou

Apêndice 2 — Textos

as duas Tábuas; com sua compaixão, Aarão recolheu os destroços de seu povo para com eles tentar construir uma nação de Deus.

O rabinato, como missão, envolve ambos: *din* e *rachamim*. Espera-se que o rabino acumule as duas funções: a de profeta e sacerdote. O rabino deve repreender as pessoas e, ao mesmo tempo, encorajá-las; deve criticá-las e inspirá-las; deve julgá-las e amá-las.

Analisando em retrospecto minha atuação como rabino durante o ano que passou, sinto que não cumpri a prescrição histórica de aliar o julgamento à compaixão. Percebo que deixei totalmente de lado o *din*, a dimensão profética da minha missão. Tenho sido para vocês muito mais um Aarão do que um Moisés. Tenho tentado ensiná-los e estimulá-los, convivi com vocês como amigo, mas não levantei a voz em protesto contra vocês, nem lhes fiz críticas severas. É claro, agi assim porque *rachamim* é mais atraente e geralmente mais eficaz do que *din*. Vocês hão de concordar comigo: consegue-se muito mais com amor e compreensão do que com ira e repreensão.

No entanto, se um rabino quiser se fiel a si mesmo e à sua congregação, não deve e não pode excluir completamente o elemento profético de sua personalidade. Então, eu me pergunto: se hoje, aqui deste púlpito, eu de repente passasse a agir mais como um profeta, será que vocês compreenderiam? Será que eu os traria mais perto do judaísmo, ou os afastaria ainda mais? E, supondo que eu pudesse me tornar um profeta, agora mesmo, diante de vocês, o que eu diria?

Se fosse um profeta, se tivesse a estatura de um Isaías ou a coragem de um Jeremias, eu lhes passaria um belo sermão. Eu me dirigiria àqueles dentre vocês que pertencem à assim chamada "elite" da comunidade judaica brasileira e lhes diria que vocês se rebaixam e se desmoralizam quando tentam esconder sua identidade judaica pensando que assim serão mais bem aceitos pela sociedade não-judaica. Acusaria muitos de vocês de fazerem dos nossos Dias Sagrados meros feriados e de abandonarem a sinagoga durante o ano todo. E, àqueles dentre vocês que vêm à sinagoga com a finalidade de fofocar sobre o noivado do rabino, comentar o vestido novo da sra. Schwartz ou discutir as últimas cotações da Bolsa de Valores, eu perguntaria indignado: por que vocês profanam a sinagoga e zombam do judaísmo?

Estas, eu creio, seriam algumas das coisas que eu diria se fosse um profeta, e estas são coisas que precisam ser ditas, especialmente em *Yom Ha'Din*. Entretanto, como rabino, a tradição judaica me pede que seja também um sacerdote, uma fonte de *rachamim*, de estímulo e consolo. *Hanach lahem le'Yisrael* (Não sejam severos demais com os filhos de Israel), nossos rabinos ensinavam.

Afinal de contas, nós somos o Povo de Deus, somos filhos de Abraão, Isaac e Jacó, somos *Bnei Torá* (filhos da Torá). E daí se de vez em quando falhamos? Somos apenas humanos, não somos? Ainda assim, carregamos os genes e os cromossomos da grandeza espiritual. E daí se alguns de nós aspiramos à aceitação na sociedade não-judaica e com isso perdemos um pouco da nossa consciência judaica? Somos apenas humanos e, portanto, fracos! E daí se as pessoas profanam o serviço religioso com comentários irreverentes? Contanto que elas venham, talvez aprendam e amadureçam! *Hanach lahem le'Yisrael*, aconselham nossos rabinos. Mesmo que a situação não seja das melhores, não sejamos duros demais nas críticas a nossos irmãos!...

Se eu fosse um profeta, repreenderia aqueles judeus da Diáspora que não vivem a realidade e a responsabilidade de *Medinat Yisrael* (O Estado de Israel). Censuraria o judeu que vem à sinagoga somente nas Grandes Festas e acha que já cumpriu seu dever religioso (o assim chamado "judeu da porta giratória": entra em *Rosh Hashaná* e sai em *Yom Kipur*). Condenaria aqueles que fazem filantropia, mas não observam o *shabat*. E criticaria também o judeu que freqüenta regularmente a sinagoga, coloca *tefilim*, os filactérios todas as manhãs, come comida *kasher* (de acordo com as leis alimentares judaicas) dentro e fora de casa... mas desconhece o significado de *tzedaká* — caridade — e é um fracasso em *midot* — no caráter, na honestidade, nos princípios. A ele eu repetiria as palavras do profeta Isaías: *Mi bikesh zot miedchem remot chatzerai* (Quem lhes

Apêndice 2 — Textos

pediu pisarem no Meu pátio?). Quem lhes deu o direito de agirem com deslealdade e desonestidade no dia-a-dia e depois terem a ousadia de invadir a Casa de Deus em *Rosh Hashaná* com orações e arrependimentos hipócritas?

Mas eu não sou um profeta! Sou um rabino e devo combinar *din* com *rachamim*. Prefiro, portanto, dizer as palavras dos nossos Salmos: *Baruch habá be'shem Adonai — berachnuchem mi'beit Adonai* ("Benditos sejam os que vêm em nome do Senhor, da Casa do Senhor nós vos bendizemos" — Salmos 118:26). Não importa quem vocês sejam, não importa o quanto tenham falhado... Desde que tenham vindo com o coração aberto: *kol há'kavod* (todo o respeito), *chazak u'baruch* (seja forte e abençoado), abençoados sejam! Bem-vindos aos serviços de *Rosh Hashaná* e voltem sempre que quiserem!

Se eu fosse um profeta, levantaria a voz contra aqueles pais judeus que nada fazem para criar um ambiente judaico em seus lares, que mandam os filhos estudarem em escolas judaicas apenas com o intuito de se livrarem da responsabilidade e não têm interesse nenhum em acompanhar o seu crescimento espiritual judaico. E repreenderia também todos os sócios desta congregação que querem apenas receber, sem dar nada; sócios que acham desnecessário promover o desenvolvimento da Congregação; sócios que só pagam as mensalidades, mas permanecem inativos, recusando-se a participar de qualquer trabalho comunitário. Ah, se eu fosse um profeta... vocês iam ouvir!

Acontece que o profeta, em sua paixão pela justiça, só consegue ver os defeitos e os erros. No entanto, a liderança espiritual abrange DUAS funções: crítico e defensor. E o elemento de *rachamim* me permite ver também os fatores redentores. Eu sei que há muita coisa errada, mas sei também que a nossa geração não é culpada. Os pais de hoje não conseguem transmitir os valores judaicos para seus filhos porque muitos deles nunca receberam uma educação judaica. Não se trata de uma revolta consciente contra Deus, é apenas uma questão de falta de conhecimento. São pecados cometidos, *be'shogeg*, sem intenção, e não *be'mezid*, não com o intuito de rejeitar Deus e a Torá. É verdade, a grande maioria da nossa Congregação não é ativa, mas, mesmos assim, existem fatores positivos. Afinal de contas, se duas mil famílias se associam à Congregação, é porque sentem a necessidade de pertencer a uma *kehilá* (comunidade). E se nossas campanhas encontram uma receptividade calorosa, é porque ainda existem pessoas generosas...

Meus amigos: esta dualidade — profeta e sacerdote — vai muito além do dilema profissional do rabino. A própria Torá também nos fala em duas vozes distintas: *din* e *rachamim*. Ambas são vozes autênticas do judaísmo. Se houvesse apenas *din* — com suas exigências incondicionais — haveria choques, ressentimento, desespero e rejeição de Deus; se houvesse apenas *rachamim* — com sua tolerância e compaixão — haveria complacência, acomodação e displicência.

Deus nos deu dois ouvidos. Vamos abrir os dois: um às verdades amargas, porém vitais, ensinadas pelo *navi*; o outro às palavras pacientes e encorajadoras do *kohen*. Escutemos com ambos os ouvidos os toques do *shofar*[40] — dois temas, ambos válidos e relevantes: *tekiá*, o sonoro e majestoso clamor por justiça, e *shevarim/teruá*, os sons plangentes de Deus, os sons de ternura e compaixão.

Em Rosh Hashaná dirigimos nossas orações ao *Avinu Malkeinu*, nosso Pai, nosso Rei — aquele que é nosso Pai amoroso e nosso Rei justo. Neste espírito, levantamo-nos agora e rezamos:

Enlutados pela tragédia da última terça-feira nas Olimpíadas de Munique, pedimos Tua ajuda, ó Deus. Faze com que a justiça, *din*, reine na Terra e que não haja mais terror e violência. Com Tua compaixão, *rachamim*, concede o Repouso Eterno a nossos irmãos, os atletas israelenses. Abençoa-nos com um ano de paz, alegria e amor, um ano de felicidade para nós, para Israel e para o mundo inteiro. Amém

---

[40] O chifre de carneiro tocado na sinagoga nas cerimônias de *Rosh Hashaná* e *Yom Kipur*.

Capítulo 13

Fábrica
Prédica na CIP, de 30 de novembro de 1979

Não tive a oportunidade de assistir à peça *Fábrica*, mas seu conteúdo me foi transmitido em detalhe por uma amiga. A peça reflete a realidade social brasileira: o conflito entre os trabalhadores e a classe dominante, o contraste dramático entre o luxo da burguesia e a miséria dos operários, a luta do operariado por melhores condições de trabalho e de vida.

Como o judaísmo se coloca diante da questão? Pela sua própria essência, o judaísmo prega a igualdade de todos os homens. Já nossos profetas eram defensores da justiça social e dos direitos humanos, e na Bíblia encontramos inúmeras injunções contra a opressão dos pobres e contra a exploração do homem pelo homem (*Levítico, Deuteronômio, Amós*). Através da história, nós judeus, conscientes destes ideais proféticos, sempre estivemos na vanguarda da luta pelos direitos humanos, pela igualdade e pela justiça social.

Hoje, entretanto, a situação se alterou consideravelmente. No Brasil, por exemplo, onde a maioria dos judeus pertence à classe média ou alta, gozando de condições econômicas favoráveis, tornou-se mais cômodo para o judeu apoiar o *status quo*. Além disso, a instabilidade sociopolítica dos países latino-americanos gera uma certa insegurança, e o judeu deixa de tomar uma posição com medo do caráter revolucionário dos processos sociais que, caso sejam bem-sucedidos, tornam o judeu o alvo mais conveniente.

Tal atitude de apatia e indiferença perante a realidade social em que vivemos é imperdoável. Se no Brasil não existe uma distribuição adequada de renda, se os salários são insuficientes, se existe tanta pobreza, o judeu tem o dever de tomar uma posição. Nós não temos o direito de nos calarmos enquanto os direitos básicos de tantos seres humanos estão sendo violados. Como judeus, nós temos a obrigação de aplicar nossos ideais à solução dos problemas do mundo que nos cerca. De que adianta a religião se ao mesmo tempo ignoramos a injustiça, a miséria e a fome?

Um aspecto importante abordado na peça *Fábrica* é o problema da religião que se deixa dominar pelas autoridades, pelo *establishment*: o padre que prefere se calar, com medo de se posicionar ao lado dos operários. Infelizmente este silêncio, esta omissão são muito freqüentes por parte das lideranças judaicas, que preferem subordinar o santuário à conveniência política da comunidade. A sinagoga é autônoma e independente: ela deve ter a sua própria voz e fazê-la ser ouvida. E essa voz deve dar ao homem igual proteção e oportunidade dentro da lei, advogar a causa do progresso econômico e social de todos e eliminar a discriminação no mundo inteiro.

Capítulo 15

Quem pode criticar Israel?
Prédica de 20 de maio de 1983

Durante 35 anos, a comunidade judaica mundial tem sido conscientizada de que é parceira de Israel na construção de um Estado judeu cuja meta é ser uma verdadeira "luz para as nações".

Sob este estandarte de parceria, temos ouvido constantemente que nenhum sacrifício, material ou humano, é grande demais quando está em jogo o bem-estar de Israel. "Somos sócios" tem sido o lema de todo enviado israelense que visita o Brasil.

Agora, entretanto, alguns decidiram que devemos ser sócios apenas nominais e não sócios efetivos. Recebi recentemente uma carta de um ativista da nossa comunidade, um homem de quem eu pessoalmente gosto e a quem respeito, dizendo que um rabino deve manter-se fora da política israelense. Citando suas próprias palavras: "Não cabe aos judeus brasileiros interferirem no processo político de outra nação, mesmo que tal nação nos seja tão chegada e querida quanto é e sempre será o Estado de Israel".

Meus amigos: esta é uma afirmação estúpida, deplorável e altamente perigosa, que, levada às últimas conseqüências, pode acabar arruinando Israel. Ninguém em sã consciência pode negar o nosso direito de nos manifestarmos sobre o processo político em Israel, apesar de não vivermos lá e não votarmos lá.

Afinal de contas, será que o nosso destino na Diáspora não depende diretamente da sobrevivência de Israel? Será que cem mil judeus brasileiros não têm nada a oferecer a Israel além do seu apoio ao *Keren Hayesod*[41]?

Mais ainda, será que ficarmos calados, quando percebemos falhas graves no processo político de Israel, é uma prova de amor pelo Estado judeu... ou uma prova de desamor?

Os judeus brasileiros que realmente amam Sion não são aqueles que preferem fechar os olhos aos problemas existentes em Israel. Não, os que amam verdadeiramente Sion são aqueles poucos que têm a força e a coragem de remar contra a corrente, de protestar contra aquelas medidas do governo israelense que vêm afastando o Estado cada vez mais do seu objetivo original de ser "uma luz para as nações".

O bom senso nos diz que Israel não pode manter-se eternamente no seu atual estado de isolamento político. Quanto tempo pode-se esperar que Israel sobreviva como uma ilha fortificada, cercada de inimigos hostis, sem poder contar com nenhum aliado realmente leal? Quanto tempo o Estado de Israel agüentará sua condição solitária entre as nações, quando a maioria delas o considera um pária? Quanto tempo ele suportará uma inflação anual de 130%, alimentada por gastos exorbitantes com armas e instalações de defesa? O que acontecerá quando a população árabe exceder em número os judeus em Israel? Será que os judeus israelenses conseguirão controlar a situação?

Por que tantos israelenses têm deixado o país? Por acaso isto é um sinal de estabilidade?

Estas e outras perguntas terão eventualmente de ser respondidas e serão necessários todos os cérebros judaicos do mundo para encontrar as soluções certas.

---

[41] Fundo comunitário internacional de apoio a Israel.

De acordo com nossa tradição, e também sob a perspectiva da opinião pública mundial, todos os judeus são responsáveis uns pelos outros. Assim sendo, nós, como judeus vivendo no Brasil, respondemos moralmente pelo que acontece em Israel. Imaginem, por exemplo, como seríamos vistos pela sociedade brasileira se Israel tivesse se recusado a investigar os massacres em Beirute[42], como fez Begin inicialmente, até que os judeus do mundo inteiro o pressionaram a instaurar um inquérito.

É inconcebível exigir que sejamos sócios efetivos apenas em relação às campanhas e que não tenhamos voz ativa quando se trata de opinar sobre o destino do Estado judeu. Jamais foi esta a intenção dos fundadores de Israel.

Talvez os israelenses não precisem, não queiram e não ouçam nossos conselhos. Porém, ninguém, mas ninguém mesmo pode reprimir nosso legítimo direito de expressarmos nossas opiniões.

Capítulo 16

Homens e mulheres devem sentar-se junto na sinagoga?
In: Resenha Judaica, de maio de 1980

Sendo o judaísmo uma religião voltada para a família, acho que cabe à sinagoga proporcionar as condições para que a família possa rezar unida, estudar unida e cantar unida. Há tantos valores em nossa vida secular que dividem e compartimentam a família, que se torna uma nova mitzvá solidificar a *mishpachá*[43] e permitir que seus membros compartilhem bem de perto, ao alcance da vista e da mão, as alegrias do judaísmo.

---

[42] Referência ao assassinato de milhares de palestinos nos campos de refugiados de Sabra e Chatila em 1982 por extremistas cristãos de direita, sem oposição de Israel, que à época ocupava o Líbano.

[43] Família em hebraico.

Eu respeito o ponto de vista dos mais conservadores, e entendo seu receio de quebrar a tradição, mas acho psicologicamente falho o argumento de que os homens se distraem quando vêem as mulheres, e vice-versa. A meu ver, a separação dos sexos na sinagoga, com ou sem uma *mechitzá*, um biombo, não afeta em nada a concentração. Mais ainda, numa sociedade em que homens e mulheres participam junto dos negócios, da vida profissional e social, tal divisão me parece artificial.

Devo acrescentar que todas as sinagogas do Movimento Conservador que eu conheço — nos Estados Unidos, na Europa e em Israel —, sob muitos aspectos ainda mais "tradicionais" do que a nossa, já permitem a homens e mulheres sentarem-se juntos no *shabat* e feriados. Tal inovação não deve nem pode de forma alguma diminuir nossa reverência pela tradição.

Tenho sentido, nestes meus dez anos de CIP, que a nova geração e os jovens casais desaprovam a separação de homens e mulheres, e que muitos procuram na sinagoga uma oportunidade para chegarem-se mais uns aos outros, física e espiritualmente. É principalmente nos momentos de oração que devemos estar cônscios de que Deus criou o ser humano à Sua imagem: "Macho e fêmea Ele os criou" (Gênesis 1:27).

CAPÍTULO 19

ANTI-SEMITISMO NO BRASIL
Prédica de 12 de julho de 1981

Em um relatório divulgado recentemente, a Liga Antidifamação da Bn'ai B'rith aponta com preocupação o acentuado aumento de manifestações anti-semitas nos últimos anos. Parece ser oficial: o anti-semitismo é um problema grave no mundo inteiro. As organizações judaicas o afirmam e, mais ainda, os judeus o afirmam. Onde quer que eles se reúnam, paira nova inquietação: o preconceito está de volta.

Tenho me perguntado freqüentemente: será justificável esse pânico? E, mais do que nunca, estou convencido de que não. Com exceção de alguns países, tais como a União Soviética e a Argentina, o anti-semitismo não constitui atualmente, a meu ver, uma ameaça real à segurança judaica.

Vejam o Brasil, por exemplo. Este é um país de 120 milhões de habitantes, que registrou no ano passado milhares de homicídios. Este é um mundo onde se calcula estatisticamente que 5% a 10% da população sofre de distúrbios mentais graves. Esta é uma época em que a violência irrompe desenfreada, em que presidentes são baleados e o papa sofre um atentado em plena Praça de São Pedro.

Num mundo como este, numa época como esta, algumas manifestações esporádicas de anti-semitismo — tais como ameaças telefônicas a um programa judaico de rádio no Rio de Janeiro ou a depredação de uma creche mantida pela coletividade israelita de São Paulo — mal podem ser consideradas uma epidemia. Dada a brutalidade reinante, poder-se-ia até esperar mais. Dado o clima de pânico, seria de se supor que houve muito mais.

Não me entendam mal: eu não estou dizendo que a situação dos judeus é ideal e que podemos tranqüilamente ignorar esses episódios e desprezar o anti-semitismo, absolutamente. O que estou dizendo é exatamente isto: os acontecimentos que presenciamos hoje em dia são motivo de apreensão e cautela, mas não justificam o pânico numa comunidade judaica como a nossa.

O fato é que a experiência dos judeus no Brasil tem sido e continua sendo altamente positiva. Justamente por isso, é fundamental que ocorrências tais como o recente incidente diplomático entre o Brasil e Israel sobre a venda de urânio ao Iraque não sejam ampliadas além de sua devida proporção. Os firmes laços de amizade entre os dois países não devem ser prejudicados em conseqüência de um episódio de importância secundária. A atmosfera diplomática não deve ser poluída por insinuações de atitudes anti-semitas, que são incompatíveis com os conceitos de harmonia inter-religiosa defendidos pelo Brasil desde os seus primórdios.

No Brasil, em 1981, quando ocorre uma manifestação anti-semita, nossa sensibilidade fica ferida, porém nossa segurança não é ameaçada.

Não estamos na Europa de 1933; desta vez as autoridades estão do nosso lado. O anti-semitismo não tem sustento ideológico nem base política neste país. *Baruch Hashem*, graças a Deus.

Minha pergunta, então, é a seguinte: por que esta convicção generalizada de que estamos em perigo quando as evidências de perigo são tão tênues?

A resposta está, a meu ver, numa distorção de prioridades. Já foi dito que existem duas alianças distintas ligando os judeus: a aliança do sofrimento — que teve início com nossa escravidão no Egito e foi imposta por fatores externos — e a Aliança do Sinal, que constitui nossa própria essência intrínseca.

Em nossos dias, é a aliança do sofrimento — e não a do Sinal — que define para a maioria dos judeus a sua condição judaica. E por quê? Porque, afinal de contas, nós somos a geração depois de Auschwitz, e Auschwitz tornou-se para nós não só uma recordação tão poderosa a ponto de apagar todas as outras recordações, como também uma motivação. Nós queremos ser judeus, queremos manter-nos unidos, mas não sabemos como consolidar nossa união com a Aliança do Sinal. Então, lançamos mão do cimento mais acessível, o cimento do sofrimento, do medo, do anti-semitismo. Se não somos capazes de definir o que nos liga uns aos outros, deixamos que nossos inimigos o definam. E se nossos inimigos estão sussurrando, nós lhes damos megafones; se são poucos, nós os concebemos poderosos. Na verdade, precisamos deles tanto quanto os odiamos, pois são eles que nos dizem quem somos. Incapazes de nos apoiarmos em nosso Deus e em nossas tradições, apoiamo-nos em nossos inimigos, reais ou imaginários.

Meus amigos: é perigoso usar uma muleta quando se pode caminhar perfeitamente sem ela. Enquanto estamos obcecados pelo anti-semitismo, desviamos energias dos problemas mais urgentes da nossa existência: identidade judaica, educação judaica, cultura judaica, valores judaicos. Estamos tão preocupados com a idéia de que talvez um dia nos seja negado o direito de sermos judeus, que negligenciamos nossa obrigação de permanecermos judeus. Nosso dever mais importante, aqui no Brasil, em 1981, não é obliterar algumas possíveis tendências anti-semitas. Nossa tarefa mais premente é redescobrir e redefinir o que significa ser judeu.

Não, eu não desprezo o anti-semitismo, não ignoro o perigo, não esqueço que fomos escravos. Mas lembro também que as águas se partiram e depois da escravidão houve o Sinai. E, por causa do Sinai, nós estamos aqui hoje, e sempre estaremos.

Capítulo 21

Deus abençoe o presidente Lula
In: O Estado de S. Paulo, de 30 de outubro de 2002

O Brasil tem novo presidente. Como deve ser em toda democracia que se preze, o povo manifestou sua vontade. Luiz Inácio da Silva, o Lula, um metalúrgico nordestino, torneiro mecânico de profissão, ex-líder sindical e fundador do Partido dos Trabalhadores, é agora presidente da República.

Muitos sinais de esperança marcam todo o processo que culminou nesta eleição.

1. Num país em que elites fortíssimas tanto pelo nome que carregam quanto pelo poder econômico que detêm, um "Silva" recebe a procuração de todo o povo para cuidar do bem comum. Alguma coisa mudou!
2. O povo cumpriu seu direito e dever do voto sem se incomodar muito com a guerra de nervos em que se quis transformar o processo eleitoral, com ameaças, medos e inverdades.
3. O povo votou consciente de que era preciso tentar caminhos novos. Neste sentido, a reprovação do modelo econômico que aí está foi muito evidente. O povo entendeu que continuá-lo era loucura.
4. A eleição de Lula veio coroar uma série de conquistas que começaram com a luta pelas "Diretas Já" e continuaram com tantas outras que pouco a pouco abriram os olhos do povo para

Apêndice 2 — Textos

ser senhor de sua própria história. A frase "O povo unido jamais será vencido" deixou de ser refrão para tornar-se ação.

5. Cabe bem aqui a frase de Fernando Henrique Cardoso na semana passada. Disse ele: "Vença quem vencer, vencemos todos!". É isso mesmo! A democracia se faz na livre proposta de caminhos e na livre escolha de um caminho por parte do povo.

Mas... e agora, Lula? Agora é começar. Milhões de brasileiros acreditaram no que você prometeu. A esperança venceu o medo, como você previu no último debate. Mãos à obra, portanto.

E não se esqueça: as eleições demonstraram o amadurecimento democrático do povo, um crescimento na sua consciência cidadã. Todos concordamos que assim foi. Barbas de molho, Lula! Porque com este mesmo amadurecimento democrático e esta mesma consciência cidadã, o povo estará de olho em você, fiscalizando, cobrando, exigindo.

Deus o abençoe, presidente Lula. Que você possa em breve demonstrar a todos os brasileiros que sua eleição não foi apenas fruto de um *marketing* político bem-feito. Que você possa em breve contradizer os que preconceituosamente apelaram para suas origens e para sua pouca formação intelectual para afirmarem que você era incapaz de ocupar o posto que pleiteava. Que você possa concretizar as esperanças e os sonhos que você tão bem soube acender durante a campanha. Que você resgate a auto-estima da imensa parcela do nosso povo ferida pela exclusão social, pelo desemprego, pela miséria absoluta, pela fome.

Capítulo 22

Massacre no Muro
Prédica para a sinagoga da CIP (censurada), de 19 de outubro de 1990

Na semana passada, por quinze votos a zero, o Conselho de Segurança da Organização das Nações Unidas condenou Israel pela violência na Esplanada das Mesquitas, em Jerusalém, alguns dias antes.

A resolução, eu cito, "censura particularmente os atos de violência cometidos pelas forças de segurança de Israel, que causaram mais de vinte mortes e provocaram ferimentos em mais de 150 pessoas, incluindo civis e devotos inocentes que faziam suas orações". Como vocês sabem, a ONU resolveu também enviar uma missão de investigação a Jerusalém, que deverá preparar até o fim do mês um relatório completo de suas observações e conclusões.

Em resposta à afirmação do primeiro-ministro de Israel, Itzhak Shamir, de que não permitirá a entrada da missão no país, o presidente Bush, dos Estados Unidos, exigiu que a resolução seja plenamente cumprida. Na última terça-feira, o prefeito de Jerusalém, Teddy Kollek, declarou que ele irá, por sua vez, colaborar com os observadores da ONU.

Sem entrar no aspecto político da questão, creio que é meu dever, como rabino, abordar o assunto sob a perspectiva moral e religiosa.

Quando David Ben Gurion fundou o Estado de Israel, ele definiu com uma frase a razão de ser da *mediná*[44]. Ele citou o profeta Isaías: *ór la'goyim*, "uma luz para as nações". O que nos trouxe à Terra Santa, disse Ben Gurion, não foi a vontade de fundar apenas mais um Estado com toda a parafernália estatal, mas, sim, o desejo de ter um lugar nosso, onde pudéssemos renovar a antiga visão profética de uma sociedade justa, e enriquecer a humanidade com os ideais éticos e morais da nossa herança.

É justamente porque exigimos eticamente mais de Israel, que temos agora tantas perguntas sem respostas em nossas mentes e em nossos corações.

Em primeiro lugar, que direito tinha aquele grupo de fanáticos judeus ultra-ortodoxos de invadir um local sagrado muçulmano? O próprio rabino Eliezer Schach, líder espiritual dos ortodoxos, condenou a invasão. Em segundo lugar, como justificar o comportamento das forças de segurança de Israel?

---

[44] Significa, em hebraico, Estado.

Mesmo que tenha sido em reação às pedras atiradas pelos palestinos, a agressividade dos policiais israelenses nos deixa chocados, angustiados e moralmente divididos. Em terceiro lugar, a liberdade de acesso aos lugares santos — que o governo de Israel sempre garantiu aos fiéis de todos os credos —, além de ser um imperativo moral, era nosso argumento contra a "internacionalização de Jerusalém". Será que era mesmo necessário, no dia seguinte, bloquear a entrada da mesquita de Al Aqsa e obrigar os muçulmanos a rezarem do lado de fora?

Um amigo meu, sócio da CIP, me telefonou há poucos dias e disse: "Sobel, hoje tenho vergonha de ser judeu".

Meus amigos: precisamos condenar. Mas, ao mesmo tempo, precisamos acreditar. Temos que condenar a terrível violência de ambos os lados. E, ao mesmo tempo, temos que nos comprometer com aquelas idéias e ideais que geraram o Estado. Porque em Israel, e somente em Israel, o judeu pode ter a certeza de encontrar um lar permanente. Porque Israel, eu lhes digo, ainda é o fator-chave para a nossa sobrevivência, a única garantia de que nunca mais haverá outro Holocausto. Porque se existisse Israel cinqüenta anos atrás, seis milhões dos nossos teriam sido poupados. Israel é precioso demais para todos nós e não podemos nos dar ao luxo de abandoná-lo.

E este é o meu apelo a todos vocês neste *shabat*: não abandonem Israel!

Hoje estamos mais isolados do que nunca. Não podemos contar com ninguém — nem mesmo com os Estados Unidos, que, antes deste lamentável incidente, sempre defendiam Israel. Hoje não defendem mais. Estamos sós.

A quem devemos nos voltar? A quem nos voltar neste momento crítico senão a nós mesmos? *Im ein ani li, mi li?* "Se não cuido de mim, quem cuidará?", ensinou Hillel. *Vê-im lo achshav, eimatai?*, "E se não agora, então quando?". A história e o destino colocaram uma responsabilidade enorme sobre os nossos ombros como judeus da Diáspora, e precisamos estar à altura nesta hora de crise.

Neste *shabat*, logo no início do Ano-Novo 5751, eu lhes faço um apelo: não importam quais sejam nossas opiniões individuais, pró-Shamir ou anti-Shamir, a favor de negociações com os palestinos ou contra as negociações, nós temos hoje uma missão a cumprir: assegurar que jamais se apague aquela luz vislumbrada pelo profeta Isaías e pelo estadista Ben Gurion. Porque eu lhes digo, amigos, Israel o sonho, Israel a causa, Israel o ideal está acima da política de qualquer governo.

Rezemos para que cheguemos a ver o dia em que as nuvens serão dispersadas e as trevas dissipadas; quando brilhará o sol da paz e a justiça iluminará os corações dos filhos de Deus em toda parte. E, então, todos nós — inclusive você, meu amigo que me telefonou — todos nós poderemos andar novamente de cabeça erguida. E a bandeira azul e branca voltará a ser um estandarte de Shalom nas montanhas de Sion e Jerusalém.

Amém.

Capítulo 23

O rabino e a política
In: Resenha judaica, de dezembro de 1979

Tenho sido acusado recentemente de estar me envolvendo em política, o que é contrário à vocação de um rabino. O rabino deve ser um mestre, isto é, um líder espiritual, o guia religioso de sua comunidade. Para muitos, a política é a ciência e a arte de governar, e está fora do âmbito da sinagoga.

Não concordo. Acho de vital importância trazer o espiritual para assuntos popularmente chamados seculares ou mundanos. As leis da verdade, da justiça e da humanidade abrangem tanto o mundo da política quanto os outros aspectos do relacionamento humano. O judaísmo identifica-se com a vida e, a meu ver, o rabino, como intérprete do judaísmo, tem o direito, mais do que o direito, o dever de proclamar a sua mensagem sobre problemas de ordem política, como parte integrante de todo o panorama da vida judaica.

Na realidade, os assuntos seculares e espirituais não podem ser tratados separadamente. Estão inextricavelmente entrelaçados. Se considerarmos a história de nosso povo, verificamos que os nossos grandes mestres espirituais, em todas as épocas, foram, no melhor sentido da palavra, estadistas. Os profetas condenavam energicamente os males sociais acarretados pelas classes dominantes. Os rabinos do Talmud desempenharam um papel importante no relacionamento político entre o povo judeu e seus vizinhos gentios. O rabino Yochanan Ben Zakkai fez um tratado de paz com Vespasiano; o rabi Akiva levantou a nação para que Bar Kochba fosse apoiado em sua resistência contra Adriano. Ao longo da Idade Média, grandes autoridades religiosas auxiliaram a organizar todos os aspectos políticos da vida comunitária e hoje, em Israel, respeitados rabinos são membros do *Knesset*[45]. Está claro que esta associação política não se limita apenas ao judaísmo; no mundo inteiro, líderes espirituais desempenham um grande papel nos assuntos políticos da comunidade e da sociedade.

Entretanto, uma coisa é dizer que um rabino deve falar abertamente no contexto da política, e outra coisa, bem diferente, é dizer que um rabino deveria tornar-se um político. Sou definitivamente contra esta última. O rabino deve estar sempre consciente de seu papel. Ele é, do princípio ao fim, um líder religioso, e sua contribuição à política, portanto, deve estar fundamentalmente relacionada ao caráter espiritual. Seria a salvação da humanidade se os nossos políticos tivessem uma mentalidade mais religiosa; por outro lado, seria péssimo se os mestres religiosos rebaixassem a sua mensagem ao nível das plataformas políticas. O rabino deve sempre manter um sentido de equilíbrio, de proporção e de sensibilidade em relação aos eventos políticos da época.

Se o rabino não puder santificar o profano, espiritualizar o que for material, anular a intriga em face da integridade e dos princípios, então que não se ocupe de política; mas se o mesmo rabino, num culto ecumênico, for sensível aos interesses de sua comunidade e representar

---

[45] O Parlamento israelense.

valores consistentes com as tradições religiosas, que ele seja apoiado como rabino relacionado aos problemas atuais da sociedade.

Termino com a história do rabino que, em seu desejo de agradar à sua congregação, decidiu pregar apenas assuntos de aceitação universal. No primeiro *shabat*, ele abordou o "inocente" tema da observância do *shabat*, mas, para seu assombro, verificou que havia criado um tumulto. Os irreligiosos veementes o acusaram de meter-se nos assuntos fora de sua esfera de ação.

No próximo *shabat*, o rabino escolheu a moralidade no comércio como seu tema. Mas também aqui houve ainda maiores protestos. "O que é que você entende de *gescheft*[46]? Você não tem nada a ver com o mundo dos negócios!".

Então, na semana seguinte ele falou sobre o sionismo, tendo como resposta: "Política no púlpito? Uma imperdoável profanação da *idishkait*!".

Profundamente abalado, o rabino percebeu que os assuntos da humanidade eram muito perigosos para serem discutidos na sinagoga. Completamente desanimado, ele fez um apelo ao seu derradeiro amigo na comunidade, pedindo-lhe um conselho: "Que farei? Esgotei todos os meus temas". Respondeu-lhe o amigo: "O que lhe falta, rabino, não é um tema, porém garra. Tenha um pouco mais de tutano. Críticas, o senhor sempre as receberá".

Meu pai, um homem muito sensato, sempre me dizia: "Um rabino sem críticos não é um rabino, e um rabino que não pode superar as críticas não é um *mensch*, uma pessoa digna". Que possamos prosseguir em respeito mútuo e amor e que o judaísmo reine supremo em nossos pensamentos e em nossas ações.

---

[46] Negócio, em *idish*.

Referências onomásticas

ADOLF EICHMANN (1906-1962) — Oficial das SS nazistas, um dos responsáveis pela "Solução Final", o plano de extermínio do judaísmo europeu. Condenado à morte em Israel, foi a única pessoa a ser executada no país até hoje.

ANWAR EL SADAT (1918-1981) — Um dos líderes da revolução que depôs a monarquia egípcia em 1952, sucedeu o lendário Gamal Abdel Nasser em 1970. Foi assassinado por um fundamentalista muçulmano durante um desfile militar.

DAVID BEN GURION (1883-1973) — Sionista socialista, liderou a organização do proto-Estado de Israel e foi seu primeiro chefe de governo, após a declaração de independência em 1947. Fundou o Partido Trabalhista.

GOLDA MEIR (1898-1978) — Líder sionista histórica, foi chanceler e primeira-ministra trabalhista de Israel entre 1969 e 1974.

HEINRICH HEINE (1797-1856) — Um dos maiores poetas do romantismo alemão, pertencia a uma família judaica assimilada em meio à Emancipação.

IARA IAVELBERG (1944-1971) — Psicóloga e professora, foi dirigente da Vanguarda Popular Revolucionária (VPR) e do MR-8, ao lado do companheiro, Carlos Lamarca. Foi morta em um cerco policial na Bahia.

ITZHAK RABIN (1923-1995) — Ex-chefe do Estado Maior do exército israelense, um "falcão" dentro do Partido Trabalhista, foi primeiro-ministro entre 1974-77 e 1992-95. Assinou um acordo com os palestinos, ganhou o Nobel da Paz em 1994, junto com Yasser Arafat e Shimon Peres, e foi assassinado por um extremista judeu de direita.

JOACHIM PRINZ (1902-1988) — Rabino, líder carismático do judaísmo liberal na Alemanha, país do qual foi expulso pelo nazismo em 1937. Assumiu posições políticas arrojadas, como a denúncia do nazismo, o sionismo e a defesa dos direitos dos negros nos Estados Unidos.

JOÃO XXIII — ANGELO RONCALLI (1881-1963) — Como núncio na Turquia durante a Segunda Guerra, ajudou a salvar muitos judeus perseguidos. Eleito papa em 1958, realizou o Concílio Vaticano II, que colocou a Igreja Católica no rumo do ecumenismo.

LEO BAECK (1873-1956) — Rabino liberal, líder carismático do judaísmo alemão. Durante o regime nazista, assumiu a corajosa defesa da comunidade judaica, recusando-se a emigrar. Libertado do campo de concentração de Theresienstadt em 1945, foi professor do Hebrew Union College, em Nova York, e fundador da World Union for Progressive Judaism (WUPJ).

LEON FEFFER (1902-1999) — Fundador do Grupo Suzano Feffer de papel e celulose, foi presidente do clube A Hebraica e da Federação Israelita do Estado de São Paulo (Fisesp).

MARTIN BUBER (1878-1965) — Um dos maiores filósofos do judaísmo contemporâneo, combinava o debate religioso ao humanismo e ao sionismo.

MAURÍCIO GRABOIS (1912-1973) — Dirigente comunista, ex-deputado pelo PCB à Constituinte de 1946, foi um dos fundadores do PCdoB. Desapareceu na repressão militar à guerrilha do Araguaia, da qual era um dos comandantes.

MENACHEM MENDEL SCHNEERSON (1902-1994) — Foi o sétimo, e o último, líder da linhagem Chabad-Lubavich, uma das mais importantes da ortodoxia judaica.

MENACHEM BEGIN (1913-1992) — Líder da organização militar Irgun, que lutava contra a ocupação britânica na Palestina, foi primeiro-ministro entre 1977 e 1983. Assinou os Acordos de Camp David, com o Egito, em 1979, e ganhou o Prêmio Nobel da Paz junto com Anwar Sadat. Caiu em meio a críticas aos abusos de Israel na ocupação do Líbano em 1982.

NAHUM GOLDMANN (1895-1982) — Líder sionista carismático que pertenceu ao comando da Agência Judaica, estrutura que articularia o Estado de Israel após a independência (1948). Presidiu o Congresso Judaico Mundial (CJM) entre 1948-77.

PIO XII — EUGENIO PACELLI (1881-1958) — Papa a partir de 1939, desempenhou papel polêmico ao não condenar com veemência o nazismo. Sua atitude, oficialmente, visava evitar perseguições aos católicos de países ocupados pelos nazistas.

SHIMON PERES (1923-) — Veterano "pomba" trabalhista, ocupou todos os cargos no Ministério israelense, incluindo a chefia de governo, em várias oportunidades. Ganhou o Nobel da Paz de 1994, com Rabin e Arafat, e foi eleito presidente de Israel em 2007.

SIMON WIESENTHAL (1908-2005) — Sobrevivente dos campos de extermínio, estabeleceu-se em Viena depois da Segunda Guerra. Lá, fundou o Centro de Documentação Judaica e tornou-se o mais conhecido caçador de nazistas do mundo, participando da identificação de cerca de 1.100 criminosos.

Referências bibliográficas

BRENER, Jayme. *Ferida aberta: o Oriente Médio e a nova ordem mundial.* São Paulo: Atual, 1993.

_____. *Jornal do século XX.* São Paulo: Moderna, 1998.

BRENER, Jayme (Ed.). *Um judaísmo para os nossos dias.* São Paulo: CIP, 2007.

MILMAN, Luís (Org). *Ensaios sobre o anti-semitismo contemporâneo.* Porto Alegre: Sulina, 2004.

ROSTEN, Leo. *The joys of yiddish.* New York: Pocket Books, 1968.

SOBEL, Henry I. *Judaísmo é otimismo.* São Paulo: Bn'ai Brith/Perspectiva, 1974.

_____. *O judeu na década de 80.* São Paulo: Livraria Cultura, 1984.

_____. *Os "porquês" do judaísmo.* São Paulo: CIP, 1983.

Henry, aos três anos, com Bella Sobel.

Henry, pouco antes do *bar-mitzvá* (alto), e, em 1961, na formatura da Yeshiva University, com Bella e vovó Miriam.

Com uma bermuda fashion, junto aos jovens da CIP.

Na formatura de Alisha, nos Estados Unidos, com ela e Amanda.

Henry e Alisha.

Luzer Sobel, em um momento de estudo.

Com Benno Milnitzky, o melhor amigo.

Henry e Amanda, recebidos pelo papa João Paulo II.

Com o papa Bento XVI, em São Paulo.

Com FHC, portas abertas no Planalto.

Henry e o chanceler Celso Lafer.

No *Aerolula*, para a viagem aos funerais do papa João Paulo II.

Recebendo o ministro do Exterior da Alemanha, Joshka Fischer, na CIP.

Com o presidente Lula.

O rabino explica a Lula o significado da *hamsa*, a mão espalmada, símbolo oriental de boa sorte.

Henry Sobel dirige o serviço religioso pelo primeiro ano da morte de Vlado Herzog.

Encontrando um conhecido nas ruas de São Paulo.

Capa da revista *Época*: "Errei, mas não sou ladrão".

Tempos felizes, na sala do quarto andar da CIP.